本书受2023年度教育部人文社会科学研究青年基
理念融通视角下的共享经济平台可持续成长机制研
省属本科高校基本科研业务费专项资金（LJ1124
规划基金项目"共享发展理念下辽宁省国有企业数字化转型的共演机制与路径研
究"（L21CGL010）资助。

U0498850

共享经济平台

组织模式、形成机制
与发展理念

李佳雷　郝增慧◎著

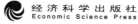

中国财经出版传媒集团

经济科学出版社
Economic Science Press

·北 京·

图书在版编目（CIP）数据

共享经济平台：组织模式、形成机制与发展理念/李佳雷，郝增慧著 . -- 北京：经济科学出版社，2025. 4. -- ISBN 978 - 7 - 5218 - 6619 - 3

Ⅰ. F71

中国国家版本馆 CIP 数据核字第 202562GS77 号

责任编辑：顾瑞兰　武志强
责任校对：王肖楠
责任印制：邱　天

共享经济平台：组织模式、形成机制与发展理念

李佳雷　郝增慧　著

经济科学出版社出版、发行　新华书店经销

社址：北京市海淀区阜成路甲 28 号　邮编：100142

总编部电话：010-88191217　发行部电话：010-88191522

网址：www. esp. com. cn

电子邮箱：esp@ esp. com. cn

天猫网店：经济科学出版社旗舰店

网址：http://jjkxcbs. tmall. com

固安华明印业有限公司印装

710 × 1000　16 开　13. 75 印张　230000 字

2025 年 4 月第 1 版　2025 年 4 月第 1 次印刷

ISBN 978 - 7 - 5218 - 6619 - 3　定价：65. 00 元

（图书出现印装问题，本社负责调换。电话：010 - 88191545）

（版权所有　侵权必究　打击盗版　举报热线：010 - 88191661

QQ：2242791300　营销中心电话：010 - 88191537

电子邮箱：dbts@ esp. com. cn）

目录 contents

第1章 绪论

1.1 研究背景

1.1.1 现实背景

共享经济平台是数字经济时代的重要组织模式创新，已成为数字经济新业态新模式的重要微观组织载体（Garud et al.，2022）。推动共享经济平台高质量发展，将从微观组织层面助力中国数字经济发展。数字经济是指以数据资源作为关键生产要素、以现代信息网络作为重要载体、以信息通信技术的有效使用作为效率提升和经济结构优化的重要推动力的一系列经济活动（数字经济及其核心产业统计分类，2021）。数字经济正在重构世界经济版图、调整国家力量对比，已成为全球经济发展的新动能。中国数字经济表现出强劲生命力，已成为全面赋能经济社会发展、推动数字中国建设的重要基础。数字经济核心产业增加值占 GDP 比重逐年增加，其增速远高于同期 GDP 名义增长速度。国家层面高度重视数字经济发展，党的二十届三中全会提出，"加快构建促进数字经济发展体制机制，完善促进数字产业化和产业数字化政策体系"；党的二十大报告提出要"加快建设网络强国、数字中国"；国家"十四五"规划强调"加快数字化发展，建设数字中国"；2023 年 2 月，中共中央、国务院印发了《数字中国建设整体布局规划》。

共享经济平台深深根植于共享经济的兴起与快速发展，依托互联网平台而存在，是一类共享相似资源配置决策的企业组织模式，有助于推动资源剩余使用容量的共享（Amit and Han，2017；Gerwe and Silva，2020）。共享经济是我国数字经济的重要组成部分，与共享新发展理念深度融合，有助于推动"数字要素驱动业、数字化效率提升业"等数字经济核心产业发展。共享经济是指利用互联网等现代信息技术，以使用权分享为主要特征，整合海量、分散化资源，满足多样化需求的经济活动总和（中国共享经济发展报告，2021）。伴随共享经济的发展，在微观组织层面，顺应技术和模式创新发展大势，互联网平台企业迅速发展壮大，推动新业态和新模式不断涌现，在多领域催生出众多"独角兽"和"瞪羚"企业。共享经济平台的概念也因此逐步成型，成为新经济新业态的重要组织载体，具有独特的社会建构、资源基础和组织方式（王宁，2021；孟韬和李佳雷，2021）。

根据中华全国总工会 2023 年 3 月第九次全国职工队伍状况的调查结果，在全国 4.02 亿职工总数中，有约 2 亿平台劳动者，其中约 8400 万为网约车司机、货车司机、外卖配送员、快递员等新就业形态劳动者。这些新就业形态劳动者与滴滴出行、哈啰出行、货车帮、途家、小猪短租、云账户等共享经济平台企业共同创造价值、获得收益。鉴于共享经济平台广泛的影响力，从企业组织层面理解共享经济平台的概念基础，挖掘共享经济平台的组织性质，掌握共享经济平台的主要模式分类，揭开共享经济平台形成的机制"黑箱"，探索在共享新发展理念指导下共享经济平台向非互联网领域的扩展趋势，符合国家层面对于发展共享经济平台的重大需求。梳理共享经济平台相关政策发现，现有政策主要体现了国家层面关于共享经济平台"可持续发展""规范健康发展""优化资源配置"三个维度的需求。具体政策内容见表 1 - 1。

表 1 - 1　　　　推动共享经济平台高质量发展的相关政策概览

需求	年份	部门	政策名称	相关内容概述
可持续发展希冀	2021	工业和信息化部等 19 部委	《"十四五"促进中小企业发展规划》	"深化共享经济在生活服务领域的应用，依托互联网搭建新型就业创业平台"等
	2020	国务院办公厅	《国务院办公厅关于以新业态新模式引领新型消费加快发展的意见》	"进一步支持依托互联网的外卖配送、网约车、即时递送、住宿共享等新业态发展"等
	2018	国家发展改革委办公厅等多部委	《关于做好引导和规范分享经济健康良性发展有关工作的通知》	"审慎出台新的市场准入政策，在国家尚未制定统一标准的共享经济领域，充分发挥龙头企业和行业协会作用"等

需求	年份	部门	政策名称	相关内容概述
规范健康发展要求	2022	国务院	《"十四五"数字经济发展规划》	"探索建立与数字经济持续健康发展相适应的治理方式，制定更加灵活有效的政策措施，创新协同治理模式……培育多元治理、协调发展新生态"等
	2021	全国人大	《国民经济和社会发展第十四个五年规划和2035年远景目标纲要》	"促进共享经济、平台经济健康发展"
	2021	中央网络安全和信息化委员会	《"十四五"国家信息化规划》	"将推动共享经济、平台经济健康发展作为信息消费扩容提质工程"等
	2021	国家市场监督管理总局	《互联网平台落实主体责任指南（征求意见稿)》	"为了规范互联网平台经营活动，坚持发展和规范并重，促进平台经济规范健康持续发展而制定"等
优化资源配置需要	2021	国家发展改革委等9部委	《关于推动平台经济规范健康持续发展的若干意见》	"鼓励平台企业探索所有权与使用权分离的资源共享新模式，盘活闲置资源，培育共享经济新业态"等
	2020	国家发展改革委等13部委	《关于支持新业态新模式健康发展、激活消费市场带动扩大就业的意见》	"探索生产资料所有权和使用权分离改革，大力推进实物生产资料数字化，促进生产资料共享"等
	2020	国家发展改革委、中央网信办	《关于推进"上云用数赋智"行动培育新经济发展实施方案》	"引导平台企业、行业龙头企业整合开放资源；大力发展共享经济、零工经济等新业态"等
	2019	国务院办公厅	《关于促进平台经济规范健康发展的指导意见》	"互联网平台经济是生产力新的组织方式，是经济发展新动能，对优化资源配置……都有重要作用"等

资料来源：根据公开政策文件整理。

为了更好地理解共享经济平台，作为共享经济发展全过程的亲历者与见证人，本书将与读者一起全面回顾共享经济在我国的发展历程，聚焦于共享经济跨过萌芽期后的迅猛发展阶段，从理论层面客观分析共享经济的"野蛮成长"，探寻背后推动共享经济平台快速成长的解释性机制。共享经济又称分享经济，是在网络时代背景下产生的一种新型经济形态和资源配置方式，具体表现为借助网络平台，个人或组织间基于使用权或所有权的转移和让渡，从而最大化利用产品和服务的闲置部分（Belk，2014；分享经济发展报告课题组，2016；Mair and Reischauer，2017）。

共享经济出现的标志是 2000 年罗宾·蔡斯（Robin Chase）创立的 Zipcar，真正兴起则在 2008 年全球金融危机之后。随着经济环境的改变和技术的不断革新，已经能够做到通过互联网技术以较低成本适时匹配双边市场海量闲置资源与个性化需求。随着共享经济商业实践的不断探索，越来越多的用户使用共享资源来解决其在工作、生活等各方面的现实需求。共享经济正在以其革命性的力量影响着众多传统和新兴产业以及人们的生活与消费方式，也已发展成为互联网时代下影响全球经济发展的一种新型经济模式。甫一出现，共享经济即受到中国、美国、英国、韩国、日本、欧盟等国家和地区的高度重视，被其中多个国家先后列为国家层面的发展战略（马化腾等，2016）。例如，我国在"十三五"规划中首次提出共享经济，标志着共享经济正式成为国家层面的战略规划，之后又将其多次写入政府工作报告中；由共享经济产生的共享理念，也作为"五大新发展理念"（创新、协调、绿色、开放、共享）之一写入了十九大报告；在"十四五"规划中，依旧将共享经济发展作为重点。尽管共享经济在中国起步较晚，但目前中国已经成为全球共享经济的引领者，在发展规模、渗透领域和成长能力等方面均处于领先地位。

共享经济在中国的发展规模巨大。国家信息中心自 2016 年起，连续八年发布《中国共享经济发展报告》，为中国共享经济发展提供了全景图式。报告统计数据显示，中国共享经济交易市场规模，从 2015 年的 19560 亿元快速增长到 2016 年的 34520 亿元，实现 103% 的增长，随后两年仍以超过 40% 的速度增长。共享经济的"中国式创新"引发全球关注。与其他国家相比，中国对于共享经济的创新模式更为认可、热情更高、反应更快。参与共享经济活动总人数从 2015 年的 5 亿人快速增长到 2018 年的 7.6 亿人，共享经济参与提供服务者从 2015 年的 5000 万人增长到 2018 年的 7500 万人。2019 年以后，尽管受到行业发展不规范、新冠疫情等的影响，市场交易规模大幅度放缓，但共享经济整体仍处于增长阶段。

共享经济的发展领域呈现"泛共享"的趋势。从最初的汽车、房屋、金融、拓展到技能、空间、餐饮、物流、教育、医疗、基础设施等细分市场，并加速向农业、生产制造、城市建设等更多领域渗透融合（张新红等，2016），产能共享呈加速发展态势。共享主体也不再局限于个体，开始向企业、政府等其他组织延伸（马化腾等，2016）。全球范围内迅速涌现了一大批共享经济初创企业，依托共享经济平台模式发展，在短时间内达到了传统企业几十年甚至上百年的积累，具备极强的成长能力。例如，爱彼迎（Airbnb）公司，成立于 2007 年，经过短短十几年，已经在规模和估值上与希尔顿酒店比肩，超过喜达屋酒店；又如优步（Uber）公司，成立于 2008 年，也已成为美国最大的在线打车平台，业务范围与规模仍在不断扩大；再如滴滴出行，成立于 2012 年，目前为超过 4.5 亿用户提供全面的出行服务。

近年来，共享单车、共享汽车、共享住宿、共享办公等新的共享形式不断涌现，成为资本蜂拥的"风口"和社会的关注热点，发展出了不少"独角兽"企业。胡润研究院自 2017 年以来追踪记录"独角兽"企业，连续多年发布全球"独角兽"榜单。回顾相关数据发现，2017 年底在全球 224 家"独角兽"企业中，中国企业有 60 家，其中一半具有典型的共享经济属性，滴滴出行、美团点评、今日头条和陆金所更是排进了前十名。2018 年，我国又有 11 家共享经济型企业首次进入"独角兽"行列，此时全球 305 家"独角兽"企业中有中国企业 83 家，其中具有典型共享经济属性的中国有企业 34 家，占中国"独角兽"企业总数的 41%。在 2019 年《胡润全球"独角兽"榜》中，全球共有 494 家"独角兽"企业，中国以 206 家超越美国成为世界上拥有"独角兽"企业最多的国家。其中，共享经济企业的快速发展起到了很大的助力作用，这充分展现了我国在共享经济领域的创新能力。2020 年以后，在"独角兽"企业数量上中国均少于美国，位居第二位，这在一定程度上与中国共享经济发展遇冷、共享经济平台企业创新性不足相关。

共享经济快速发展的过程伴随着一路坎坷。面临着法律法规的不适应、城市治理的挑战、用户安全难以被保障等难题，发生了诸如网约车市场持续烧钱补贴、滴滴顺风车业务下线、共享单车海量投放造成资源的浪费、ofo 小黄车押金不退、P2P 网贷平台大规模坏账"跑路"、大批共享经济创业企业退出市场的问题。经统计，2019 年我国有 28 家共享经济企业宣告倒闭或终止服务，其中共享单车领域企业 7 家、共享电单车领域企业 2 家、共享汽车领域企业 3 家、共享充电宝领域企业 7 家、共享雨伞领域企业 1 家、共享玩具领域企业 4 家、共享服饰领域企业 4 家（华景时代，2019）。2021 年一大批共享经济"独角兽"企业撤回赴美上市申请。2022 年订单量超过 30 万单的网约车平台有 17 家，在合规率（"三证"齐全）统计中，仍有多家网约车平台合规率仅为 50% 左右。在共享经济领域，对劳动者权益的保障仍然缺位，企业缺乏充分保障劳动者权益的意识和动力，出现了被算法技术"困在系统里"的外卖骑手；有些平台设置了复杂的计费规则，收费定价不公开透明，存在抽成过高、随意涨价现象，侵害了消费者利益。

由此，人们开始对共享经济持有怀疑，发出了如下质疑：共享经济企业的失败是否意味着共享经济理念的失败？共享经济平台是否能够可持续发展？它背后的学理基础是什么？为何会在实践中表现出多种看似相差颇多的模式？以共享经济为主导逻辑发展的共享经济平台是如何形成与成长的？背后有哪些机制，这些机制的机理又是什么？随着针对共享经济领域平台企业的专项治理行动收官，政策口径转向常态化监管。立足当下，本书将研究经过"大浪淘沙"存活下来的共享经济平台，从共享经济平台的概念基础、组织性质、组织模式，共享经济平台成长中资源和能力间的互动过程，共享发展理念与国有企业数字化转型的融通发展等几个维度组织研究内容。这将有助于丰富对后共享经济时代平台企业发展的理解，把握共享的新发展理念的理论基础、全面理解共享经济平台的组织模式和形成机制、探索共享发展理念在当前企业数字化转型发展浪潮中的关键性作用，为相关领域学者和从业人员提供知识拓展。

1.1.2 理论背景

丰富而复杂的现实表现让共享经济平台成为各领域学者们共同关注的热点：经济学研究者关注其产权特征和经济机理（Bardhi and Eckhardt，2012；Martin，2016），管理和营销学者关注共享经济的商业模式与运营管理、价值共创、服务主导逻辑、消费者行为等（Johnson and Neuhofer，2017；Lan et al.，2017；Camilleri and Neuhofer，2017；Eckhardt et al.，2019），社会学者关注参与者的动机与行为（Celata et al.，2017；Möhlmann，2015；Perren and Kozinets，2018），法学研究者关注政府监管和法律规制（Zervas et al.，2017），同时还有政治经济学、社会学、伦理学等领域针对共享发展理念的研究。另外，自 2018 年开始，从资源与合法性角度对共享经济创业企业的研究逐渐兴起（姚小涛等，2018；Garud et al.，2020）。

以上从各角度切入的研究形成了多种概念与理论，试图解释共享经济平台发展中的问题，如：协同经济/协同消费（Botsman and Rogers，2010；Benoit et al.，2017）、商业共享系统（Lamberton and Rose，2012）、基于使用的消费（Bardhi and Eckhardt，2012）、零工经济（Friedman，2014）、点对点经济（Schor and Fitzmaurice，2015）、混合经济（Scaraboto，2015）、平台经济（Kenney and Zysman，2016）、横向交易市场（Perren and Kozinets，2018）等，综合展示了共享经济作为一种新兴经济形态、共享经济平台作为一种资源配置模式的特点。

在管理学领域，共享经济平台在概念内涵、产权特征、参与动因等研究上均得到了长足的发展，颇具广度和深度，并迅速成为全球经济管理领域研究热点之一（Belk，2014；Stephany，2015；Perren and Kozinets，2018；Sundararajan，2019）。共享经济平台不仅是一种新兴的经济形态或资源配置方式，也是一种新兴的组织模式。目前，在组织领域开展的共享经济平台研究发展很快，已有一些学者开始关注共享经济平台的组织模式和形成机制（Mair and Reischauer，2017；Miralles et al.，2017；Perren and Kozinets，2018；Dadwal et al.，2020）。

但是，与已有其他研究相比，对共享经济平台的组织模式与机制的研究还远远不足，共享经济平台的组织"黑箱"尚未被打开。组织管理作为企业管理研究的重要领域，应当被列入共享经济平台的研究中，增强对共享经济平台的解释力，并进一步丰富企业组织理论。一些更深层的理论问题仍然有待被回答，例如：分散的资源是如何被组织在一起的？共享经济平台有哪些基本的组织模式？共享经济平台是如何形成与成长的？

总结而言，现实中共享经济平台的发展客观需要相适应的理论研究。组织管理作为重要的企业发展基础，尽管在现实中已经对共享经济平台企业的成长起到了至关重要的作用，但与之对应的组织理论并未给予有力的解释。现有研究对共享经济平台的基本界定尚未清晰，尚未有对共享经济平台组织性质、组织模式和形成机制的系统研究。鉴于此，本书将围绕共享经济平台快速成长中面临的现实困境，凝练科学问题，展开系统研究，得出创新观点。

1.2 研究问题与意义

1.2.1 研究问题

基于以上现实和理论背景，本书提出三大核心研究问题，以及对应的预期达成目标。后续章节将围绕这三个问题分别展开研究，力图为本书读者绘制共享经济平台的全景图式。

1.2.1.1 研究问题一：共享经济平台的组织模式是什么？

（1）子问题1：共享经济平台的组织性质是什么？拟达成研究目标1，界定共享经济组织，研究影响该类组织快速成长、区别于传统经济组织和其他新组织形式的特殊性质。

（2）子问题2：共享经济平台的组织模式如何分类？拟达成研究目标2，研究共享经济平台组织模式的分类，在分类的基础上归纳出共享经济平台的多种模式，并充分考虑组织模式差异对形成路径研究带来的影响。

1.2.1.2 研究问题二：共享经济中的各种资源与参与主体是如何组织在一起的？

拟达成研究目标3，基于共享经济平台组织性质与组织模式的研究，从资源编排视角，透过现实中复杂多样的共享经济现象，揭示共享经济平台的形成路径，揭开共享经济平台成长的"黑箱"。

1.2.1.3 研究问题三：共享发展理念如何与国有企业数字化转型融通？

拟达成研究目标4，在国有企业数字化转型发展新情境中，讨论共享经济平台如何深化共享发展理念。本书关于共享经济平台的研究结果将有效深化共享发展理念，通过迁移共享经济平台研究的理论知识至国有企业数字化转型这一新的研究情境，探索共享发展理念与企业数字化转型的共同演化机制和路径，揭示共享发展理念在当前企业数字化转型发展浪潮中的关键性作用。

1.2.2　理论意义

伴随共享经济而形成的共享经济平台，与传统经济组织相比，有着独特的新组织性质与竞争优势来源，其组织成长的动因亟须给予有力的理论解析。关于共享经济平台的研究是一项基础理论研究，具有重要的理论研究价值。

第一，在数字经济和共享经济时代背景下发展企业组织理论。随着技术、社会、经济环境的快速变化，企业需要及时适应并形成相匹配的组织模式，这就引致了企业组织理论和思想的变迁（斯科特和戴维斯，2011；朱国云，2014）。组织的演变是人的积极性逐渐被释放的过程，组织理论延循着从封闭系统向开放系统变迁的历史规律（斯科特和戴维斯，2011）。21 世纪以来，技术环境、资源环境和社会环境均发生了巨大变化，而且这种变化是动态且迅速的，其所带来的技术升级、资源升级和观念升级推动了组织变革。在动态环境下，组织适配环境的方式、组织内和组织间资源交换的方式，以及组织边界的界定、维系、扩展和收缩等方式均发生了变革，催生出诸多新的组织形式，如网络组织、平台组织、虚拟组织、战略联盟、社群组织等。共享经济是新经济时代背景下的新经济形态，催生了一种新的组织模式，亟须新的视角和方法来解释共享经济组织的内涵，从而对企业组织理论起到丰富与发展的作用。

第二，对共享经济平台的兴起和发展给予理论解析。共享经济平台在国内外迅速发展，在经济与社会中应用的广度和深度也在不断增强，呈现出纷繁多样的形态，国内外的表现形式也存在较大差异。面对共享经济平台是如何兴起并发展的问题，尚无法用已有的组织理论进行有力地解析（Mair and Reischauer，2017）。研究者需要透过共享经济的现象，抽象出互联网时代下组织模式演进的内在逻辑，才能解答共享经济平台引发出的一系列问题，如：共享经济平台的组织性质、竞争优势来源、成长动因、模式分类、形成路径等。

第三，运用资源编排的理论视角来研究共享经济平台。由于共享经济平台具有独特的资源基础，缺乏传统意义上的优势资源，以使用而非占有的方式连接了海量、分散、未被充分利用的资源（Gerwe and Silva，2020；杨学成和涂科，2017）。与资源基础观"资源的四种必要特质（价值、稀缺、难以模仿、难以替代）让拥有此类资源的企业获得竞争优势（Barney，1991）"
的假设相悖，突破了对资源异质性特征的界定（祝振铎和李新春，2016）。
资源编排理论拥有的"资源管理——能力构建"逻辑对理解共享经济平台的
成长问题有重要启发意义。基于此理论视角进行探索式研究，有助于深刻理
解研究问题、发展理论。

1.2.3　现实意义

共享经济平台的理论研究有助于优化现有企业自身的资源和能力。其一，
相对成功的共享经济平台企业可以深入理解共享经济组织形成和管理的逻辑，
保持高绩效。我国处于领先位置的共享经济企业如滴滴出行、哈啰出行、货
车帮、云账户、小猪和途家网等尽管所处行业不同，但是在组织运行的基本
逻辑上是一致的。其二，相对不成功的共享经济平台企业可以通过优化自身
资源和能力迎头赶上。除了如滴滴出行这样相对成功的共享经济企业，还有
很大一部分企业的运营效果并不理想。其三，传统企业可以把握共享经济平
台的组织逻辑，顺利转型。传统企业的互联网化、平台化是近年来的趋势，
共享经济平台提供了一个新的转型思路。可以考虑开发新的资源和模式，通
过管理赋能，将企业内外部未被充分利用的资源连接起来、并进一步激活。
例如，传统汽车制造商可以拓展共享汽车业务，在提升闲置汽车资源利用率
的同时，与消费者直接对接。

共享经济平台的理论研究有利于制定引导共享经济发展的相关政策。共
享经济在发展过程中一直面临着政策监管和发展不匹配的问题。2016 年起，
我国就交通出行、网络直播、互联网金融等共享经济领域相继出台了一系列
监管政策，但从一些部门与地方的具体政策来看，往往强调的规范较多，鼓
励发展较少。2017 年 7 月，国家发展改革委等八部委联合印发《关于促进分
享经济发展的指导性意见》，围绕市场准入、行业监管、营造发展环境等方
面进行了全面部署，明确提出了"放宽准入、底线思维"，给共享经济的发
展提供了更加包容的政策环境。特别是在新冠疫情严重影响了我国经济发展
的后疫情时代，作为资源优化配置新模式的共享经济，有望成为推动我国经
济发展、扩大就业的新引擎之一。鉴于此，国家发展改革委等 13 部门于
2020 年 7 月发布《关于支持新业态新模式健康发展，激活消费市场带动扩大

就业的意见》文件，明确提出要"培育发展共享经济新业态，鼓励共享出行等领域商业模式创新"。2021 年后，共享经济的常态化监管进入新阶段。在此背景下，从理论层面深层次研究共享经济平台，有利于进一步制定规范和引导其发展的政策。

1.3　研究内容

1.3.1　研究总体定位

共享经济平台的整个系统可以用投入—中介—产出—投入的 IMOI 模型（Ilgen et al.，2005）来概括。如图 1 - 1 所示是本书的研究总体定位，图中将既有的关于共享经济平台的研究主题一并展示于该模型之中。从企业理论出发，兼顾目前存在的研究空缺，本书将重点聚焦于共享经济平台的组织模式（包含组织性质与模式分类）、形成路径和企业绩效部分，简介如下。

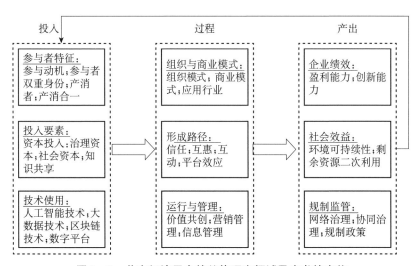

图 1 - 1　共享经济平台的总体研究领域及本书的定位

在投入阶段，现有关于共享经济平台的研究主要聚焦在参与者特征、投入要素和技术使用三个维度。例如，皮亚达海（Tussyadiah，2015）的研究揭示了社会互动在用户参与 P2P 在线租赁活动中的作用；莫赫曼（Möhlmann，2015）的研究结果揭示了影响个人参与共享经济的前置影响因素，即利己需要、效用、信任、成本节约和熟悉感；穆诺兹和科恩（Muñoz and Cohen，2017）提出技术依赖型的共享经济企业，认为点对点的互动（P2P）对用户参与共享经济活动至关重要。总体而言，这一阶段的研究已然相对充分，形成了百花齐放的现状。对共享经济平台概念内涵的深度探讨，成为这一概念兴起初期学者们主要关注的研究领域，为下一阶段的研究打下了比较扎实的学理基础。

在过程阶段，现有研究主要围绕共享经济平台的组织与商业模式、在特定行业的实践应用、价值创造等问题展开。例如，博茨曼和罗杰斯（Botsman and Rogers，2010）将共享经济的诸多商业案例归纳为三类，分别是产品服务系统、再分配市场和协同生活方式；兰等（Lan et al.，2017）对共享单车行业的代表性企业摩拜单车进行了研究，提出价值共造是用户参与到共享经济的重要行为；杨学成和涂科（2017）通过对案例的研究，认为价值独创和社会化共创是共享经济背景下的独特价值创造方式。总体而言，这一阶段的研究与共享经济的商业实践进行了一定程度的融合，看到了共享经济商业实践快速发展背后理论解释的不足。尽管已经有学者开始关注共享经济平台的组织模式和形成路径研究领域（Perren and Kozinets，2018），指出该领域的重要性和未来的发展潜力（Mair and Reischauer，2017），但整体数量不足、深度不够，这也是本书的研究焦点。

在产出阶段，研究关注企业绩效、社会效益和规制监管三个方面。例如：在共享经济概念的催生下，使用而非占有的新消费观逐步兴起，可持续性发展、按需消费被广泛接受，并得到了持续性关注（Ma et al.，2019；Bocken et al.，2019），丰富了共享新发展理念的内涵。针对共享经济和共享经济各领域的市场准入、规制和治理的研究也随之兴起（蒋大兴和王首杰，2017）。本书将重点关注共享经济平台与共享发展理念的融通对非共享经济领域的影响，深入共享发展理念与国有企业数字化转型发展的共同演化过程，探索其中推动企业创新能力和企业绩效提升的关键因素。

1.3.2 具体研究内容

本书在研究内容上呈现逐层递进的逻辑顺序，首先对共享经济平台的概念与相关文献进行系统性研究；其次，研究共享经济平台的组织性质，探讨共享经济组织区别于传统经济组织和其他新组织形式的特殊性质；而后，界定共享经济平台的组织模式分类，明确不同类别的界定标准；接下来，基于前两个阶段的研究结论，采用基于分类的多案例分析方法研究共享经济平台的形成路径，采用定性比较分析方法对案例研究结论进行实证检验和拓展；最后，在国有企业数字化转型新情境中讨论共享经济平台与共享发展理念的融通，探索共享经济平台指导下国有企业数字化转型与共享发展理念的共同演化机制和路径。对各项研究内容简介如下。

1.3.2.1 共享经济平台概念与文献可视化研究

本书将在第 2 章中重点讨论本项研究内容。首先，对共享经济平台的概念内涵和外延进行系统分析；其次，基于文献可视化分析方法对共享经济高速发展期的主要相关文献进行可视化分析，直观展示当时研究的热点和现状，为本书探讨共享经济平台快速成长的组织性质、组织模式和形成机制提供文献基础；最后，明确本书研究的理论基础以及资源编排理论视角的选择依据。

1.3.2.2 共享经济平台的组织性质研究

基于研究问题一的子问题 1 展开研究，详见本书第 3 章。首先回顾共享经济平台的主要组织形态"共享经济组织"的现实发展与研究现状，其次讨论共享经济组织的新组织特性及竞争优势，最后基于"选择—适应—保留"的理论分析框架，分析驱动共享经济平台成长的主要内在动因并提出对应的命题，探讨其区别于传统经济组织和其他新组织形式的独特性质。需要说明的是，本书的研究主要在企业组织维度开展，"共享经济组织"这一独特的组织形态是理解共享经济平台的重要研究基础，在共享经济平台的组织性质和模式、形成机制和路径研究中均基于共享经济组织开展深度的理论研究。换言之，在企业组织层面，共享经济组织与共享经济平台是一体两面的关系。

共享经济组织能够同时实现交易成本和组织成本的降低，这与交易成本理论的基础假设不同。交易成本又称交易费用，包括市场搜寻、谈判、拟定合同和监督合同执行等成本。科斯（Ronald H. Coas，1937）和威廉姆森（Oliver Wiliamson，1975）等用该理论探讨企业为什么存在的问题，认为企业会寻求交易成本最低的形式进行交易。科斯（Ronald H. Coas，1937）在《企业的性质》中将企业和市场视为替代关系。随着理论的发展，既不属于企业又不是市场的中间组织形态被提出，企业、市场和网络的三分法逐渐得到了认可。尽管如此，交易成本与组织成本一直是对立的，是企业确定自身边界的重要依据。然而，共享经济组织的特殊资源基础与对资源的配置方式带来了新的实践、提供了新的解释。海量分散在社会中的闲置资源与传统意义上的优势资源不同（Barney，1991），加之共享经济组织对闲置资源的编排（Sirmon et al.，2011），让共享经济组织既区别于传统经济组织，又区别于其他新组织形式。

1.3.2.3　共享经济平台的组织模式研究

基于研究问题一的子问题2展开研究，详见本书第4章。现实中，共享经济平台的组织模式复杂多样。一些学者认为共享经济平台具有爱彼迎的平台模式特征，但实践中共享单车企业又不存在一个公共的可以进行消费者之间互动的平台，还有一些共享经济平台只依赖于互联网社群进行服务、知识和劳动力的P2P交换。因此，对共享经济平台组织模式的研究不能仅着眼于爱彼迎模式，而忽略其他模式，否则只能是"盲人摸象"。不同模式的共享经济平台在对资源的编排和配置上存在差异，值得通过分类进行对比分析。以平台程度和社会化程度的不同，本书初步将共享经济平台主要分为以下四类。

第一类，平台匹配型：组织作为供需双方的匹配者，社会性和平台中介性程度均很高，如滴滴出行、小猪短租和VIPKID等。

第二类，用户互动型：产品与服务直接在用户之间流动，基于该模式的组织具有高社会性，但平台的中介性程度很低。典型代表有短视频共享平台快手、知识共享平台得到和有书等。

第三类，社群连接型：其功能是帮助个人用户提供产品和服务给其他用户，社会性和平台中介性程度均很低，如二手物品交易平台转转、二手书交易平台多抓鱼等。

第四类，交易中心型：其组织作为交易核心节点，平台性程度很高，但是具有较低的社会性，典型代表是共享单车。

1.3.2.4　共享经济平台的形成机制与路径研究

基于研究问题二展开研究，详见本书第5～7章。本书用3章的篇幅，以一个完整的混合研究设计讨论了共享经济平台的形成机制和形成路径，探索共享经济平台中的各种资源与参与主体是如何组织在一起的。第一步，设计基于分类的多案例研究；第二步，基于案例研究结论设计基于定性比较分析方法的实证研究，以弥补案例研究结论普适性的短板，检验和拓展案例研究。在典型案例选择上，基于共享经济平台的四种组织模式，分别选取典型代表进行理论抽样。四个案例分别为：用户互动型——得到；社群连接型——转转；平台匹配型——滴滴出行；交易中心型——哈啰出行，这样做有以下三个优势。

第一，进一步细化对共享经济平台的分类，界定和刻画共享经济平台的组织模式；第二，通过对不同案例的动态性研究，分析共享经济平台组织模式演进的趋势，以期发现并解释其模式的动态化演进规律；第三，案例研究追求的是超越案例本身的概括性洞见。通过分类的方式选取一个宏观过程中的不同位置（即不同分析层次），解释这些位置之间的异同，将这些位置看成是整个过程中某种作用机制的结果，再依照不同位置所具有的特征选取现实案例，有助于打通案例研究中特殊性与普遍性之间的矛盾（卢晖临和李雪，2007）。

1.3.2.5　共享经济平台与共享发展理念的融通研究

基于研究问题三展开研究，详见本书第 8 章。共享发展理念将共享和发展统一起来，突出了社会主义社会共同富裕的发展目标（胡莹和郑礼肖，2019）。"十三五"规划中指出，共享是中国特色社会主义的本质要求。必须坚持发展为了人民、发展依靠人民、发展成果由人民共享，作出更有效的制度安排，使全体人民在共建共享发展中有更多获得感，增强发展动力，增进人民团结，朝着共同富裕方向稳步前进。"十四五"规划强调提升共建共治共享水平，健全共享经济、平台经济和新个体经济管理规范，深化资源要素共享。

共享经济平台极强的优化资源配置能力有助于落实共享发展理念。本书在对典型共享经济平台成长过程研究的基础上，进一步扩展研究范畴，将研究视线从互联网（消费互联网）领域转向生产制造领域，以国有制造企业为研究对象，探讨共享发展理念与国有企业数字化转型的共同演化过程，在国有企业数字化转型发展情境中讨论共享经济平台与共享发展理念的融通方式。

1.4　研究方法与技术路线

1.4.1　研究方法

1.4.1.1　案例研究方法

在对共享经济平台形成路径的研究阶段，主要依托于案例研究方法。案例研究是一种研究策略，其焦点在于理解某种单一情境下的动态过程。可以是单案例，也可以是多案例形式，甚至有多个分析层次。一般会综合运用多种数据收集方法，如文档资料、访谈、问卷调查和实地观察。数据可能是定性的（如文字），也可能是定量的（如数字），或者两者兼有。可以用来实现多种不同的研究目标（Eisenhardt，1989）。但案例研究更加适用于以建构理论为主的研究目标（Eisenhardt，1991）。

在具体研究设计中，从以下六个维度进行了选择：第一，在研究范式上选择实证主义的案例研究，有利于建构理论，符合本书的研究目的。实证主义的案例研究既有助于发现新的理论（Eisenhardt，1989）和拓展现有理论（Mintzberg，1978），尤其适用于研究动态的、嵌入式现象（如历史性变化、情境变化、社会过程等）（Burgelman，1994），又能够成为连接归纳逻辑与演绎逻辑的桥梁。可以在质性研究的基础上结合定量研究，形成完整的华莱士循环（陈晓萍和沈伟，2018）。第二，在研究步骤上遵循艾森哈特（Eisenhardt，1989）建议的运用案例研究构建理论的路径。包括启动、案例选择、研究工具和程序设计、进入现场、数据分析、形成假设、文献对比以及结束研究八个主要步骤。第三，在分析逻辑上采用了殷（Yin，2009）提出的"可复制的多案例设计"。就是将一系列案例看成一系列实验（Eisenhardt，1989），通过反复对比分析提高案例研究的外部效度，增强研究结论的普适性（Eisenhardt and Graebner，2007）。相比单案例，多案例研究在相关问题的解释力上更强，能够更充分地描述一种现象的存在。第四，在案例选择上遵循理论抽样的原则（Eisenhardt and Graebner，2007）。所选案例要出于理论的需要，而非统计抽样。第五，在数据收集上基于艾森哈特（Eisenhardt，1989）的多来源数据收集方法。第六，在数据分析的逻辑上采用迈尔斯和胡伯曼（Miles and Huberman，1994）的归纳式分析，遵循乔亚等（Gioia et al.，2013）提出的数据结构（DataStructure）展示法。

1.4.1.2　定性比较分析方法

为了弥补案例研究结论普适性的短板，在本书的第 7 章结合定性比较分析方法（qualitative comparative analysis，QCA）进行了进一步研究。QCA 方法最初由社会学家拉金（Ragin，1987）发展起来，是一种新的分析技术，使用布尔代数（Boolean Algebra）来实现理论上的比较。该方法通常被从事宏观社会现象定性研究的学者使用。一般而言，这些学者一次只审查少数几个案例，但他们的分析既深入又综合，从不同维度考察案例的不同部分（Kriss and Ragin，1992）。借助 QCA 方法，可以在定性研究与定量方法间搭建一座"桥梁"。该方法认为"案例是原因条件组成的整体，因而要关注条件组态（configurations）与结果间复杂的因果关系"（杜运周和贾良定，2017）。

在实际分析中，通常采用 fs/QCA 的分析方式，其中"fs"是指模糊集（Fuzzy Set），与清晰集（Crisp Set）相对。清晰集中的案例一般采用二分法进行界定，可以用具有 1 和 0 两个值的二进制变量进行比较（Ragin，2000；2008）。但是许多学者感兴趣的条件是在程度或水平上变化的，模糊集理论的发展使得我们可以处理集合的部分隶属问题（杜运周和贾良定，2017）。相比之下，模糊集允许在 0 和 1 的区间内进行隶属，同时保留完全隶属和完全非隶属的两个定性状态。研究人员需要指定为案例分配模糊隶属度评分的校准程序，并且这些校准程序必须是公开的和明确的，以便其他学者可以对其进行评估（Ragin and Davey，2016；Ragin，2000；2008）。

1.4.1.3　文献计量分析方法

在概念研究与文献分析阶段结合文献计量分析方法，更加直观地掌握共享经济、共享经济平台的研究现状、热点与趋势变化。文献计量分析是通过对学者已经发表的文献进行统计分析，从而识别某一学科或研究领域的演进趋势及发展动态的方法（Garfield，2006），是对传统文献综述方式的补充和发展。为了保证研究结论的客观与准确，本书在分析工具的选择和文献搜集过程的严谨性上进行如下要求。

在分析工具上，选择 CiteSpace 作为文献分析工具。CiteSpace 是基于 Java

开发的应用软件，用于可视化分析科学文献中的趋势和动态，有利于寻找某个领域发展中的关键节点与关键趋势（Chen，2004；2006）；由美国德雷塞尔大学陈超美教授与大连理工大学 WISE 实验室联合开发。该软件可以完成对文献的可视化分析，形成知识图谱，发现某一学科或研究领域的进展与热点（Hu et al.，2013）。其原理是通过词共现或文献共被引（co-citation）来进行一定的文献计量学分析（孟韬和王维，2017）。文献共被引意指在同一篇文章中两篇文献同时被引用的频率（Small，1973），如果两个文献同时在一篇文章的参考文献列表之中就记为一次共被引，这种方式有助于发现研究领域的发展进程。在此基础上可以形成研究聚类（cluster），便于直观理解研究领域的现状（Chen et al.，2010）。

在文献搜集和整理阶段，基于棱镜文献分析法（Moher et al.，2009），可以提供一个清晰的文献回顾过程。该方法有四个步骤：识别阶段、筛选阶段、确定资格阶段和选择阶段。CiteSpace 分析的数据主要来源于 Web of Science 数据库和中国知网（CNKI）数据库。依照以上步骤，研究时首先要界定需要检索的核心主题词，然后在两个数据库中进行检索，通过题目与摘要逐篇筛选可进行分析的文献，最后导出符合 CiteSpace 软件的格式文件。这个文献搜集过程是以滚雪球的原则逐步完善的，对相关文献的选择是基于作者前期大量的阅读，尽量确保不会遗漏该领域的主要研究成果。

1.4.1.4 类型学分类方法

在对共享经济的组织模式研究阶段，结合类型学的研究方法展开，为进一步的案例研究打下基础。类型学（typologies）已经成为组织研究中流行的分类方法，有助于构建理论（Doty and Glick，1994），由概念导出典型类型的相关集合。不同于分类体系，类型学不是基于互斥和穷尽的规则进行分类，而是通过充分的理论陈述来识别多种典型类型（ideal type），每种类型代表组织属性的一种独特的组态（Weber，1978；Doty and Glick，1994）。

本书计划将类型学的研究方法应用于对共享经济平台组织模式的分类研究中。提炼抽象的典型类型，每一种类型代表共享经济平台属性的一种独特组态，从不同维度去影响组织的成长。尽管实际中的类型可能介于典型类型之间，也就是说，实际的类型表现可能在一定程度上近似于某种典型类型（Doty and Glick，1994）。但是通过对比分析，可以清晰把握之间的偏差，给以合理解释。这样做的好处是可以从理论层面将现实中纷繁复杂的共享经济实践进行归类，聚焦于抽象出的典型类型，并据此选择最接近的现实案例进行进一步的案例研究。

1.4.2 技术路线

图 1-2 所示是本书的技术路线图，围绕本书的研究问题徐徐展开。第一阶段采用理论演绎和比较研究手段，基于文献计量分析方法，从宏观视角辨析共享经济平台的概念，梳理共享经济快速成长期的主要研究成果，发现共享经济平台研究的演进脉络。在此基础上，进一步从理论上探讨共享经济平台的组织性质以及模式分类。在此基础上，第二阶段设计基于分类的多案例研究，以探讨共享经济平台形成路径的问题。基于案例研究方法，结合对所搜集素材资料的文本分析，构建共享经济平台形成路径的整合模型。第三阶段综合采用案例和定性比较分析的混合方法研究国有制造企业数字化转型过程，研究共享发展理念通过共享经济平台向制造领域的扩散机制和路径。最后综合提出本书的研究结论，明确研究现存不足，对未来研究提出展望，提出应对共享经济商业实践的管理建议。

具体来看，各章内容如下。

第 1 章，绪论。主要介绍本书的研究背景、提出研究问题、选择研究方法、阐明研究流程、界定研究范围、阐述研究意义、说明结构安排。

第 2 章，共享经济平台概念与文献可视化研究。本章的目的是全面掌握共享经济平台的概念及研究现状，解释从组织层面研究共享经济平台的原因，并说明以资源编排理论为研究视角的适用性。

第 3 章，共享经济平台的组织性质研究。界定共享经济平台的主要组织形态——"共享经济组织"，研究其新组织性质、竞争优势及成长动因，回答子问题 1。

第 4 章，共享经济平台的组织模式研究。界定共享经济平台的组织模式分类，探索共享经济平台组织模式的不同类别，回答子问题 2。与第 3 章一起回答研究问题一。

第 5 章，共享经济平台的形成机制与路径研究设计。介绍案例研究与定性比较分析的范式基础、一般路径、研究设计、数据分析过程。

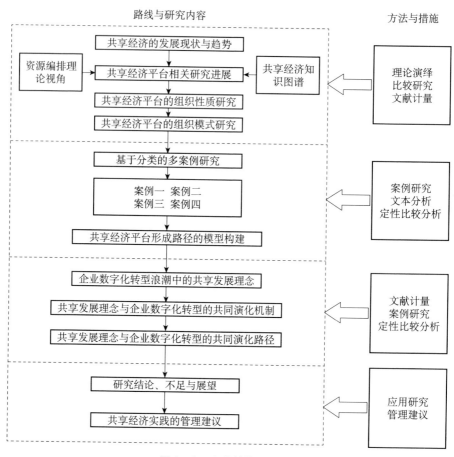

图1-2　本书的技术路线

第6章，共享经济平台的形成机制研究。分阶段进行跨案例对比分析，基于扎根研究思想构建关键构念，探索共享经济平台形成的机制性解释。

第7章，共享经济平台的形成路径研究。基于定性比较分析方法，讨论共享经济组织的形成路径与核心主导机制，第5～7章回答了研究问题二。

第8章，共享发展理念与国有企业数字化转型的融通研究。本章进一步扩展研究范畴，在国有企业数字化转型发展情境中讨论共享经济平台与共享发展理念的融通方式。本章回答了研究问题三。

第9章，结论与启示。

1.5　主要创新点

第一，创新性地研究了共享经济平台的资源管理与能力构建互动过程，揭开了共享经济平台实现快速成长的"黑箱"，丰富了共享经济及共享经济组织的理论研究。现有关于共享经济平台成长的文献仍停留在对概念与模式的界定层面，鲜有对共享经济平台成长问题的深入探讨，更未能说明此类企业组织为什么能够获得快速发展的能力基础。本书的研究结论对共享经济及共享经济组织的研究进行了补充，响应了学者们提出的"共享经济平台组织层面研究缺失"的问题。

第二，以资源编排为理论视角，为共享经济平台研究提供新视域。由于共享经济平台具有独特的资源基础，因此从资源视角研究共享经济平台是必要的。用资源编排理论探讨为什么有些企业会拥有优于其他企业的表现，是一个成熟的理论视角，已经有基于该视角针对创业企业和互联网企业的研究。另外，与传统经济组织相比，共享经济平台具有独特的资源管理与能力构建互动过程，资源编排理论的核心关注企业资源行动与能力间关系，可以带来一定的理论启示。

第三，深化了资源基础观以及资源编排理论的研究，解释了共享经济平台在不具备优势资源前提下获取竞争优势的理论悖论，实现了资源编排理论在数字经济和共享经济环境下的融通。拓展了资源基础观关于物质资本资源、人力资本资源和组织资本资源的研究，将资源引入与能力的互动过程中进行分析，深化了资源编排理论的研究。

第 2 章　共享经济平台概念与文献可视化研究

2.1　共享经济平台的概念内涵与外延

2.1.1　理论内涵

共享经济平台的概念源起于人类的共享天性。"共享"作为人类的天性自古有之，在用户积极参与表达、创造和沟通的互联网 2.0 时代，共享被赋予了更深的内涵，被广泛理解为参与网络社会活动的一种表现（Belk，2014）。共享是将个人所有物给他人使用的行为和过程，或将他人之所有物给我来使用的行为和过程（Belk，2007），更精确地讲，是一个非交互、亲社会（pro-social）的行为（Benkler，2004）。共享行为可以分为两类：一是熟人之间的共享行为；二是针对陌生人的或一次性的分配行为。前者被称为共享（sharing in），后者被称为分配（sharing out）；无论是哪种共享，都包含了转让所有权和非转让所有权两种形态（Belk，2014），这两种形态被共享经济很好地"继承"了下来，表现为以在线租赁为主要形式的所有权非转让的形态，以及以网络二手物品交易（交换）为代表的所有权转移的形态。因此，本书所谈及的共享经济更像"分享"和"共享"的结合，统称为"共享经济"。

共享经济平台深深根植于共享经济的兴起与快速发展。在微观组织层面，顺应技术和模式创新发展大势，共享经济平台推动新业态和新模式不断涌现，成为新经济新业态的重要组织载体，是一类共享相似资源配置决策的企业组织模式（Amit and Han，2017；Gerwe and Silva，2020），依托"共享经济组织"这一特殊组织形态而存在，伴随数字平台的快速成长而逐渐成形。随着数字平台在共享经济中的重要地位凸显，"共享经济组织＋数字平台"的组合为共享经济平台赋予了新的内涵，成为企业、用户及其他利益相关者参与共享经济活动、开展模式创新、进行价值创造的主要场域，最终发展为共享经济的代表性主体。

共享经济平台具有独特的社会建构、资源基础和组织方式（王宁，2021；孟韬和李佳雷，2021）。随着数字技术革命的持续演进，引发了强调资源开放共享的社会建构，对传统产权观念形成挑战，因开源软件、合作制组织、协作消费兴起，使大规模推动资源剩余使用容量的共享成为可能，逐步发展为一种资源配置理念（张康之，2020；王宁，2021；Wei et al.，2021；付大学，2023）。共享经济平台区别于一般互联网平台，其以社会中的存量资源为主促进用户间的互动与匹配，以使用而非拥有的方式提升资源利用率，以用户参与生产的方式创造价值（Eckhardt et al.，2019；Gerwe and Silva，2020），表现出不同的资源基础。共享经济平台借助数字平台连接双边市场（Perren and Kozinets，2018；Nadeem and Al-Imamy，2020），通过降低搜寻与交易成本，最大程度地减少供需双方的信息不对称（肖红军和李平，2019），进而引导平台用户共创价值（王水莲等，2019）。在此基础上，共享经济平台具备新组织特性，表现为"大众生产"这一新兴生产方式（Benkler，2016；Wei et al.，2021），"共享经济组织"这一新兴组织形态（孟韬等，2019；Gerwe and Silva，2020），以及"产消者"这一新兴组织关系（Ritzer and Jurgenson，2010；Eckhardt et al.，2019）。这些新组织特性有助于共享经济平台提升要素效率、盘活存量资源，使其超越了基本的双边市场和网络效应（罗兴武等，2020）。

基于国内外文献研究发现，学者们主要从资源观、产权观和技术观三个视角对共享经济平台的概念进行了界定。

2.1.1.1　资源观

资源视角下的共享经济平台将闲置资源和过剩的产能视为产生共享经济的根本。共享经济鼻祖、Zipcar 的创始人罗宾·蔡斯（Robin Chase，2015）强调协同共享型企业的基础是过剩产能，而姜奇平在著作中提出，共享经济是以充分利用知识资产与闲置资源的新型经济形态（姜奇平，2017）。在此背景下，使用而非占有的新消费观逐步兴起，可持续性发展、按需消费被广泛接受，并得到了持续性关注（王丽丽和廖伟，2018），深化了共享经济学、共享经济制度研究，丰富了共享新发展理念的理论内涵。

究其原因有二。第一，在 2008 年全球金融危机大背景下，各国经济遭受重创，亟须新的经济增长点。通货膨胀导致人们的购买力下降，对价格的敏感度增加。共享经济作为消费创新拉动了经济发展，顺应了时代需要。第二，生存环境的恶化增强了人类的环保意识和忧患意识。这与韦茨曼在 1984 年提出的"共享经济学"（sharing economics）基于相似的背景。共享经济学是为了应对经济停滞、通货膨胀，从微观视角解决宏观问题，为收入分配制度改革提供新思路（安佳，1987）。而后，李炳炎（2012）结合我国实际提出了中国特色社会主义共享经济制度的核心观点。共享经济学研究的核心是企业收入分配方式，即工人和资本家如何共享企业收益的问题。尽管共享经济学与共享经济在催发动力、共享内容、运行模式和形成结果四个方面存在差异（朱克力和张孝荣，2016），并在研究对象上有了根本变化，但是二者在协同共生的本质上却是一脉相承的（代明等，2014）。"十三五"规划中指出，共享是中国特色社会主义的本质要求。必须坚持发展为了人民、发展依靠人民、发展成果由人民共享，作出更有效的制度安排，使全体人民在共建共享发展中有更多获得感，增强发展动力，增进人民团结，朝着共同富裕方向稳步前进。"十四五"规划强调提升共建共治共享水平，健全共享经济、平台经济和新个体经济管理规范，深化资源要素共享。共享新发展理念的理论内涵逐步丰富。

最初，具有共享经济特点的是协同消费（collaborative consumption）。协同消费最早由费尔逊和斯潘思（Felson and Spaeth，1978）提出，指个人或多人与他人一起参加共同的活动，一起消费经济产品或服务的过程。贝尔克（Belk，2014）认为这个定义太过宽泛，将之限定为只有当人们通过付出一定报酬来获得对应资源时，才称之为协同消费。理解协同消费，主要有三个维度。

第一，从消费者角度出发。博茨曼和罗杰斯（Botsman and Rogers，2010）认为共享经济就是协同消费，并指出协同消费是在互联网上兴起的一种全新的商业模式，消费者可以通过合作的方式来和他人共同享用产品和服务，而无须持有产品与服务的所有权。虽然强调的是协同，但其本质是共享，着重提出了共享的对象是产品和服务。

第二，从社会网络角度出发。在人类活动中，经济活动与社会关系密不可分，社会关系嵌入于经济活动中，通过影响经济交换进而影响经济活动（Uzzi，1997），协同消费作为典型代表，要求社会关系的参与者积极协作。当传统的概念嵌入到网络社会后，互联网 2.0 时代下的协同消费被扩展为通过网络社区，以个人对个人的方式，采用租赁、交换等形式获取、给予或共享物品和服务使用权的过程。贝尔克（Belk，2014）将上文的过程称为伪共享（pseudo-sharing），本质上是逐利的，形式上有长短期租赁、在线信息共享等多种形式。这个过程又被称为基于拥有的消费（access-based consumption），指消费者更倾向于通过支付费用来使用或体验产品和服务，而不是真正拥有它（Bardhi and Eckhardt，2012）。约翰（John，2020）结合半结构化访谈的方法研究，认为共享经济中的"共享"兼具经济和社会双重属性。

第三，从商业实践角度出发。随着共享单车和共享充电宝的出现，以及如途家一类重资产在线短租平台的发展，共享经济的商业实践已经从传统意义上的"共享经济剩余"变为企业提供产品、多人协同消费，也被称为泛共享经济。但不能被忽视的是，共享经济在概念的外延上是大于协同消费的，不局限于使用而非拥有，共享的主体也从个人对个人向组织、企业、政府等扩展。

2.1.1.2　产权观

产权视角下共享经济平台表现为所有权和使用权的分离。哈马里等（Hamari et al.，2016）从技术的角度论述了共享经济中关于所有权的问题，在对 254 个共享型网络企业进行分析后将共享经济平台分为两类：第一类是使用而非拥有型（access over ownership），主要表现为租赁，即产品和服务的拥有者为消费者提供限时的产品和服务的使用权。这与对共享经济的认知一致，均认为共享经济平台定义的关键是对共享的界定，即将使用权在一定条件下给予或让渡于他人（李文明和吕福玉，2015）。此时，权利的拥有者未必出让所有权。这也是目前共享经济平台的主要表现形式，亦是本书探讨的主要研究对象。第二类是转移所有权型（transfer of ownership），主要表现为交换、捐赠和二手物品交易等形式。埃克哈特等（Eckhardt et al.，2019）将共享经济平台定义为技术赋能下的经济社会交换系统，拥有五个核心特质，分别为短期的使用权（temporary access）、流动的经济价值（transfer of economic value）、作为中介的平台（platform mediation）、被拓展的顾客角色（expanded consumer role）以及众包式的供给方式（crowdsourced supply），亦强调了使用权分离的特性。

在全球人口急速增长，资源严重不足的大环境下，作为最早一批提出并支持开源软件的哈佛大学教授本克勒（Benkler，2004）指出，只有走基于互联网的大众生产、协同消费之路，才有可能缓解甚至解决全球性问题。他进一步提出可共享产品（sharable goods）的概念，促使"占有"价值观发生了变化，使用而非拥有的观念得到了社会认可，建设可持续性社会成为全人类共同的目标。与此具有相似背景的是大众生产（peer production）概念。

大众生产的概念由哈佛大学学者本克勒（Benkler，2004）提出，是指在互联网信息技术环境下，知识产品生产领域中出现的一种新型的组织模式，即由"分散在世界各地的众多参与者利用互联网共同协作式提供、共享知识产品的生产模式。系统开放、参与人数众多、不追求经济报酬、自发进行互助和协作，是这一模式区别于企业和市场的基本特点（Benkler and Nissenbaum，2006）。大众生产主要表现为开源软件、维基百科、百度百科等知识产品。

大众生产与共享经济都是在互联网时代背景下产生的经济现象，均利用了互联网平台和技术，基于互联网的连通性、互动性、便捷性等特性，体现出了开放、共享的理念。但是，共享经济与大众生产在本质上是不同的，前者侧重的是闲置产品和服务的再利用，而后者侧重的是消费者大众利用集体智慧（collective intelligence）进行的产品和服务的创新与创造，有着独特的现实指向和理论范畴。

2.1.1.3 技术观

技术视角强调技术网络对经济网络和社会网络的联动作用。经济活动是嵌入到社会结构中的，社会关系对经济活动有着重要影响。人类社会的交易依照社会关系紧密程度可以划分为原子式和嵌入式两种（Powell，2003），共享经济平台代表的交易范式是典型的强社会关系交易，即嵌入式交易。针对此类交易，一直以来社会学家、经济学家和组织理论家在观点、视角、方法等方面存在争议。尽管从社会网络、交易成本、企业边界等视角的研究推动了对嵌入式交易的理解，但是技术网络的影响并非从一开始就得到了足够重视和理解。随着互联网技术、大数据、云计算、3D 打印、人工智能和区块链等技术的发展，市场环境发生了巨变，企业、组织，甚至消费者都受到了很大冲击。近些年从区块链角度切入的共享经济平台研究也开始发展起来（周蓉蓉等，2018）。

从企业层面来看，企业的边界不再固定，传统的组织内外部形式发生变革，出现了新型组织模式；从组织层面来看，组织员工角色也发生了转变，如海尔提出"员工创客化"概念，将市场机制引入组织内，在传统事业部制基础上升级为创业项目团队制，在降低运营成本的同时提升了企业创新度和竞争力；从消费者层面来看，产消者的出现使消费者不再只是信息的接受者，反而有机会参与到企业生产运营的多个环节之中，产生了多种形式的企业—消费者合作模式，如众包、众筹、大众生产、维基、UGC 等。许多企业如宝洁、海尔、戴尔等均建立起自己与消费者合作的平台，同时出现了如猪八戒网、威客网等众包平台型组织。

基于此，在技术网络的联动作用下，企业、组织和个人共同形成网络，在这个网络中，基于嵌入式交易的共享经济可以在短时间内在陌生人之间建立信任、达成互惠。值得一提的是，新媒体和网络技术的不断升级、虚拟社区的不断完善、线上线下边界的不断模糊，给共享经济平台的发展提供了肥沃的土壤。信息技术的进步伴随着人类天性中对社会化生存的追求，使得以社交软件为代表的社会网络平台得以发展，点对点、个人对个人的沟通与交流开始变得频繁。技术网络、经济网络和社会网络一起作为网络组织的重要影响因素（Benkler and Nissenbaum，2006），逐渐得到组织管理领域的重视，为网络组织治理提供了新的思路和方法。

综上所述，共享经济平台是在数字时代背景下产生的一种新型经济形态和资源配置方式，具体表现为借助数字平台，个人或组织间基于使用权或所有权的转移和让渡，从而最大化利用产品和服务的闲置部分，在概念上被赋予了各种各样的标签。三种视角存在差异的同时具有一定的共通性，都涉及通过数字技术手段重新分配、利用或共享产品、服务的闲置部分，让个人、企业、非营利性组织、政府等多方参与到共享和分配过程中，进而达到最大化利用资源这一目的。因此，在对共享经济平台进行内涵界定时，不能仅仅从单一视角层面进行分析，而应综合三种视角。表2-1是对共享经济平台概念内涵的总结。

表2-1 共享经济平台的概念内涵

分析视角	资源观	产权观	技术观
外在特征	消费观转变 让渡使用权获利 让渡所有权获利 获得资源经营权 利于资源最大化利用与环境可持续发展 按需分配	让渡使用权 让渡所有权 人际关系 系统信任 社会认同 互动互利	透明化网络社区 数字技术 规模效应 交易费用降低 消费者角色转变 建立连接

资料来源：根据相关文献整理。

2.1.2 概念外延

2.1.2.1 相关概念

由于分析视角存在差异，导致共享经济平台相关概念所涉及的领域也不一而同。为了辨析共享经济平台与相关概念的异同，进行纵向演进分析。本书基于贝尔克（Belk，2013）的研究，结合对文献的梳理，拓展了原有逻辑框架，按照经济机理和现象表现两个维度分类，将与共享经济平台相关的概念列在表2-2中。这既补充了对共享经济平台内涵的研究，又有助于更好地理解共享经济平台的概念外延。

表2-2 与相关概念间关系汇总

中文（英文）概念	定义	关系
产消者经济 （prosumption）	由托夫勒（Toffler，1980）提出，是指消费者与生产者角色转换的特别现象。而后，尼采（Nietzsche，1996；2001）、德勒兹（Deleuze，2001；2004）、瑞泽和吉尔根森（Ritzer and Jurgenson，2010）等进一步发展了托夫勒的观点	经济机理
共享（sharing）	互联网时代的"共享"可以定义为将个人所有物给他人使用的行为和过程，或将他人之所有物给我来使用的行为和过程（Belk，2007）。更精确地讲，是一个非交互、亲社会的行为（Benkler，2004）。格里菲斯和吉莉（Griffiths and Gilly，2012）将共享拓展为可交互、包含外在世界里公共空间共享的过程	

中文（英文）概念	定义	关系
共享经济学 （sharing economics）	由韦茨曼（Weitzman，1984）提出，是为了应对停滞通胀（Stagflation），从微观角度解决宏观问题，为收入分配制度改革提供新思路（安佳，1987）	经济 机理
价值共创 （value co-creation）	由普拉哈拉德和拉马斯瓦米（Prahalad and Ramaswamy，2004）提出，是指企业的竞争力依赖于以个体为中心，由消费者与企业共同创造价值的新方法。拉尼尔和肖（Lanier and Schau，2007）、卢施和瓦戈（Lusch and Vargo，2008）等发展了普拉哈拉德和拉马斯瓦米的观点	经济 机理
协同消费 （collaborative consumption）	由费尔逊和斯潘思（Felson and Spaeth，1978）提出，指个人或多人与他人一起参加共同的活动，一起消费经济产品或服务的过程。博兹曼和罗杰斯（Bozman and Rogers，2015）认为共享经济就是协同消费，并指出协同消费是在互联网上兴起的一种全新的商业模式	
大众生产 （peer production）	由本克勒（Benkler，2002）提出，是指在互联网信息技术环境下，知识产品生产领域中出现的一种新型的组织模式，即由"分散在世界各地的众多参与者利用互联网共同协作式提供、共享知识产品的生产模式"（Benkler，2002）。系统开放、参与人数众多、不追求经济报酬、自发地进行互助和协作是这一模式区别于企业和市场的基本特点（Benkler，2006）	
顾客参与 （consumer participation）	由菲茨西蒙斯（Fitzsimmons，1985）提出，是服务生产和传递相关的精神和物质方面的具体行为，即顾客的努力和卷入程度（Cermak，1994）	
基于所有权的消费 （access-based consumption）	由巴尔迪和埃克哈特（Bardhi and Eckhardt，2012）提出，亦指使用而非拥有的消费	现象 表现
P2P 模式 （peer-to-peer modes）	在 20 世纪初被提出，原是计算机领域术语，称为对等网络，即每个对等实体既是服务的提供者，又是服务的享用者。后来这种对等模式不再局限于流媒体的传播，扩展到了管理学、经济学和社会学等领域，意指点对点、个人对个人	
平台战略 （platform strategy）	企业利用平台商业模式进行平台组织转型，盘活闲置资源，解放生产力（陈威如和徐玮伶，2014）	
维基经济 （wikinomics）	由塔普斯科特和威廉姆斯（Tapscot and Wilams，2007）提出，指与维基类似的开放、对等、共享、大众参与的价值共创方式	
众包 （crowdsourcing）	由豪（Howe，2006）提出，指一个公司或机构把过去由员工执行的工作任务，以自由自愿的形式外包给非特定的（而且通常是大型的）大众网络的做法。众包的任务通常由个人来承担，但如果涉及需要多人协作完成的任务，也有可能以依靠开源的个体生产的形式出现	
众筹 （crowdfunding）	由沙利文（Sullivan，2006）提出，主要指大众投资	

资料来源：根据相关文献整理。

2.1.2.2　现实表现

共享经济平台的内部复杂性导致其现实表现形式具有多样性，无法用某一种固定的模式完全概括。已有研究尚缺少一个清晰、全面的分类标准和框架。国内外由于观察视角的不同，对共享经济平台现实表现的划分标准也不一而同，主要从所有权、经济剩余、渗透领域和共享对象等视角展开，见表2－3。

表2－3　　　　　　　　共享经济平台的主要分类视角

分类视角	提出人	类别
所有权视角	哈马里等（Hamari et al.，2016）	①使用而非拥有型；②转移所有权型
经济剩余视角	马化腾等（2016）	①使用权剩余的共享；②所有权剩余的共享；③时间剩余的共享
渗透领域视角	倪云华和虞仲轶（2015）	①交通出行；②空间；③金融；④教育；⑤美食；⑥医疗健康；⑦物品；⑧公共资源和服务
共享对象视角	张新红（2016）	①产品共享；②空间共享；③知识技能共享；④劳务共享；⑤资金共享；⑥生产能力共享
其他	博茨曼和罗杰斯（Botsman and Rogers，2010）	①产品服务系统；②再分配市场；③协同式生活方式

资料来源：根据相关文献资料整理。

为了更加直观地了解共享经济的现实表现，综合以上分类标准，结合现实中对共享经济商业实践的社会认知，本章尝试为共享经济平台的现实实践提供一个综合的分类框架（见表2－4）。主要分为三类：有形物共享、无形物共享和资金共享。

表2－4　　　　　　　共享经济平台现实表现的类别及主要代表

类别	行业	国内	国外
有形物共享	在线短租	途家网、小猪	爱彼迎
	共享出行	滴滴、共享单车、共享汽车	优步、Call-A-Bike、Car2go
	二手物品	淘宝闲鱼、转转	Yerdle、Swaptree
无形物共享	零工经济	威客网、猪八戒网	Innocentive
	众包微物流	您说我办、UU跑腿	TaskRabbit
	知识共享	在行、得到、有书	Quora
	技能交换	技能银行、技能交换网	Skillshare
	私人大厨	觅食、味蕾	Opentable
	产能共享	淘工厂、i5数控机床	SolarCity

续表

类别	行业	国内	国外
资金共享	P2P 网贷	宜信、陆金所	Lending Club、Prosper
	资金众筹	京东众筹	Kickstarter

资料来源：本书作者自制。

第一类，有形物共享。它是指对集中在拥有者手中的闲置品或未充分使用品的再次利用。按照是否让渡所有权，在实践上又可以进一步划分为两种。第一种是以闲鱼、转转为代表的二手交易平台，此时所有权被转移，在学理层面而言是共享经济平台的一种类型，但是与现实生活中社会公认的共享经济商业实践有一定出入。第二种是以爱彼迎、小猪、滴滴出行和优步为代表的在线短租和共享出行平台企业，此时让渡的是资源的使用权，此类商业实践即是社会公认的共享经济代表。

第二类，无形物共享。它是指对时间、知识和技能等此类资源的共享。例如，以威客网和猪八戒网为代表的共享时间、智慧的企业众包；以在行、得到、跟谁学等为代表的知识共享；以技能交换网、技能银行为代表的技能共享；以 Opentable 为代表的美食共享；以人人快递为代表的物流共享等。此类平台企业区别于第一类实践，是共享经济的重要组成部分。

第三类，资金共享。这主要为包括 P2P 网贷和众筹在内的互联网金融。原银监会（现国家金融管理局）牵头发起了对 P2P 网贷平台的管理，一系列监管文件被制定并实施，其监管主要集中在提高门槛、设置资金托管、去担保等方面。美国借贷人俱乐部（lending club）的成功上市以及国内诸如宜信、陆金所、积木盒子等平台的不断尝试，让该行业的发展走上了正轨，并在 2015 年迎来井喷。但是 2018 年，又出现了多家 P2P 网贷公司资金链断裂、倒闭"跑路"的情况，证明这一领域的发展仍然任重道远。

需要说明的是，由于各类服务都可以在广义上被纳入无形物的范畴，故而本书将知识、时间、技能等统称为无形物，与表 2-3 中分类"协作式生活方式"类似。尽管资金共享也可以纳入该生活方式，但由于近年来以 P2P 网贷为代表的互联网金融不管在理论还是实践上都发展飞速，研究者甚众，故而单独分类。另外，共享经济中"闲置资源"的概念并不局限于完全不被使用的搁置物品，也包括产品未被充分利用的闲置部分、未被充分开发的闲置价值。例如，出行时私家车的闲置座位、一天中仅使用几次的自行车、本职工作外无用武之地的个人技能和知识等。

2.2　共享经济平台的文献可视化研究

我国是共享经济创新发展的引领者，共享单车成为中国特色，被誉为"新四大发明"之一，在全球范围产生了影响。然而，共享经济高速增长的代价是"野蛮生长"，给共享经济的参与者带来损失。先后出现滴滴顺风车业务下线、ofo 小黄车押金不退、P2P 网贷坏账"跑路"、大批共享经济创业企业退出市场等多重危机。一系列负面的事件让人们开始对共享经济持有怀疑，共享经济企业的失败是否意味着共享经济理念的失败？面对复杂的共享经济现象，出现了多样的概念、涌现了海量的研究，试图去解释这一切背后的机理。因此，要深入理解共享经济平台，首先需要系统掌握共享经济领域不同发展阶段的研究热点及演进脉络。国内学者张坤等（2017）利用知识图谱的方式分析了国内相关 CSSCI 文献，为本章研究提供了可借鉴的思路。本章将国内共享经济研究爆发期纳入研究范畴，考虑国内外学者在国际与国内期刊上的研究，借助文献计量分析方法，通过构建知识图谱，直观可视化地展示共享经济研究主题的现状及热点变化。采用中外对比的方式，客观分析中国学者在全球共享经济研究中的位置。这既有助于识别出共享经济平台概念的演化路径，又是对共享经济研究主题爆发式增长期的阶段性总结。

2.2.1　研究阶段划分与主要数据来源

我国的平台监管政策经历了从包容审慎，转变为集中整治，最后进入常态化监管的三大阶段，治理原则由避风港原则转变为平台主体责任（刘小鲁，2024）。2016 年之前我国采取包容审慎的监管态度，以底线思维为共享经济平台提供了充分的发展空间。自 2016 年起，面对平台企业竞争中的各种"发展乱象"，针对共享经济领域开展了集中整治，包括但不限于网约车平台司机的资质问题，"烧钱补贴""过高抽成""不当定价""二选一"等不正当竞争行为。以 2020 年为节点，面向共享经济平台的专项整治基本告一段落，促进共享经济规范健康可持续发展成为国家层面主要的目标，共享经济领域的监管政策逐步进入常态化监管阶段，共享经济平台的发展也逐步趋于稳定。因此，本章将重点分析共享经济平台快速成长阶段（2020 年之前）的主要研究文献，以"共享经济研究文献"为切入点，在洞悉共享经济领域发展中识别共享经济平台的兴起与演化历程，为理解共享经济平台的组织性质和组织模式提供理论依据。

在方法上，本章基于文献计量分析，即通过对学者已经发表的文献进行统计分析，从而识别某一学科或研究领域的演进趋势及发展动态（Garfield，2006；Pritchard，1969）。在文献搜集和整理阶段，基于多棱镜文献分析法（Moher et al.，2009），提供一个清晰的文献回顾过程。该方法有四个步骤：识别阶段、筛选阶段、确定资格阶段和选择阶段。在分析工具上，选择 CiteSpace 作为文献分析工具。CiteSpace 是美国德雷塞尔大学陈超美教授与大连理工大学 WISE 实验室联合开发的科学文献分析工具，该软件可以完成对文献的可视化分析，形成知识图谱，从而发现某一学科或研究领域的进展与热点（Hu et al.，2013），其原理是通过词共现或文献共被引（co-ciation）来进行一定的文献计量学分析。文献共被引意指在同一篇文章中两篇文献同时被引用的频率，如果两个文献同时在一篇文章的参考文献列表之中，就记为一次共被引。

在数据源上，基于 Web of Science 信息检索平台，限定为"核心合集"数据库，以"sharing economy"为主题关键词，检索时间范围定为 1900 ~ 2020 年的全部英文文献，通读论文摘要删除无关文献，共筛得 1632 篇。另外应用中国知网（CNKI）平台，限定为核心期刊和 CSSCI 期刊，搜索主题"共享经济"或"分享经济"，检索 2020 年以前的全部文献，筛选后得到 1668 篇。基于 CiteSpace V 版本，通过处理筛选出的核心文献，分析共享经济研究文献的特征。本章的主要切入视角为：研究文献时空特征、发文国家合作网络、发文机构合作网络、发文学科共现网络、文献共被引聚类网络和关键词共现网络等。以下是文献计量分析的主要研究结论。

2.2.2　共享经济平台快速成长阶段研究回顾

2.2.2.1　研究文献快速增长，中国学者地位显著提升

共享经济概念相关的学术研究自 2014 年起呈现爆发式增长，经梳理中英文核心期刊历年发文数量制作折线对比图（如图 2 - 1 所示），可以看出在 2018 年之前，中外关于共享经济的发文趋势基本一致。值得关注的是，2019 年英文核心期刊发文量持续上升，说明共享经济在全球范围内仍然是一个得到共同关注的热门领域。相比之下中文期刊发文数量有所下降，但仍然保持在一个相对高点，与 2017 年基本持平。

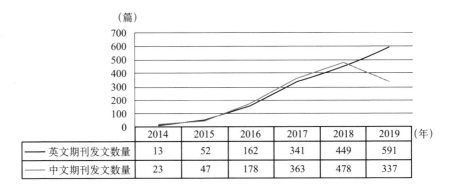

（篇）	2014	2015	2016	2017	2018	2019 （年）
英文期刊发文数量	13	52	162	341	449	591
中文期刊发文数量	23	47	178	363	478	337

图 2 - 1　共享经济研究中英文核心期刊发文数量

结合图 2 - 2 发文国家及地区合作图谱分析可知，中国学者的研究成果在国际期刊上的发文数量位列第二位，仅次于美国；在影响力（中心性）上，从 2019 年初的第十位上升至第四位，落后于英国、美国和意大利。可见，中国学者在该领域的研究得到了世界范围的持续高度关注，中国实践和中国问题也得到了世界范围的重视。

从研究机构合作网络图谱上来看（如图 2 - 3 所示）。2017 年 7 月时，共享经济研究文献的研究机构形成了相对独立的 8 个合作网络。北京交通大学作为中国唯一研究贡献度较为突出的机构，也未与国际上任何一个研究机构建立合作关系（戴克清等，2017）。但是仅一年多的时间，国际机构间关于共享经济的研究已然形成了相对紧密的网络，清华大学成为了全球中心性最

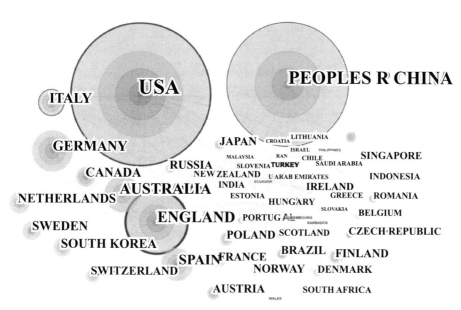

图 2-2　发文国家与地区合作图谱

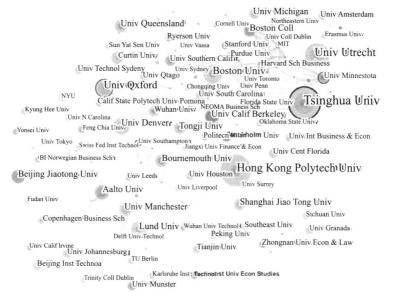

图 2-3　国际研究机构间合作图谱

高的研究节点，连接了牛津大学、麻省理工学院和美国加州大学伯克利分校
等重要研究机构。

究其原因，是清华大学于2016年12月12日成立了清华大学互联网产业研究院，研究互联网时代下的新变革、新现象，共享经济是其重要的研究议题之一，这也顺应了国家层面对共享经济的关注。2016年，共享经济首次写入《政府工作报告》，标志着共享经济正式成为国家层面的战略规划；由共享经济产生的共享理念也作为"五大新发展理念"（创新、协调、绿色、开放、共享）之一，写入了党的十九大报告；国家鼓励共享经济发展的政策亦密集出台。不过，北京交通大学在国际合作上并未能有进一步发展，反观国内关于共享经济研究的机构，仍然相对分散，并无显著的机构间合作网络出现。

2.2.2.2　研究成果不断丰富，成果间存在较充分的对话

图2-4是研究内容的聚类分析，显示了共享经济研究的热点。通过CiteSpace软件进行文献共被引聚类分析，共生成26个知识群聚类，其中包含多个独立的单个节点聚类，整体聚类结构的模块性指数 Q = 0.5698 > 0.3，表明划分出来的社团结构是显著的（陈悦和陈超美，2014）。删除重复聚类和单个节点聚类（仅保留包含节点较多的知识群）后，得到图2-4所示的聚类网络图谱，各聚类标签显示在图中。根据聚类大小，筛选出#0～#6共7个主要聚类，可见主要聚类之间紧密连接在了一起，说明主要的研究成果之间存在充分的对话。对各主要聚类研究主题的介绍如下。

图2-4　文献共被引聚类网络图谱

聚类#0：标签为协同消费平台（collaborative consumption platform）。一方面，共享经济具有协同消费性，博茨曼和罗杰斯（Botsman and Rogers，

2010）认为共享经济就是协同消费，并指出协同消费是在互联网上兴起的一种全新的商业模式，消费者可以通过合作的方式来和他人共同享用产品和服务，而无须持有产品与服务的所有权。虽然强调的是协同，但其本质是共享。另一方面，共享经济的商业实践具有平台性。佩伦和科兹涅茨（Perren and Kozinets，2018）认为共享经济是一个横向交易市场，即利用技术平台连接经济和社会参与者的网络，它是一个技术、经济和社会的交换系统。迈尔和赖斯豪泽（Mair and Reischauer，2017）则认为共享经济场景中经济活动的核心是交易。

聚类#1：标签为在线评论（online review comment）。这一聚类的主要研究对象为爱彼迎，研究多从构建信任的维度展开，例如，切拉塔等（Celata et al.，2017）的研究综合分析了住宿共享领域，证明了信任对个人参与的重要影响作用。研究中被广泛关注的要素是参与者的特征和参与动因，主要的数据来源是在线评论，主要的研究方法是问卷调查、实验法和案例研究。

聚类#2：标签为产品责任（product liability）。这一聚类主要关注共享经济发展过程中的负外部性，对共享经济进行辩证性思考。例如，卡森等（Kathan et al.，2016）的文章中思考了"共享经济是否只是消费的另一个短暂趋势，我们是否正在经历商品的获取、分配和使用方式真正的转型"的问题；马丁（Martin，2016）也对"共享经济是否通向可持续性社会方式"的问题进行了探讨。关于这一聚焦问题的研究大部分具备开放视角，共享经济作为一种混合经济，虽然有人认为其发挥的作用被过誉，但不可否认共享经济具有非常大的发展前景，需要不同的参与主体共同合作、谨慎对待。

聚类#3：标签为经济—社会系统（socio-economic approach）。这一聚类关注共享经济的可持续性消费，环境动机是共享经济发展的一个重要影响因素。资源视角下的共享经济是指闲置资源或产能过剩，是共享经济得以产生的根本。共享经济鼻祖、Zipcar 的创始人罗宾·蔡斯（Robin Chase）在著作中强调，协同共享型企业的基础是过剩产能，共享经济是一种充分利用知识资产与闲置资源的新型经济形态。在此背景下使用而非占有的新消费观逐步兴起，可持续性发展、按需消费被广泛接受，并得到了持续性关注（Ma et al.，2019；Bocken et al.，2019）。

聚类#4：标签为协同品牌（collaborative brand）。这一聚类侧重营销方向，主要涉及价值共创、知识共享、人力资源和运营管理等。其中，与共享经济相结合，开展针对用户价值创造、价值共创和价值共毁过程的研究占据了大半。价值共创，是指生产者和消费者共同合作创造价值，它是继商品主导逻辑之后，基于服务主导逻辑而形成的一种新的营销理念（Grönroos，2008）。这种理念的主要观点是价值并非由企业独立创造，而是由企业和顾客共同创造的（Prahalad and Ramaswamy，2004）。杨学成和涂科（2017）通过对案例研究认为，价值独创和社会化共创是共享经济背景下的独特价值创造方式；约翰逊和诺伊霍弗（Johnson and Neuhofer，2017）的研究将服务主导逻辑与共享经济的价值共创结合；兰等（Lan et al.，2017）基于摩拜单车的研究提出，价值共造是用户参与到共享经济的重要行为。

聚类#5：标签为未来研究（future research）。这一聚类的研究主要为理论和综述性，由于共享经济是一个新生事物，并在不断地动态发展，不同学者对共享经济概念的认知不尽相同。例如，贝尔克（Belk，2014）认为共享经济是一个资源的拥有向使用的转移过程，而且这个过程具有协同性；桑达拉詹（Sundararajan，2016）认为共享经济是处于市场经济与礼物经济之间的一种特殊经济形式，表现为介于市场经济与礼物经济之间的混合经济。与此同时，国内涌现了一大批关于共享经济概念及内涵的讨论，包括但不限于劳动、所有权与使用权、经济模型论、循环经济、社会学、伦理学等视角（郑联盛，2017）。另外，也涌现了一些关于共享经济主题的综述类文章，如对共享经济信任的综述、对旅游领域共享经济研究的综述以及对共享经济模式的综述等。

聚类#6：标签为代表性商业模式（iconic business model）。共享经济的内部复杂性导致其现实表现形式具有多样性，无法用某一种固定的模式完全概括。现有研究借助多种方法、从多个角度切入。例如，明策等（Münzel et al.，2018）学者研究了德国汽车共享行业的商业模式类型，从单一国家的单一行业入手；另外，有学者尝试使用不同的方法对共享经济情境下的企业进行分类，如定性比较分析法以及案例研究方法等（Muñoz and Cohen，2017；Hamari et al.，2016）。

表2-5为7个主要聚类的编号、大小及高频词信息汇总。

表 2－5　　　　　　　主要聚类的编号、大小及高频词信息汇总

编号	大小	高频词
0	34	value co-creation；merrier；practical expression；practice；theory；sharing economy increase inequality；food sharing；to-peer asset sharing；social exchange theory perspective；structures；novel field；varieties；working conditions；sharing service；sharing intangibles；engagement；uncovering individual motives；agri-food systems
1	30	airbnb；application；empirical study；taskrabbit；economy；sustainable urban development-sharing tourism；innovative forms；hotel；tourism；hospitality；sharing economy discourse；comparative automated content analysis approach；authentic tourism experiences；sharing economy increase inequality；food sharing；to-peer asset sharing
2	20	insights；grassroots；commercial orientation；social innovation；practice；lawyers；modeling；urban sustainability；uber；legal services；sharing economy approach；delivery；transformative potential；lawyers；collaborative consumption；people；practice
3	20	initial empirical insights；analytical framework；democratising platform governance；food sharing；urban sustainability；new platform；circumventing traditional frameworks；facets；environmental sustainability；urban sustainability；circumventing traditional frameworks；facets
4	16	practical expression；value co-creation；merrier；supply-demand framework；preventing conflicts；means；sharing communities；promoting sustainability；digital on-demand economy；economic function；neoliberal discourse；radical social transformation；sharing utilities；public sector；consumer segmentation
5	12	service providers satisfaction；empirical business study；food sharing；practice；modeling；sharing option；impediments；evaluating sustainability；case study；car-sharing digital platform；motivation；sharing option；collaborative economy；creative clusters；sharing economy strategy；theory；food sharing
6	7	innovative business models；unpredictable trends；players；business model innovation；iconic business models；mobile crowdsourcing markets；suburbs；practice；sharing economy business models；producers；twisted roles；consumers；global search；mobile crowdsourcing markets；suburbs；practice

资料来源：本书作者自制。

2.2.2.3　共享经济平台兴起，是拥有潜力的研究领域

为进一步了解共享经济研究的未来趋势，经对国内外核心期刊文献的关键词进行时区分析，发现国内外关于共享经济研究路径变迁的驱动力是不同的：国外以理论驱动为主，国内以现象驱动为主，表 2－6 所示是近几年具有较高中心性的关键词展示。

表 2 - 6　　　　　　　　关键词分析展示（按中心性排序）

中心性	年份	英文关键词	中心性	年份	中文关键词
0.04	2017	Platform	0.16	2018	共享单车
0.03	2016	Business Model	0.15	2018	区块链
0.03	2018	To Peer Accommodation	0.09	2018	资源配置
0.01	2015	Organization	0.08	2018	商业模式
0.01	2017	Governance	0.06	2018	网约车
0.01	2017	Platform Economy	0.03	2018	知识付费
0.01	2019	Peer to Peer Platform	0.02	2018	共享汽车
0.01	2019	Identity	0.01	2018	共享经济模式

资料来源：本书作者自制。

英文关键词中"平台"（platform）具有最高的中心性，共享经济平台得到国际学术研究的广泛关注。紧随其后的关键词是"商业模式"（business model）和"共享住宿"（to peer accommodation）。中文关键词中"共享单车"的中心性最高。可见，共享经济领域的研究重点已经从最初的概念辨析层面逐渐融合了对各种实践案例深层次模式、性质和资源配置方式的探讨；研究的关注点围绕在热门商业实践周围。例如，以爱彼迎为代表的在线短租平台、以滴滴出行为代表的网约车平台、具有中国特色的共享单车平台、新兴起的知识付费和区块链等。共享经济平台开始兴起，从组织维度研究共享经济平台的尝试逐渐增多。尽管相关的研究尚未深入，但相关研究从多个维度体现了共享经济组织与传统经济组织的区别，主要从"平台""资源""产权"和"产消者"四个视角展开：

第一，平台视角下的共享经济组织。平台的思想在新产品开发领域已经实践了多年，而后逐渐被应用到组织结构设计领域（井润田等，2016），直到 1996 年，奇博拉以 Olivetti 公司为例研究组织如何在转型中保留原有核心竞争力，并基于此提出了一个新的组织形式，即平台组织。奇博拉（Ciborra，1996）将平台组织界定为"一种能在新兴的商业机会和挑战中构建灵活的资源、惯例和结构组合的组织形态"。平台组织是通过格式化的内容和惯例来塑造组织结构的一个变化的组织，表现形式有多种，如层级制、矩阵制甚至是网络制。这是一种反复进行重组的组织，核心特点是它的灵活性，可以在多种组织形式之间转换。标准形式的平台组织由"一个平台＋一定数目的附加组件"构成，借助平台核心的支持，不同功能性组件可以自由进行组合（井润田等 2016）。根据服务对象的差异，可以将平台组织分为内部平台和外部平台（Gawer and Cusumano，2014）。内部平台为企业内部创业平台，是企业一系列资源的有机组合，可以依赖此平台来孵化新的业务和企业，如海尔平台。外部平台为产业平台，为外部企业提供产品、服务和技术，帮助外部企业运营、利用他方资源和网络效应进行创新，如淘宝平台。

共享经济组织是一种特殊的平台组织，具有平台性。共享经济是基于共享平台的商品再分配，本质是一个双边市场（郑联盛，2017），这个共享平台连接了两个以上资源方或需求方，创造出各自独立时无法存在或产生的价值。此时，组织本身就成了平台，提供资源与支持系统，并帮助设定规则，引导参与者投入与承诺。在平台组织中，组织或管理层的角色是中间者和资源提供者，让人才与市场直接对接。但是与一般的平台组织相比，共享经济组织在连接的资源、资源的使用方式以及参与者的特征上均有不同。

第二，资源视角下的共享经济组织。资源视角下的共享经济是指闲置资源或产能过剩是共享经济得以产生的根本。共享经济型企业得以产生的基础是过剩产能，此类企业正是通过充分利用知识资产和闲置资源，从而获得竞争优势。共享经济组织作为以共享经济为载体的新兴企业组织，在内涵上是一致的，换言之，闲置资源是资源视角下共享经济组织的形成基础，因此从资源视角探讨共享经济组织是必要的。但是共享经济组织侧重利用闲置资源的特点与传统企业组织不同，其侧重激活和开发闲置资源，而且其平台性导致很多资源的获得和使用方式更强调连接，而非控制，这与巴尼（Barney，1991）、西蒙等（Sirmon et al.，2007）学者对企业的资源和资源的管理的界定有一定差异，并非企业的全部有形和无形资产。

第三，产权视角下的共享经济组织。产权视角下共享经济表现为所有权和使用权的共享和交易。具体可以分为两类：一类是使用而非拥有型，主要表现为租赁，此时使用权在一定条件下给予或让渡于他人，权利的拥有者未必出让所有权，这也是目前共享经济的主要表现形式；另一类是转移所有权型，主要表现为交换、捐赠和二手物品交易等形式（Hamari et al.，2016）。但是，共享经济组织在模式上比协同消费所涵盖的范围更广，包括提供专业服务的模式（Perren and Kozinets，2018），例如滴滴出行将提供专业服务的出租车和专车司机纳入运行体系。因此，在资源组合的建构、配置和发展上，不仅仅要考虑非专业的产品拥有者提供的服务，也要充分认识到共享经济组织在发展过程中为了构建能力而连接和拓展的资源组合方式。

第四，产消者视角下的共享经济组织。基于共享经济组织的资源与产权的特殊性，"产消者"的角色兴起，即消费者同时具有了消费者和生产者的双重属性。产消者往往以群体的形式利用互联网共同协作参与生产，所实施的生产方式是一种独特的大众生产（孟韬和孔令柱，2014）。大众生产是一种基于 P2P 网络、以社会化互动的方式创造新产品（尤其是知识产品）的模式（Benkler，2004）。大众生产与共享经济既有联系，又有区别。它们均诞生于网络时代，均基于开放、共享的理念。但是二者在现实表现上有较大区别，大众生产主要表现为开源软件，而共享经济主要表现为在线汽车、房屋和劳动力等资源的共享。可见，共享经济侧重对闲置资源的再利用，大众生产则偏向利用大众的集体智慧进行产品和服务的创新。不过，大众生产在组织上的三个核心特征对理解共享经济组织有一定借鉴意义，它们分别是：去中心化，即大众生产组织本身作为一个平台去连接供需两个网络；多样的参与动因；基于所有权和使用权分离的治理（Benkler，2016）。

2.3 理论基础及研究视角选择

本节的目的是为了厘清文章选择资源编排（resource orchestration）理论视角来解决共享经济组织成长问题的理论基础和依据。通过厘清基本概念、回顾理论基础、梳理这之间的相互关系，进而讨论理论视角的适用性。在具体分析之前，结构化展示 2.3 小节整体思路如图 2-5 所示。

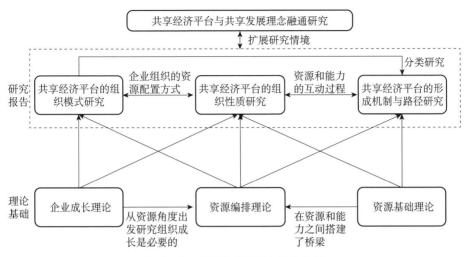

图 2 – 5　理论基础及研究视角选择

2.3.1　组织模式与企业成长

组织模式（organization model），也称组织形式，它的形成与传播一直是组织理论的核心研究议题（Perkmann and Spicer，2007）。它具体指组织目标、权力关系、使用的技术以及寻求服务的市场的综合体（Scott，1999）。随着研究的进展，贝尔（Bell，2006）提出了建构组织模式（architecture organization model）时需要考虑的基本问题和视角，具体包含四个维度：从生产角度出发应关注组织的资产是如何配置的、从过程角度出发应关注组织的资产是如何整合的、从管理角度出发应关注组织是如何构建的、从设计角度出发应关注组织的资产和服务是如何设计的。

基于此，本书所关注的企业成长和发展中的组织模式侧重于企业组织的资源配置方式（Bell，2006；Amit and Han，2017），与商业模式、经营模式有本质上的区别。尽管三者均涉及价值的创造与实现，但组织模式聚焦于企业的资源配置决策，在范围上比另外二者小。因此，共享经济平台的组织模式是共享经济平台配置资源的方式，其关注如何将资源与参与主体组织起来、获得竞争优势。具体来看，阿米特和韩（Amit and Han，2017）提出了数字时代下组织进行资源配置的四种模式，分别是整合者（firm as integrator）、合作者（firm as collaborator）、赋能者（firm as transaction enabler）和匹配者

(firm as a bridge provider)，基本涵盖了传统经济组织和新组织。由于共享经济组织继承了共享经济的特征，具有一定的独特性，在组织模式上有所不同（Constantiou et al.，2017；Perren and Kozinets，2018），故针对共享经济平台组织模式的研究和分类将在本书第 4 章进一步展开。与此同时，资源配置（resource configuration）是资源编排理论中的一个重要组成部分（Sirmon et al.，2011），是实现各类资源与参与主体达到"协奏"状态的必要资源行动。其将组织模式与资源编排理论紧密地结合在一起，使得资源编排理论可以更好地理解企业组织因组织模式差异而导致的成长过程的变化。

共享经济中，平台企业的组织成长问题归根结底是一项组织管理领域的新组织成长研究课题。首先，随着信息技术的迅猛发展，人类社会已经进入了一个以数字化为表征的新时代（陈剑等，2020），在这一背景下，企业的营商环境发生了很大变化，呈现出波动（volatility）、不确定（uncertainty）、复杂（complexity）、模糊（ambiguity）的特点（Millar et al.，2018）；企业管理的实践与理论研究也受到了冲击、亟须新时代的企业管理变革（戚聿东和肖旭，2020）。组织管理作为企业管理中的重要议题，同样受到来自数字时代复杂环境的冲击，需要从组织层面更好地理解共享经济组织等新兴组织形式。此外，在彭罗斯（Penrose，2009）企业成长理论（the theory of the growth of the firm）思想的指导下，企业被视为成长中的组织、是各类生产资料的集合。因此，从资源角度来探讨共享经济组织的成长问题是必要的。

接下来，本书将回顾资源基础观及其相关理论的发展历程，并结合共享经济组织的特殊性来探讨出现的理论冲突。

2.3.2　资源基础与理论发展

企业的资源基础观（resource based view，RBV）于 20 世纪 80 年代被提出（Wernerfelt，1984），经过多年的发展已然成为解释企业核心竞争力获得的重要理论。该理论认为资源的四种必要特质（价值、稀缺、难以模仿和难以替代），让拥有此类资源的企业可以获得竞争优势（Barney，1991）。对于资源的分类，资源基础观理论创建者之一的巴尼（Barney，1991）将其分为物质资本资源（Williamson，1975）、人力资本资源（Becker，1994）和组织资本资源（Tomer，1987）。物质资本资源包括企业所用的物质技术、企业的厂房和设备、企业的地理位置和原材料等；人力资本资源包括管理人员和员工的培训、经验、判断、智力、关系和洞察力；组织资本资源包括企业的正式报告结构，正式和非正式的规划、控制和协调系统，以及企业内部群体之间、企业与其外部环境中的群体之间的关系。

目前，资源基础观已经广泛应用于人力资源管理、经济金融、创业、营销、国际业务、管理信息系统、运营管理、技术创新管理等领域的研究（Barney，2001）。但是在动态的、快速变化的市场环境中，企业的竞争优势无法可持续（Eisenhardt and Martin，2000），这导致了动态能力观（dynamic capability based view，CBV）的发展，补充和完善了资源基础理论在新环境下的解释力。与资源基础观静态地利用现有能力不同，动态能力观强调组织通过有目的地创建、扩展或修改自身资源构建新的能力（Helfat et al.，2007），以获得持续的竞争优势。

然而，共享经济组织对资源的利用方式颠覆了企业的资源基础假设。一方面，它突破了传统资源基础理论对资源异质性特征的界定（祝振铎和李新春，2016）。共享经济组织所利用的资源长时间海量地分散在社会各处（姜奇平，2016），难以被充分利用。这与传统经济组织对优势资源的定义不同，并非稀缺且容易被模仿和替代（Barney，1991），使得如今被共享经济组织大规模利用以获得竞争优势。另一方面，它突破了对资源的利用方式。共享经济组织侧重激活和开发资源，以使用而非占有的方式连接资源（杨学成和涂科，2017）。这与资源基础理论下对企业资源范围的界定有所不同，其是组织所能连接的资源总和，并非企业控制的全部有形和无形资产（Sirmon et al.，2007），在范围上更大。

在缺乏传统经济组织所拥有的资源优势前提下，共享经济平台依托共享经济组织形式，借助数字技术平台提升了交易和共享的效率（Miralles et al.，2017），实现了对所连接资源精巧地编排（Sirmon et al.，2007），获得了对外部环境变化的快速响应能力和极强的适应能力。从资源编排理论出发解释共享经济平台成长中资源管理和能力构建间的互动关系，对理解共享经济平台的组织性质、探索推动共享经济平台成长的独特动力有重要意义。

2.3.3 资源编排的理论视角

遵循国内学者通用（张青和华志兵，2020；王国红等，2020；黄昊等，2020）的翻译，将 resource orchestration theory 译为资源编排理论，其中"orchestration"意指不同的要素通过一定的方式结合与互动后，实现了整个组织系统的变化。另外，国内亦有学者将之译为"协奏"（苏敬勤等，2017）。西蒙等（Sirmon et al.，2011）学者整合了资源管理和资产编排模型，提出了资源编排理论，用来解释企业如何有效管理资源以获得竞争优势，弥补了"资源基础观在资源转化为持续竞争优势的中间转换过程方面的缺失"（张青和华志兵，2020）。资源管理和资产编排两个理论框架均聚焦于管理者资源相关的行动以及这些行动如何发展企业的竞争优势；同时资源管理来源于资源基础观逻辑、资产编排源自动态能力观逻辑。资源编排理论则在资源基础观和动态能力观之间搭建了一架桥梁，拓展了从资源占有到组织能力产生之间的关系，在"资源—能力"框架下更好地理解了管理者的角色，细致刻画了管理者如何对企业资源进行有效的动态协调（Sirmon et al.，2011），即只有当资源被有效地管理时，才会释放出充分的价值，从而创造出动态能力（Sirmon et al.，2007）。对资源管理和资产编排模型简介如下。

首先，简介资源管理（resource management）模型。由于资源基础观并未涉及资源如何通过被管理来创造竞争优势（Sirmon and Hitt，2003），故为了理解管理者资源协调角色的问题，西蒙等（Sirmon et al.，2007）提出了一个资源管理框架。他们认为在不确定环境下进行资源管理的关键是"结构化资源组合、进行资源捆绑以及动员协调发展企业能力"，并后续用实证研究予以验证（Sirmon et al.，2008）。这个框架具体包括建构、绑定和利用三个阶段。建构是指对企业资源组合的管理，包含获得、积累和剥离三个资源行动；绑定是指对企业资源的联合以创造或改变现有能力，包含稳定、丰富和拓展；利用是指应用企业的能力来创造价值和财富，包含动员、协调和开发三个行动。

其次，介绍资产编排（asset orchestration）模型。与完全竞争环境中管理者简单计算投入和产出的功能不同，在动态变化的环境中，管理者在交易和资产部署、商业模式设计和战略制定等方面发挥了特殊作用（Helfat et al.，

2007：20）。基于此，赫尔法特（Helfat et al.，2007：22）构建了市场性相对薄弱（交易市场非充分发展、资产的流动性被限制）情况下企业的资产编排分析框架。资产编排作为动态管理能力的重要组成部分，由"搜索/选择"和"配置/部署"两个维度构成，"搜索/选择"过程要求管理者识别资产，进行与之相关的投资，并为公司设计组织和治理结构，以及创建商业模式；"配置/部署"过程需要协调特定资产，为这些资产提供愿景，并培育创新（Sirmon et al.，2011）。

最后，共享经济平台通过对所连接资源精巧地编排与利用，从而获得持续的竞争优势并快速成长的过程，体现了赋能的思想，这对用资源编排理论解释数字经济时代的新组织问题有着重要的补充意义。共享经济平台的商业实践深深嵌入于数字经济时代，表现为网络信息技术冲击下形成的具有网络化特征的新组织形式。组织内由企业运作的数字技术平台连接了经济和社会参与者，构成了一个交互的网络，进而提升了交换和共享的效率（Miralles et al.，2017），是实现资源编排（或称协奏）的重要基础。因此，进一步回顾数字经济时代下的技术赋能，有助于理解本书所提出的研究问题。

数字经济时代的企业营商环境呈现波动、不确定、复杂、模糊的特点，这些典型特征被米勒等（Millar et al.，2018）学者概括为 VUCA。随着不确定性问题的日益增多，技术在应对此类问题时的优势日益凸显，技术赋能的概念开始被接受，赋能也不再局限于员工授权赋能维度上。充分理解数字经济时代下赋能概念的变化，对理解技术赋能概念的产生以及可能的影响范围有重要意义。

技术赋能是指数字化能力会为企业赋能并进一步作用于价值创造过程（Lenka et al.，2017），主要表现为通过数据赋能（周文辉等，2017）。互联网时代下的共享经济组织一直致力于发展大数据和人工智能等新技术，这些技术帮助组织连接和配置各项资源。与传统的赋能概念相比，技术赋能不仅仅是授权，同时还强调提高能力和激发活力。特别是新时代下组织成员间的雇佣关系逐渐被合作关系所取代（罗仲伟等，2017），通过合作的方式可以形成"1 + 1 > 2"的效果，以提高合作各方的企业能力。相较之下，赋能是管理学关注的重要概念，一直以来的研究主要集中在员工授权赋能上（employee empowerment），关注高管如何将权力下放给员工，进而提高其自主性

（Mainiero，1986）。尽管赋能是一个多维度概念，包含教育、领导、指导和支持等多个视角（Vogt and Murrell，1990；Honold，1997），但是研究主体一直聚焦于组织内成员，强调雇佣关系。它忽略了数字经济时代下产消者、大众生产、众包和众筹等出现后消费者的角色变化，而此时顾客拥有了更多的主动权（Yukse et al.，2016），组织作为平台连接了企业与消费者，权力在组织间被共享（周文辉等，2017）。

回顾既有关于资源编排理论的研究发现，该理论已经开始被应用于数字时代大背景下科技型创业企业成长问题的研究（王国红等，2020；黄昊等，2020），研究已然拓展到组织层面（张青和华志兵，2020；Wang et al.，2020），同时涉及组织内部和外部资源（Wales et al.，2013；Nason et al.，2019），均发表在了高质量的学术期刊中。现有针对共享经济平台成长问题的研究主要从制度理论（姚小涛等，2018）、信任（李立威和何勤，2018）、价值创造（杨学成和涂科，2017）、商业模式（许晓敏和张立辉，2018；Frankenberger and Stam，2019）等视角展开，尚缺少从资源维度出发的深入探讨。

总结而言，资源编排理论连接资源和能力的核心假设，对解释共享经济平台形成路径中资源管理和能力构建间的互动过程有很强的适用性，值得从此视角出发针对共享经济平台作进一步研究。深入剖析这一互动过程、探讨其内部机制，对理解共享经济组织的独特成长动力有重要意义。

资源编排理论视角对共享经济平台研究的适用性具体体现为以下四点。

第一，鉴于共享经济平台独特资源基础，从资源的角度探讨共享经济组织中的管理问题是必要的。需要注意的是，资源拼凑（resource bricolage）理论也常被用于解释利用剩余资源进行的创业活动，意指创业企业在资源匮乏环境下凭借现存仅有的资源创造价值的过程。与资源编排相比，尽管二者均是对资源的巧妙利用，体现了管理者的重要作用，但是形成原因和侧重点不同。资源拼凑产生的原因是初创企业囿于自身规模和市场环境的限制而无法获得足够资源，为了生存通过创新性地利用现有资源以达到更好的生存状态，侧重企业的初创阶段，是不得已而为之，常作为一种过渡手段；而资源编排关注的则是企业通过对资源的管理、协调获得可持续的竞争优势，强调企业的持续发展。

第二，从资源的角度讨论为什么有些企业会拥有优于其他企业的表现，是一个成熟的理论视角。目前，已经有基于资源编排理论视角针对创业企业和互联网企业的研究，而绝大部分的共享经济平台既是创业企业又是互联网企业，兼具以上两类企业特征。可见资源编排理论视角对共享经济平台的研究是有一定解释力的。

第三，理论与实践的逻辑很契合。共享经济平台在缺乏传统经济组织所拥有的资源优势前提下，实现了对所连接资源精巧地编排，获得了对外部环境变化的快速响应能力和极强的适应能力，这与资源基础观的基础假设相悖。与传统经济组织相比，共享经济平台所依托的"共享经济组织"形式具有独特的资源管理与能力构建互动过程，致使其能够快速成长；而资源编排理论的核心，则关注企业资源行动与能力的关系。

第四，根据艾森哈特（Eisenhardt，1989）对案例研究的建议，在进行以建构理论为目标的案例研究前，根据推测事先确定一些构念有助于形成理论构建的最初研究设计。带着预设的理论和概念进入研究场阈对研究的开展是有价值的，能够帮助研究者在研究过程中更加精准地测量构念。根据推测事先确定的一些构念，就是参照现有文献来确定一些潜在的重要构念，如果在研究过程中这些构念涌现出来，则加以保留。但是在案例研究中，事先确定研究问题和可能的构念是带有实验性的，任何构念都不一定会被保留到最后的理论中。

2.4　本章小结

共享经济平台的概念内涵及现实表现纷繁复杂，自兴起至今不过十余年，却得到了全球范围的关注。本章较全面地就共享经济平台概念的理论内涵和外延进行了系统梳理，涵盖了共享经济快速成长阶段主流的关于共享经济、共享经济平台主题的绝大部分研究。本书认为共享经济是网络时代背景下产生的一种新型经济形态和资源配置方式，具体表现为借助网络平台，个人或组织间基于使用权或所有权的转移和让渡，从而最大化利用产品和服务的闲置部分。共享经济平台随共享经济的快速发展而兴起，成为新经济新业态的重要组织载体，是一类共享相似资源配置决策的企业组织模式，依托"共享经济组织"这一特殊组织形态而存在，伴随数字平台的快速成长而逐渐成形。"共享经济组织＋数字平台"的组合为共享经济平台赋予了新的内涵，成为企业、用户及其他利益相关者参与共享经济活动、开展模式创新、进行价值创造的主要场域，最终发展为共享经济的代表性主体。

本书特别强调的是，共享经济平台拥有三个核心特质，即源于闲置资源而产生、基于产权分离式的让渡手段（所有权与使用权的分离）而得以实现、借助数字技术平台而高速发展。需要说明的是，共享经济平台中"闲置资源"的概念并不局限于完全不被使用的搁置物品，也包括产品未被充分利用的闲置部分、未被充分开发的闲置价值、未被充分激活的闲置状态。例如，出行时私家车的闲置座位、一天中仅使用几次的自行车、本职工作外无用武之地的个人技能和知识等。

目前，共享经济平台仍在不断演进变化之中，依托共享经济而发展的商业实践也从最初的单一经营模式，向多元化模式发展转型。例如，滴滴出行不再单纯是在线打车软件，逐渐开发了快车、专车和顺风车；爱彼迎也推出了自己的 Plus 服务，向高端品牌化转型。另外，存在着以"共享和分享"为名的企业，自诩为共享经济，却偏离了共享经济概念的内核。因此，要精准界定现实中哪些企业是"纯粹"的共享经济，哪些不是，无疑是一件非常困难的事情。本章提供了一个共享经济平台现实表现的分类框架，将主流公认的商业实践与共享经济平台概念内涵进行适配，进一步识别出接近共享经济平台内核的企业实践。这样，既平衡了理论与实践的认知差异，又排除了不必要的干扰，缩小了研究范围。这有助于聚焦到本书的核心问题，增强所构建理论模型的可信度。

共享经济概念自提出至今，已经成了一把"大伞"，涵盖了多种理论阐释和现象描述，是经济管理领域的研究热点。共享经济的概念、类型、用户参与共享经济活动的动机和价值共创过程等均成为重要研究议题，近年来涌现出了众多研究。通过基于 CiteSpace 软件的文献可视化分析发现：中国的学者和研究机构在国际上的地位不断提升，中国案例和中国问题已经逐渐得到了全世界范围的关注；共享经济是一个涉及多领域的跨学科研究问题，得到了来自经济管理等多学科学者的重视；共享经济的研究成果不断增加，尤其是实证研究的数量大大丰富，研究已经从最初的现象描述向深层次的理论探讨过渡；共享经济平台作为潜力巨大的细分研究领域，逐渐得到重视。

资源编排理论视角具有以下适用性：首先，共享经济平台具有独特的资源基础，与资源基础理论的基本假设相悖，从资源角度探讨共享经济平台中的管理问题是必要的；其次，用资源编排理论探讨为什么有些企业会拥有优于其他企业的表现，是一个成熟的理论视角，已经有基于该视角针对创业企业和互联网企业的研究；另外，与传统经济组织相比，共享经济组织具有独特的资源管理与能力构建互动过程，资源编排理论的核心关注企业资源行动与能力间关系，可以带来一定的理论启示；最后，在设计以建构理论为目标的案例研究前，根据推测事先确定一些构念有助于形成理论构建的最初研究设计，但是，事先确定的可能的构念是带有实验性的，任何构念都不一定会被保留到最后的理论中。

第3章 共享经济平台的组织性质研究

第 2 章的文献可视化分析结果显示：共享经济近年来成为影响全球的经济现象，催生了共享出行、共享住宿、共享单车等商业实践，共享经济平台概念逐步成型，在企业组织层面表现为一种独特的"共享经济组织"形式。该类组织快速成长的同时，给企业组织理论带来了挑战，成为组织研究的前沿领域。一些以共享经济为主导逻辑的企业组织成长问题并没有明确答案，例如，为什么爱彼迎能在短时间内估值超过希尔顿？优步和 Lyft 为什么能够快速得到资本市场的青睐而启动上市程序？滴滴出行又为何能在创立之初快速成长为仅次于淘宝的全球第二大在线交易平台？换言之，快速崛起的"共享经济组织"的新组织性质及其内在成长动因研究被忽略了。

从组织角度看共享经济，需要厘清共享经济组织本身与环境的交互关系以及组织间、组织内成员间的互动方式，深入剖析企业运营的数字平台是如何在新经济技术环境下高效地连接各种人财物资源的（斯科特和戴维斯，2011）。由于各组织需要进行调整以响应环境变动，但是与环境变化程度相比，各组织的适应能力是相对有限的、组织形态是相对稳定的，因此当企业家通过首创精神不断发展出新形态的组织时，新类型的组织开始出现。新出现的组织会努力寻找一个足够支撑其生存下去的经营领域，即生态位。当这些适应了新环境的新组织逐步填补了新的生态位并获得一定的成功后，适合其生存的经营领域会逐渐扩大，随着时间的推移，新组织将超越原有成功企业。在组织种群内部，同一种群内的组织会为了争夺类似的资源或相近的顾客而相互竞争，最后更加适应环境的组织被保留、成长壮大。这一思路遵循"选择—适应—保留"的成长路径（达夫特，2011）。对于理解共享经济组织的性质与成长动因亦有启发意义：从外部来看，共享经济组织是新的经济技术环境变化催生的一种新组织形式，相比传统组织而言更加适应这个变化的环境；从内部来看，由于共享经济组织个体之间的竞争，会持续淘汰经营不善的商业实践（如 ofo 共享单车）。

结合以上背景，基于本书提出的研究问题一中的子问题 1："共享经济平台的组织性质是什么？"本章将遵循"选择—适应—保留"的分析框架，深入探讨让共享经济组织区别于传统经济组织和其他新组织形式的性质，明晰这些组织性质所带来的竞争优势，并进一步从共享经济组织的三个突出特征入手，研究其作为新组织兴起的内在逻辑，向内探究此类组织成长的深层次动因。这三个突出特征分别是"资源编排性、自组织性、多元补偿性"，三者的融合使得共享经济组织不但区别于传统层级组织，亦区别于其他新组织形式。本章研究结论将有助于勾勒共享经济组织的成长动因，加深对共享经济平台的理解。

3.1 共享经济组织的兴起

3.1.1 共享经济组织的现实发展

根据中华全国总工会 2023 年 3 月第九次全国职工队伍状况调查的调查结果，全国 4.02 亿职工总数中，有约 2 亿平台劳动者，其中约 8400 万为网约车司机、货车司机、外卖配送员、快递员等新就业形态劳动者。这些新就业形态劳动者与滴滴出行、哈啰出行、货车帮、途家、小猪短租、云账户等共享经济平台企业共同创造价值、获得收益。可见，共享经济组织已经渗透到衣、食、住、行等主要行业，并诞生了具有代表性的头部企业，在推动国民经济发展、提供新的就业机会以及商业创新等方面起到了越来越重要的作用，共享经济组织的商业实践已兴起。

企业组织研究学者迈尔和赖斯豪泽（Mair and Reischauer，2017）提出了共享经济组织（sharing economy organizations）的概念，即以共享经济为载体的新兴企业组织，现实中表现为以共享经济为主导逻辑的商业实践。基于国家信息中心发布的 2016～2023 年《中国共享经济年度发展报告》，以及佩伦和科兹涅茨（Perren 和 Kozinets，2018）的研究，按照共享经济主要渗透的行业进行分类，每个行业选择案例素材库中典型代表企业（如企业为综合经营类，则选择其中的典型代表业务），直观地展示共享经济组织的现实发展（见表 3 - 1）。

表 3 - 1   共享经济组织的现实发展

行业	模式	国别	代表企业
共享出行	网约车	中	滴滴出行
		外	优步
	共享单车	中	哈啰出行
		外	Call-A-Bike
共享住宿	在线短租	中	小猪短租
		外	爱彼迎
共享金融	P2P 网贷	中	陆金所
		外	Lending Club
	众筹	中	京东众筹
		外	Kickstarter
知识技能	知识共享	中	得到
		外	Skillshare
生活服务	众包微物流	中	UU 跑腿
		外	TaskRabbit
生产能力	产能共享	中	淘工厂
		外	Solar City

资料来源：本书作者自制。

3.1.2 共享经济组织的研究视角

承接第 2 章可视化分析结果可知，共享经济的研究正百花齐放、方兴未艾，已经成为一个跨学科研究热点，形成了多种概念和理论。共享经济的概念已然成了一把"大伞"，涵盖了上述多种理论阐释和现象描述，在理论界形成了概念共识。尽管现实中以共享经济为主导逻辑的商业实践展现出了极强的影响力，但是关于共享经济组织的研究仍十分不足。

迈尔和赖斯豪泽（Mair and Reischauer，2017）在界定共享经济组织概念时，也认为学术界缺少对共享经济组织的研究。可喜的是，2017 年起共享经济领域关于"组织、平台、模式、治理"等关键词频繁出现，呈现出越来越高的中心性。尽管目前关于组织的研究相对分散、没有出现明显的研究聚类、常与商业模式和双边市场等问题相混杂、未能清晰揭示共享经济组织的性质与成长逻辑，但不能忽视将共享经济组织作为新兴研究主题的趋势，已经有学者作出了有益尝试（Miralles et al.，2017）。梳理与共享经济组织相关的学者观点展示在表 3 - 2 中。学者们主要从共享经济组织的模式、分类、形成机制、动态性以及合法性等视角展开，为本章研究的开展提供了学理基础。

表 3 - 2　　　　　　　　　　　共享经济组织相关的学者视角

视角	学者	主要观点
模式	迈尔和赖斯豪泽（Mair and Reischauer，2017）	他们认为共享经济是一个市场网络，个人使用各种形式的补偿来交易和获取资源，由企业运营的数字平台进行调解，共享经济赋予了企业作为基础设施提供者的角色
	米拉莱斯等（Miralles et al.，2017）	他们提出了共享经济组织层面的六个特点：①协同消费；②商品和服务的汇集；③权力分散；④小微参与者；⑤参与者间信任；⑥创新及更充分地利用资源
	佩伦和科兹涅茨（Perren and Kozinets，2018）	他们认为共享经济是一个横向交易市场，包含以下要素：①广泛的市场；②技术平台连接用户；③包括所有权的交换，不仅仅是使用；④不包括礼物式共享；⑤同时存在业余从业者和专业工作者
分类	博茨曼和罗杰斯（Botsman and Rogers，2010）	归纳为三类：①产品服务系统；②再分配市场；③协同式生活方式
	穆诺兹和科恩（Muñoz and Cohen，2017）	概括出五种主要类型：①技术平台型；②协同消费型；③B2C 型；④空间共享型；⑤公益平台型
	郑联盛（2017）	分成四种类型：①基于共享平台的商品再分配，本质是一个租借和二手交易市场；②较高价值的有形产品服务共享模式；③非有形资源的协作式共享；④基于社交网络系统的开放协作共享模式
形成机制	切拉塔等（Celata et al.，2017）	他们认为共享经济平台是社群市场，尽管不同种类的共享经济平台补偿形式不同，但是用户感知到的社交以及对信任、互惠的要求都是相似的
	米拉莱斯等（Miralles et al.，2017）	他们认为信任与互惠是共享经济组织的两大形成机制，同时也是用户参与共享经济的主要动机
	杨学成和涂科（2017）	他们基于共享出行领域，从用户与企业价值共创视角出发，研究用户连接、接触以及分离阶段的价值共创机制

视角	学者	主要观点
动态性	迈尔和赖斯豪泽（Mair and Reischauer，2017）	共享经济组织动态性的三个特征：①市场变化；②新市场出现；③共享经济组织产生的"有意"或"无意"结果
合法性	姚小涛等（2018）	他们从制度理论视角出发，研究共享单车合法性获得机制，发现创新性的商业模式可以利用模式名称发挥制度组凑的作用，提升和调节合法性

资料来源：根据相关文献资料整理。

　　值得特别说明的是，从组织模式和形成机制视角出发的研究，也是本书关注的重点。首先，简介关于共享经济的组织模式研究。迈尔和赖斯豪泽（Mair and Reischauer，2017）从组织角度将共享经济视作一个市场网络，在这个市场中，个人使用各种形式的补偿来交易和获取资源，由一个组织运营的数字平台进行协调；他们认为共享经济的组织承担了基础设施提供者的角色。这一角色的实现得益于技术的发展，通过大数据、区块链等技术为共享经济组织所连接的资源赋能（刘征驰等，2020；严振亚，2020）。米拉莱斯等（Miralles et al.，2017）从组织视角研究在食品和农业环境下，在不同的共享经济情境中共享哪些资源，以及如何共享这些资源。他们提出了共享经济组织层面的六个特点：协同消费；商品和服务的汇集（构建需求及供给池），并根据供需进行再分配；权力分散；小微参与者（个人参与为主）；参与者间信任；创新及更充分地利用资源。佩伦和科兹涅茨（Perren and Kozinets，2018）通过对20个基于横向交易市场的组织案例分析，以平台中介性（platform intermediation）和协同性（consociality）为主要划分依据，将组织模式分为四类：用户连接者、用户赋权者、用户配对者、交换中心。虽然这项研究不是专门针对共享经济的，但也为理解共享经济组织提供了一个更宽阔的视角。此外，阿米特和韩（Amit and Han，2017）从企业如何通过配置资源来创造价值的角度，研究了数字经济背景下新兴企业组织区别于传统经济组织的模式，对理解共享经济组织模式有着重要启示意义。

　　其次，关于共享经济的形成机制研究主要从动态性（dynamics）、信任、互惠等角度展开。迈尔和赖斯豪泽（Mair and Reischauer，2017）研究了共享经济组织的动态性，提出了共享经济组织动态性的三个特征：一是市场变化，如滴滴和优步对出租车供给和需求以及交易方式带来的变化；二是新市场出现，如以爱彼迎为代表的住房共享市场，此类市场由于其内部组织尚未稳定其相互作用模式，对进入者而言既是机会又是挑战；三是共享经济组织产生的"有意"或"无意"结果。前者指企业计划导致的结果，后者则恰恰相反，是企业行为的外部性表现，如滴滴对传统出租车市场的冲击，无计划地导致了出租车市场的变革。该研究表明，信任和互惠是共享经济组织的两大形成机制（Celata et al.，2017；Huurne et al.，2017；Miralles et al.，2017；贺明华和刘小泉，2020）。胡恩内等（Huurne et al.，2017）对共享经济中的信任进行了梳理，其分析主要侧重于 C2C 市场的研究，认为信任是克服不确定性和降低风险的一个关键因素。

关于共享经济组织的研究逐渐深入，随着数字平台在共享经济中的重要地位凸显，"共享经济组织 + 数字平台"的组合为共享经济平台赋予了新的内涵，成为企业、用户及其他利益相关者参与共享经济活动、开展模式创新、进行价值创造的主要场域，最终发展为共享经济的代表性主体。例如，切拉塔等（Celata et al.，2017）综合分析了住宿共享领域案例，认为共享经济平台是社群市场，尽管不同种类的共享经济平台补偿形式不同，但是用户感知到的社交以及对信任、互惠的要求都是相似的。米拉莱斯等（Miralles et al.，2017）提出，以共同价值观为基础的信任和互惠要素是作为规范资源共享的机制。

3.2　共享经济组织的优势

3.2.1　共享经济组织的新组织性质

共享经济组织是新兴的特殊平台组织模式，是在网络信息技术背景下形成的具有网络化特征的新组织。从组织设计角度来看，与传统的层级制组织相比，共享经济组织在组织特征、组织机制、组织结构、组织主体以及组织要素五个维度内涵上都有所不同（达夫特，2011）。造成这一变化的原因是组织面临的经济、技术和社会环境的变迁。以互联网、大数据和人工智能为代表的数字化信息技术的快速运用、社会资源的海量盈余等因素，对传统的组织系统运行提出了新的要求。同样地，以层级组织为研究对象的传统组织理论，在解释新组织现象产生、发展和运行的规律时也遇到了前所未有的挑战。

新组织是新技术经济环境下的新组织形式，是组织为保持自身的竞争优势，不断适应变化的环境，而在结构和资源利用方式上作出调整的结果（Hannan and Freeman，1984）。这里的"新"取决于特定历史社会背景，例如公司制的出现曾迅速替代了行会、家族等，成为盈利性经济活动的主要组织形式。因此，本章提及的新组织是网络技术时代下，与传统的科层制组织不同的，具有网络化特征的新兴的组织形式。同时，本章关注的是共享经济中以盈利性经济活动为主的组织形式，例如爱彼迎、优步和滴滴出行等。共享经济组织仅仅是新组织中的一种形式，其他新组织形式还有电子商务交易平台组织（以下简称电商平台）、大众生产组织、虚拟社群组织、分布式自组织（distributed autonomous organizations，DAOS）等。

从组织特征、机制、结构、主体和要素五个维度分析共享经济组织的新组织性质如下。

第一，在组织特征上。共享经济组织表现为平台性、动态性、多样性、复杂性和自发性五大特征，很多特征是传统组织或其他新组织形式所不具备的，呈现为一个动态整合资源供应方和消费需求方的网络组织系统。

第二，在组织机制上。共享经济组织将配置资源的所有权与使用权分离，将使用权从资源的所有者让渡给资源的使用者，将相应的分配权从资源的所有者让渡给平台企业，这与传统组织的机制有很大的不同。并且，资源提供方和资源需求方自发地进行信息发布、搜寻、匹配，所形成的自组织机制也是共享经济的重要机制。

第三，在组织结构上。与传统组织相比，共享经济组织是对市场和企业的补充和替代，是协调组织或个体之间的交易或交换关系而形成的中间组织。它依靠互联网技术形成双边市场，具有网络交叉效应，组织结构也呈现出拓扑状网络结构。

第四，在组织主体上。既是产品和服务的提供者又是消费者的"产消者"（prosumer），是共享经济组织的主体，以爱彼迎和优步最为典型；平台企业只是通过技术和治理手段维护共享经济组织系统的运行，为参与者提供经济和社会的多种补偿形式，保障组织的可持续发展。

第五，在组织要素上。共享经济组织的生产要素为闲置资源，闲置的房间、汽车运力、个人的时间与才能、生产能力与资金等都是真正的共享经济进行编排和配置的资源，这也是共享经济组织不同于创造新资源的传统组织之处。

这些新组织性质帮助共享经济组织实现了交易成本与组织成本的同时降低，而传统企业往往降低了交易成本却提高了组织成本。共享经济组织拥有传统经济组织所不具备的优势，将闲置资源大规模调动了起来，进而使得共享经济组织在竞争中逐渐脱颖而出，实现组织快速成长。这里的组织成长概念沿用彭罗斯（Penrose，2009）的界定，将企业视为成长中的组织。

3.2.2　共享经济组织竞争优势来源

首先，信息技术的深度嵌入与开放的平台大大降低了共享经济组织的交易成本。一方面，空间定位、网络多媒体、信息自动匹配、大数据、人工智能等技术的成熟应用，保证了充分的信息在共享经济组织网络中传播，大大降低了信息不对称程度，提高了交易效率，为降低交易成本提供了技术保障。例如，共享经济活动的搜寻、谈判和订立合同的成本等事前交易成本的降低，使得原本未进入市场的潜在交易成为可能，专车、顺风车、短租屋等模式得以大规模发展。同时，共享经济组织通过订立规则，借助信息技术保障了合约的顺利完成，大大降低了偏离合约准则的风险（吴小节等，2019）。此外，绝大部分共享经济组织既非完全免费，又不会从最初的供需匹配环节收取费用，仅仅在交易达成之后收费，这就避免了产权不清晰和机会主义导致的摩擦成本（向国成等，2017）。另一方面，共享经济组织是一个开放的平台系统，用户进入和退出都比较自由，进入门槛较低，因此存在广泛的弱连带（Granovetter，1973）。因此，形成了充分竞争的双边市场和价格发现机制，不需要烦琐的价格谈判和签订完备协议而达成交易，这再一次印证了共享经济组织在降低交易成本方面的优势。

其次，动态稳定的自组织网络助力共享经济组织降低了组织成本。信息技术的成熟应用提升了交易与交换的效率，共享经济组织所构建的网络在技术的赋能下自主运行，形成了一个动态稳定的自组织，大大降低了组织成本。共享经济组织关注社会中广泛存在的闲置资源，但在互联网技术得到充分发展之前，这些闲置的资源很难大规模、适时性进行供需匹配，"资源＋技术＋企业平台"的组合让闲置资源的大规模利用成为可能。同时，共享经济组织中流动的资源并不限于平台型电商中的商品，其闲置资源所覆盖的范围更加广泛，包括未被充分利用的各类物资以及普罗大众的闲暇。此外，随着这些闲置资源所有权与使用权的分离，供需方的角色也在发生动态变化。一位网约车的兼职司机也会在出行时选择拼车，在线短租的房主可能更倾向于选择民宿作为出游时的住宿，热衷于分享自己技能的人更乐于通过此途径获得知识。可见产品和服务的提供者随时会转变为消费者，本书将这种双重身份称之为"产消者"。因此，尽管随着网络节点的增多（连接更多的闲置资源），共享经济组织的规模随之增大，但供需方（产消者）均形成了相对稳定的自组织，抑制了组织成本的增加。组织成本与管理成本的增加并未阻碍企业将市场交易纳入组织系统内，整个组织网络仍处于一个动态稳定的状态，有利于应对外部环境变化，提升组织自身竞争力。

基于此，提出本章的第一个命题。

命题 1：共享经济组织同时降低交易成本和组织成本的性质，导致了其拥有优于传统层级组织形式的竞争优势，从而实现组织的快速成长。

3.3　共享经济组织的成长动因

尽管共享经济组织与其他类型新组织在性质上有着相似之处，但从组织内部来看，共享经济组织的"资源编排性、自组织性、多元补偿性"的融合造就了其区别其他新组织的成长逻辑，这些独特的性质是共享经济组织的成长动因。首先，人类社会如此大规模且高效地"编排"各类闲置资源并在全球范围内形成一种经济模式，尚属首次，这挑战了传统组织理论对组织运行和成长逻辑的界定。其次，共享经济组织得以顺利运转的核心是企业运营的数字平台，这个平台承担着规则制定者、技术支持者和系统维护者的功能，协调了海量的参与者。最后，与一般市场交易相比，共享经济组织网络中的成员能够得到各种形式的补偿，这对共享经济参与者的激励效果将远大于单纯的经济性补偿。

以共享经济组织与电商平台组织为例进行对比，尽管共享经济组织是特殊的平台组织，但是二者在保持自身灵活性、适应不断变化的环境上所采取的手段不同。主要体现在以下三点：第一，共享经济组织依托于社会海量的闲置资源，但一般的电商平台并不以闲置资源为主，而是更侧重商品的交易；第二，共享经济组织通过让渡使用权和分配权的方式，增强闲置资源共享的灵活性，促使闲置资源的供需方快速匹配，进而形成自组织；第三，共享经济组织中的平台主要承担资源协调者的角色，电商平台进行的则是所有权的交易而非共享，特别对于天猫、京东和亚马逊等复合型电商平台企业而言，所建构的电商平台组织承担了交易市场和交易中介的双重角色，平台以直接参与交易的方式来增强自身竞争力。

3.3.1　资源编排性与组织成长

共享经济组织具有资源编排性（resource orchestration），表现为对所连接闲置资源的精巧配置，"闲置资源 + 数字平台 + 资本"的组合保证了编排过程的顺利实施。资源编排的思想来源于资源基础观和动态能力观，是连接资源和能力的桥梁，关注了管理者资源管理能力的作用（Sirmon et al.，2011）。在共享经济组织中，企业运营的数字平台是一个资源池（Penrose，2009），在整个系统中承担着"大中台"的作用，为每一个参与共享经济的"小前台"个体提供技术、规则和激励等方面的支持。相对而言，共享经济组织通过连接而非占有的方式使用资源，资源并非稀缺，也可以被替代。因此，持续的竞争优势的获得需要更高维度的顶层设计，要依靠制定规则绑定资源，这就要求实施共享经济组织的企业抢占先机、提前布局。

闲置资源是共享经济产生的基础，数字平台和资本是将资源组织在一起的关键。闲置资源包含了闲置的物质资源和闲置产能，一直被认为是共享经济产生的根本（Botsman and Rogers，2010），如共享汽车、共享房屋、共享基础性科技设备等。随着共享经济的发展，人们的闲暇也作为一种闲置资源参与到共享经济活动中（马化腾等，2016），催生了共享经济中大量基于人的共享模式，如知识共享、技能共享、共享司机、共享医生、共享教师以及共享大厨等。如此，将共享经济从狭义的对物的再次利用推向广义的对闲置资源的二次开发，"泛共享经济"的概念出现。

但仅仅存在闲置资源是无法形成经济的，共享经济得以运行的第二大基础是互联网技术和资本市场的支持，核心体现为企业运营的数字平台。一方面，这个平台是一个资源池，在整个共享经济系统中承担着"大中台"的作用，为每一个参与共享经济的"小前台"个体提供技术、规则和激励等方面的支持，给每一个个体充分赋能。例如，小桔科技开发的滴滴出行 App，用户可以直接通过它匹配合适的出行方式，车主亦可以方便地通过这个平台共享自己交通工具的闲置空间以及自己的闲暇时间。另一方面，由于闲置资源是非稀缺的、容易被模仿的，因此企业持续的竞争优势的获得需要更高维度的顶层设计，即通过制定游戏规则绑定资源，进而将其沉淀在自己的系统中。这就出现了共享经济型企业布局过程中激烈的竞争，例如出行共享行业多次的补贴大战、共享单车发展的浮浮沉沉等。在此过程中，资本承担了重要的角色，为不同的企业运营数字平台的布局提供了支撑，也导致了共享经济发展中独特的"中国特色"。

随着闲置资源与数字平台的深度融合，共享经济组织可以通过有效编排闲置资源于动态变化的环境中获得竞争优势，企业运营的数字平台承担着资源协调者的角色，通过构建资源组合、绑定资源以增强组织的动态管理能力，并应用这一能力进一步创造价值（Sirmon et al.，2007）。组织的动态管理能力（dynamic managerial capabilities）是"管理者创造、扩展和改变企业生存方式的能力"（Adner and Helfat，2003），通过纳入管理者对组织应对环境变化决策的影响，拓展了资源基础观和动态能力观的研究（Helfat and Martin，2015），这与资源编排关于"管理者资源管理能力连接资源基础和动态能力"的基本假设十分契合（Sirmon et al.，2011）。基于上文分析，在共享经济组织中，管理者借助其资源管理能力高效配置各类资源，特别是闲置资源，以应对外部环境的变化，从而提高了企业的生存概率，增强了组织的动态管理能力。

基于此，提出本章的第二个命题。

命题 2：共享经济组织通过编排闲置资源增强了组织的动态管理能力，从而实现组织的快速成长。

3.3.2 自组织性与组织成长

共享经济组织具有自组织性（self-organization），表现为一个动态平衡、持续演化的自组织系统。企业运营的数字平台承担规则制定者的角色，网络中的每个用户终端担当着产消者的双重身份。这个系统是自治、有序、信息共享以及协调一致的，这一状态的达成是一个自发的过程。网络中的各个节点会依托互联网技术就近找到对象并形成连接，通过互动确保网络内部的交易和交换是适时匹配的。自组织是一个跨学科的概念，热力学、社会学以及计算机科学领域均有对自组织的阐释，对理解共享经济的自组织有一定的借鉴意义：从热力学角度来看，自组织指事物不受外界的干扰而进行自我运转、自我调节、从无序走向有序的过程；从社会学角度来看，自组织是一个动态稳定状态，并在持续的调整和演化过程之中（李友梅，2006）；从计算机科学角度来看，自组织网络是一个临时性自治系统，各个节点不需要直接连接，而是能够通过中继的方式，在两个距离很远而无法直接通信的节点之间传送信息。

现有研究将共享经济的发展归结为去中心和再中介的过程，认为企业运营的数字平台是新产生的更强大的中介，但这个数字平台并非单纯的中介，而是承担了规则制定者的角色。更重要的作用是为组织网络中的每个个体赋能，促使网络中的个体成为兼具生产者和消费者双重身份的产消者（孟韬和孔令柱，2014），从而实现自组织。这是一种介于市场和企业的中间组织形式，各节点间的信息交换是通畅的，形成了一个实时互动的信息网络，具有网络组织信息交换的动态性、平等性和复杂性特点（李维安，2003）。网络内部的交易和交换是适时匹配的，网络中的各个节点会就近找到对象并形成连接，各个单元的决策与行动都是并行的，进而借助数字平台强大的技术能力和算法，将合适的资源适时匹配给适合的需求者。例如，滴滴出行会通过智能算法提前预测一个区域内可能的需求，并基于此将可能移动到该区域的出行资源匹配过去。

这个系统是协调一致、自治、有序以及信息共享的，其得益于企业运营的数字平台以及系统内基于社群的社交互动。一方面，数字平台确定了系统结构和游戏规则，保证了整个系统的协调一致性和稳定性。例如，爱彼迎决定了在线短租的基本逻辑、对房东的资质要求、对房源的品质把控、对交易达成全过程的协助治理等。基于此，爱彼迎在全球范围内展开业务，后续进入这个系统的企业运营商亦遵守这个结构和规则，例如中国的小猪短租网。

另一方面，系统的自治性主要体现为社群管理，频繁发生社交互动的在线网络社区能够给企业带来独特的竞争优势（Fisher，2019）。在一些情况下，社群对资源的使用和管理的交易成本比市场和国家下的交易成本还要低，这是因为社群在不断沟通和协调基础上所作的制度安排比外部强加（如政府）的制度更有效（卢现祥，2016）。这保证了整个系统的有序，同时由于用户间持续性和并行的点对点信息传输，以及数字平台对信息的公开披露（如在线评论、服务提供商的个人资质介绍、平台打造的系统内信用评级体系等），使得整个系统的信息是共享透明的，大大降低了信息不对称造成的信任风险。

基于此，提出本章的第三个命题。

命题3：共享经济组织的自组织性加强了组织的动态稳定程度，从而实现组织的快速成长。

3.3.3　多元补偿性与组织成长

共享经济组织具有多元补偿性（various compensation），与一般市场交易相比，共享经济组织网络中的成员能够得到各种形式的补偿，这对共享经济参与者的激励效果将远大于单纯的经济性补偿。在成员层面，这些补偿形式包括金钱、便利性、参与感、成就感等（Celata et al.，2017），体现为系统成员共创价值的状态；在企业层面，企业也从追求利润最大化到谋求长期利润和组织系统的成长。例如，房客通过爱彼迎的平台选择心仪的住宿与房东，通过线上和线下的互动，房客不仅得到了经济实惠，而且体验到了当地的风土人情，并与房东结识形成友情，收获情感性收益。与此同时，房东不但共享了闲置的住宿资源获得了经济收益，而且通过与房客的互动形成了社会性收益。

以上描述的爱彼迎的例子是一个典型的资源供需方价值共创的过程。价值共创是对传统价值创造理论的突破，改变了传统观念中对企业是价值创造主体、顾客仅被动接受价值的认知，将企业/生产者与顾客视为一个整体，打通了商品的生产与消费两个环节，共同创造价值（余义勇和杨忠，2019）。价值共创理论体现了新经济环境下从商品主导逻辑向顾客主导逻辑的转变，价值的来源也变得更为广泛，包括了商品和服务的使用价值、情境价值以及体验价值。这为共享经济活动的参与者提供了多元的补偿，进而吸引了更广泛的参与者。

一方面，这源自互联网给用户带来的转变，从互联网1.0时代单纯的信息接收者转变为互联网3.0时代的即时互动者，用户关注内在经济收益的同时，兼顾外在收益和社会收益，会因为多样的动因参与某项活动，参与者具有了多元化的动机（Benkler，2016）。另一方面，由于网络用户整体受教育水平的不断提高，加上虚拟社区、社交网站、视频社群和开源软件的发展让开放、互动、互惠、信任、利他等精神不断普及，弱化了经济收益的影响程度。广泛的参与者会扩大弱连带的规模，进而吸引更多的用户参与，连接更多的资源，形成网络规模效应。这些新连接的资源在进入共享经济组织构建的网络后，遵循规则被重新编排，适时进行供需匹配，从而形成一个完整的闭环。

基于此，提出本章的第四个命题。

命题4：共享经济组织的多元补偿性吸引了更广泛的参与者，进一步激发网络规模效应，从而实现组织的快速成长。

本章研究实现了资源编排理论、网络组织理论和价值共创理论在共享经济情境下的融通。这拓展了既有研究，相应地形成了资源编排性、自组织性和多元补偿性三个共享经济组织的内在成长动因。三者的融合使得共享经济组织不但区别于传统层级组织，亦区别于其他新组织形式。共享经济组织的性质与组织成长之间关系如图3-1所示，其中组织性质间的互动关系遵循"资源输入—组织—价值输出—资源输入"的价值链（Ilgen et al.，2005）。

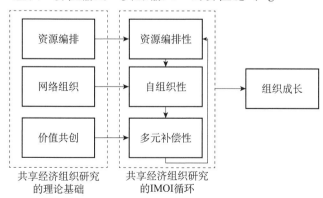

图3-1　共享经济组织的性质与组织成长关系模型

资料来源：基于伊尔根等（Ilgen et al.，2005）的IMOI循环模型。

在资源输入环节，共享经济组织广泛连接了闲置资源，通过精巧地编排这些非优势资源，获得了快速成长的能力基础。与传统层级组织相比，共享经济组织主要利用的资源不同，以使用而非占有的方式连接了海量、分散、未被充分利用的资源。由于这些资源大量存在于组织外部，此时对资源的结构化是一个从外向内的顺序，这与资源编排理论中资源结构化的路径相反（Sirmon et al.，2011）。基于此，共享经济组织不必完全占有或控制资源，使用权和所有权的分离大大降低了交易成本，帮助共享经济组织快速聚集海量闲置资源，进而实现在数字平台的赋能下，这些闲置资源被整合、协调、激活。

在组织环节，共享经济组织表现为具有网络和平台属性的新组织形式，相较之下，共享经济组织与二者既有联系、又存在差异。例如，朱晓红等（2019）认为一个企业只要同时涵盖三个特征即可被定义为平台型企业，分别是：双边/多边市场、网络效应、开放性系统，即拥有一个支持不同利益相关群体的平台生态系统。按照这一标准，共享经济组织均可被定义为平台型企业，但是共享经济组织所利用资源的独特性、所包含利益相关群体的特殊性、配置资源方式的差异性导致了其可以独立于平台型企业，发展成为一种新的组织和经济形态。

在价值输出环节，由于共享经济组织同时连接多边市场，且共享经济活动的参与者众多，因此价值是共创而非单向传递的。价值共创认为价值并非由企业独立创造，而是由企业和顾客共同创造的（Prahalad and Ramaswamy，2004）。基于此理念发展了一些对共享经济价值创造方式的研究。共享经济组织的价值创造过程从来不是单一主体、单一方向、单一维度的，而是整个生态系统中的各利益相关群体共同参与、共同创造的。广泛的参与者通过价值共创吸引更多的用户参与，连接更多的资源，这些新连接的资源会再次输入到共享经济组织系统中，被重新编排，从而形成一个完整的闭环。

基于此，本书整合共享经济组织的新组织性质与核心成长动因，结合"选择—适应—保留"的组织成长分析框架（达夫特，2011），研究揭示了共享经济组织成长的一般过程，构建了如图3-2所示的整合模型。该模型解释了这样一个过程：在不断变化的环境中，源于企业家的首创精神，共享经济组织形式被发展出来，成为一种新类型的组织，参与到与其他类型组织的竞争中。共享经济组织通过精巧地编排所连接的闲置资源，形成相对稳定的自组织网络，提供多元的补偿形式吸引越来越多的参与者，进一步投入资源编排中，构建了一个持续运转的循环。这样，共享经济组织逐渐适应了变动的环境，并随着时间变化填补了被环境淘汰的组织（甚至是原有的成功企业组织）的经营领域。在共享经济这一组织种群内部，初期会为了争夺类似的资源或相近的顾客而相互竞争，最后更加适应环境的组织被保留、成长壮大，稳定为几类成功的共享经济组织形式。

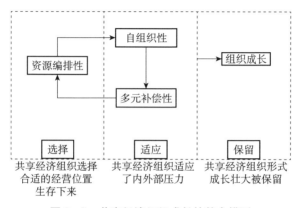

图 3 - 2　共享经济组织成长的整合模型

进一步用现实中的商业实践初步检验本章提出的整合模型。在企业的选择上，依照共享经济渗透的主要领域，选择 16 个具有典型共享经济特征的企业。若企业为综合经营类，则选择其中的典型代表业务，例如选择滴滴出行的顺风车、拼车、快车业务。其中，中国案例企业来源于国家信息中心网站发布的 2016 年至 2023 年《中国共享经济年度发展报告》，国外案例企业来源于佩伦和科兹涅茨（Perren and Kozinets，2018）发表在《市场营销》（Journal of Marketing）杂志中的公开附录。在企业相关信息收集上，以二手数据为主，主要来源于企业官网、网络公开信息、CNKI 的中国重要报纸全文数据库，以便相互印证和补充。其中，网络公开信息包括了企业相关的宣传、访谈、对话、演讲等视频材料。由于国外企业直接材料获取难度较大，研究团队在企业官网信息基础上，应用了多个搜索引擎双语检索企业的相关信息。

经整理后交于团队中两位研究人员进行独立打分，两人持续研究共享经济主题超过五年，发表相关主题学术论文近十篇。打分过程中，两位研究人员首先"背靠背"阅读本章理论分析部分，深入理解共享经济组织的新组织性质和成长动因，随即结合所收集的企业数据对资源编排程度、自组织程度及多元补偿程度三个维度进行打分，0～4 分为低，5～7 分为中，8～10 分为高。打分结束后，对二人进行结果比对，针对有较大出入的打分项进行讨论，形成统一意见，并将结果交由该领域的一位学界专家（组织开展过三个以共享经济为主题的国家项目）进行审核评估，最终结果如表 3－3 所示。可见，由于各行业典型代表多为细分领域的优势企业，在组织层面上多兼具三个性质（评分为中及以上）；而当某一组织性质出现明显缺失时（评分表现为低，表中标注＊的企业/业务），企业/业务在规模、成长速度和发展潜力上会有所不足。再次印证了共享经济组织中资源编排性、自组织性和多元补偿性对组织成长的重要影响作用。

表 3－3   代表性共享经济组织的组织性质

代表企业/业务	组织性质		
	资源编排程度	自组织程度	多元补偿程度
滴滴出行	高	高	高
优步	高	高	高
哈啰出行＊	中	低	中
Call-A-Bike＊	中	低	中
小猪短租	高	高	高
爱彼迎	高	高	高
陆金所	高	高	中
Lending Club	高	高	中
京东众筹	高	高	高
Kickstarter	高	高	高
得到	高	高	高
Skillshare	高	高	高
UU 跑腿＊	高	低	高
TaskRabbit＊	高	低	高
淘工厂	高	高	高
Solar City＊	低	中	中

注：＊代表对应企业组织中有至少一项性质评分为低。

资料来源：根据相关文献资料整理。

3.4　本章小结

综上所述，本章论证了共享经济组织的新组织性质及其成长动因，分析了共享经济组织竞争优势、与传统层级组织和其他新组织形式差异性的来源，基于此提出命题，回答了子研究问题 1。进一步构建了图 3 - 2 所示的共享经济组织成长的整合模型，概括而言，新创的共享经济组织在最初阶段选择合适的经营位置生存下来，借助资源编排性、自组织性和多元补偿性的交互作用，逐渐适应了内外部的环境压力，最终共享经济组织形式成长壮大被保留下来。

共享经济组织是区别于传统层级制组织，与其他新组织形式在性质上亦有一定差异的特殊平台组织，能够同时实现交易成本与组织成本的降低。从组织内部来看，"资源编排性""自组织性""多元补偿性"是共享经济组织快速成长的动因。具体而言，共享经济组织通过编排闲置资源增强了组织的动态管理能力，所拥有的自组织性加强了组织的动态稳定程度，多元补偿性则吸引了更广泛的参与者，并进一步激发网络规模效应，从而实现组织的快速成长。

资源编排性、自组织性和多元补偿性三者的融合使得共享经济组织不但区别于传统层级组织，亦区别于其他新组织形式，实现了传统企业理论在共享经济情境下的融通。一方面，共享经济组织在资源的选择、连接和使用等方面与传统组织有很大差异，人类社会如此大规模利用闲置资源，并在全球范围内形成一种经济模式，尚属首次，这挑战了传统组织理论对组织运行和成长逻辑的界定。另一方面，共享经济组织得以顺利运转的核心是企业运营的数字平台，这个平台承担着规则制定、技术支持和系统维护的功能，基于强大的数字技术能力（AI、大数据、云计算、5G 等），高效"编排"各类闲置资源，协调海量的参与者。若要维持这样一个网络，需要共享经济组织保持边界的灵活性，不断强化自身作为"资源编排者"的角色，为整个组织网络的参与者赋能、创造价值，保持网络的动态稳定。

第4章 共享经济平台的组织模式研究

共享经济平台在全球范围内快速发展并得到了各国的重视，对全球经济、社会和企业管理现状都产生了深刻影响，具体表现为以共享经济平台为核心的技术、经济和社会交换系统，即通过数字技术平台连接来自经济和社会系统的各类资源与参与主体，从而形成交易网络。这个交易网络被称为"横向交易市场（lateral exchange markets，LEMs）"，它是处于相同网络位置的参与者之间进行交换的场所（Perren and Kozinets，2018）。这个横向交易市场在不同环境下有不同的表现形式，发展出网约车、共享单车、知识共享等不同模式。这是由于共享经济平台所利用资源类型的差异导致了组织模式的差别，进而影响了共享经济平台资源管理的方式。因此，在研究共享经济平台的形成路径时，要充分考虑这种组织模式差异所带来的影响。

基于本书提出的研究问题一中的子问题2："共享经济平台的组织模式如何分类？"，本章基于横向交易市场的理论框架，收集中国共享经济企业数据，以类型学的方法研究中国共享经济平台组织模式的分类，为下一阶段关于共享经济平台形成路径的案例研究提供分类依据，以期达成研究目标2："在分类的基础上归纳出共享经济平台的典型模式"，进一步促进共享经济平台的理论研究，丰富企业组织理论。需要强调的是，本章研究的重点是共享经济平台的组织模式及其分类，即共享经济平台配置资源的方式（Bell，2006；Amit and Han，2017）；这是共享经济分类的一种维度，关注的是共享经济中的各种资源要素是如何被组织起来，以获得竞争优势的；着眼点是共享经济中平台的组织形态，超越了行业的分类维度以及企业的商业模式分类。

4.1　理论依据与分类模型

4.1.1　共享经济平台的组织类型研究

共享经济平台的内部复杂性导致其现实表现形式具有多样性，无法用某一种固定的模式完全概括，已有研究从多个学科视角展开，如经济学、管理学、社会学、法学、政治学和伦理学等，尚缺少一个清晰、全面的分类标准和框架。

回顾关于共享经济平台组织类型的主要研究如下。

其一，博茨曼和罗杰斯（Botsman and Rogers，2010）将共享经济的诸多商业案例归纳为三类：一是产品服务系统（product service system），它的基础是一种全新的"使用"观念，即只为产品的使用价值付费，而不去考虑完全占有产品的所有权，参与成员可共享公司或私人所拥有的多个产品，其代表是如 Zipcar 的汽车共享服务公司；二是再分配市场（redistribution market），鼓励人们重新利用、出售旧物品，点对点的匹配网络和社交网络使产品被再次使用成为可能，这种再分配市场模式的范例有网络平台 Neighborhood-Goods.com；三是协同式生活方式（collaborative lifestyle），不仅仅涉及物质产品，还将有相同兴趣的群体聚集在一起，共享或交换时间、空间、技能等虚拟资产，如 P2P 网贷、技能银行等。

其二，与之相似的，郑联盛（2017）认为共享经济主要表现为四种类型：一是基于共享经济平台的商品再分配，本质是一个租借和二手交易市场；二是较高价值的有形产品服务共享模式，如汽车、公寓、办公场地、奢侈品等暂时转让使用权；三是非有形资源的协作式共享，如金融、知识、技术、家政、医疗、园艺、维修等的共享与协作；四是基于社交网络系统的开放协作共享模式，如基于网络社区的游戏。

其三，穆诺兹和科恩（Muñoz and Cohen，2017）采用模糊集的定性比较分析法（fs/QCA），通过对 36 个共享经济情境下的企业进行分析，概括出共享经济的五种主要类型。它们分别是：技术平台型（crow-based tech）、协同消费型（collaborative consumption）、B2C 型（business to crow）、空间共享型

（space-based low-tech sharing）、公益平台型（utopian sharing outlier）。

其四，同样是基于大量的案例分析，哈马里等（Hamari et al.，2016）在对254个共享型网络企业进行分析后，从使用权的角度将共享经济分为两类：一类是使用而非拥有型，主要表现为租赁，即将使用权在一定条件下给予或让渡于他人；另一类是转移所有权型，主要表现为交换、捐赠和二手物品交易等形式。

4.1.2 横向交易市场分类模型

佩伦和科兹涅茨（Perren and Kozinets，2018）通过对193个横向交易市场的组织案例分析，最终精简为20家典型企业，构建了"横向交易市场"概念。与共享经济、协同消费等其他概念相比（见表4-1），横向交易市场在概念上范围更大、更加关注技术平台本身，包括所有权转移与非转移两种形式，同时纳入了如滴滴出行、优步这种包含专业司机的组织模式。

表4-1 横向交易市场模型概念辨析

核心概念	概念界定	概念是否具有广泛性	关注技术平台的程度	是否包括所有权转移	是否排除共享与馈赠	是否包括专业的产品与服务提供者
横向交易市场	通过中介技术平台形成的市场，促进处于相同网络位置的参与者之间进行交换	是	高	是	是	是
共享经济	通过协调分配资源来收取费用或其他类型的补偿	否	部分	是	仅排除共享	否
协同消费	一种基于市场的平台间关系、对等服务提供商、未进行所有权转移的消费者	否	部分	否	是	否
基于使用的消费	不发生所有权转移的消费活动	否	无	否	否	否
商业共享系统	营销管理人员为消费者提供的无须所有权的产品优惠	否	无	否	否	否

资料来源：佩伦和科兹涅茨（Perren and Kozinets，2018）。

佩伦和科兹涅茨（Perren and Kozinets, 2018）以"平台中介性程度（extent of platform intermediation）"和"社会性程度（extent of consociality）"两个维度为主要划分依据，将横向交易市场的组织模式分为四种典型类型：一是用户互动型（forums connect actors），产品与服务直接在用户之间流动，基于该模式的组织具有高社会性，平台的中介性程度很低，如在线广告分类网站 Craigslist；二是社群连接型（enablers equip actors），此类功能是帮助个人用户提供产品和服务给其他用户，社会性和平台中介性程度都很低，如众筹平台 Kickstarter；三是平台匹配型（matchmakers pair actors），组织作为供需双方的匹配者，社会性和平台中介性程度均很高，如提供日常任务和需求匹配的 TaskRabbit；四是交易中心型（hubs centralize and standardize service flows），此时组织作为交易核心节点，平台性程度很高，但是具有较低的社会性，典型代表是创意产品平台 Quirky。

横向交易市场分类模型如图 4 - 1 所示。

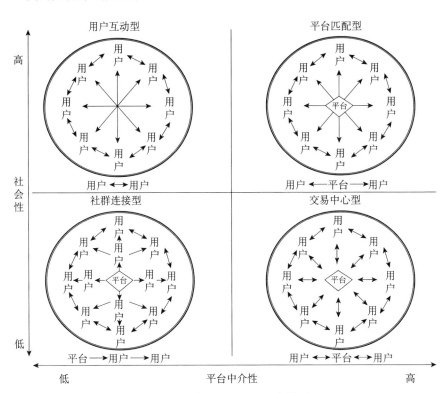

图 4 - 1　横向交易市场分类模型

4.2 分类思路与数据来源

在分类思路上，本章选择类型学（typologies）的分类法（见第 1 章研究方法部分介绍），不同于分类体系，该方法是由概念导出的典型类型的相关集合。类型学不是根据互斥和穷尽的分类的决策规则，而是通过充分的理论陈述从而识别多种典型类型，每种类型代表组织属性的一种独特的组态（Doty and Glick，1994）。

在样本选择上，本章广泛收集了中国 2012~2018 年共享经济相关企业组织数据，选取了 126 家案例企业进行研究（见附录 1）。案例选择标准主要有以下三点：第一，基于胡润研究院、恒大研究院、CBInsights 等机构发布的独角兽企业相关研究报告，结合国家信息中心发布的《中国共享经济发展年度报告》，从中国"独角兽"企业中识别出具有共享经济"基因"的企业。这些企业均创办时间相对较短，且估值均超过 10 亿美元，这样既保证了企业规模，又保证了企业是在共享经济背景下的产物，与研究主题契合。第二，所选平台或网站均为利用网络技术来组织交易和交换，自身承担了一定的中介作用。第三，筛除线下连接的传统模式。

在数据收集上，所收集数据包括网站信息、新闻报道、媒体采访以及其他公开信息，主要涉及企业基本情况、用户参与方式如购买和销售模式、劳动力雇佣方式、交通工具租用、房屋共享模式、共享服务使用方式等。另外，对 10 名消费者代表进行了简要访谈，被访谈对象均有相关服务使用经历，访谈结果以做补充。

图 4-2 所示是 126 家案例企业所属行业与类型的概览，可见在同一行业中亦存在着不同类型的共享经济组织模式，说明总体而言共享经济组织的分类并没有显著的行业适用性，企业选择发展哪一种类型的共享经济组织，更多的是与其发展阶段直接相关，是企业动态的调整过程。

最后，选择其中最具代表性的 14 个案例企业，将公司信息、产业信息、初创年份、最接近的典型类型信息展示见表 4-2。

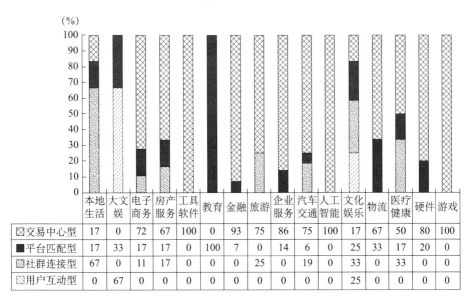

图 4 - 2　案例企业基本信息概览

	本地生活	大文娱	电子商务	房产服务	工具软件	教育	金融	旅游	企业服务	汽车交通	人工智能	文化娱乐	物流	医疗健康	硬件	游戏
⊠交易中心型	17	0	72	67	100	0	93	75	86	75	100	17	67	50	80	100
■平台匹配型	17	33	17	17	0	100	7	0	14	6	0	25	33	17	20	0
▨社群连接型	67	0	11	17	0	0	0	25	0	19	0	33	0	33	0	0
▥用户互动型	0	67	0	0	0	0	0	0	0	0	0	25	0	0	0	0

表 4 - 2　　　　　　　　　　典型代表案例企业数据来概览

企业名称	企业描述	所属行业	初创年份	类型
快手	短视频社区	大文娱	2011	用户互动型
得到	提供知识服务的软件	文化娱乐	2016	用户互动型
小红书	生活方式共享社区	电子商务	2013	社群连接型
转转	二手物品交易	电子商务	2015	社群连接型
优信二手车	二手车交易	汽车交通	2011	社群连接型
VIPKID	儿童英语在线教育	教育	2013	平台匹配型
小猪短租	短租民宿预订、社交住宿平台	房产服务	2012	平台匹配型
滴滴出行	一站式出行服务平台	汽车交通	2012	平台匹配型
途家网	公寓民宿预订平台	旅游	2011	交易中心型
摩拜单车	共享单车服务商	汽车交通	2015	交易中心型
ofo 小黄车	共享单车服务商	汽车交通	2015	交易中心型
优客工场	共享办公、联合办公服务商	房产服务	2015	交易中心型
陆金所	P2P 网络借贷、线上理财平台	金融	2011	交易中心型
猪八戒网	众包服务平台	企业服务	2006	交易中心型

注：案例企业如"滴滴出行"发展出滴滴顺风车、快车、专车等多项业务，呈现不同的组织模式类型，但企业整体仍侧重用户匹配的组织模式。

4.3 分析过程与具体类别

横向交易市场是以共享经济平台为核心的技术、经济和社会交易系统，本质上也是共享经济的一部分。因此，横向交易市场中对于组织的分类方式适用于共享经济平台的研究，而且本书对所收集共享经济平台企业的数据分析也印证了这一结论。基于数据分析，将表4-2中典型共享经济平台的类型分布进行展示，如图4-3所示。

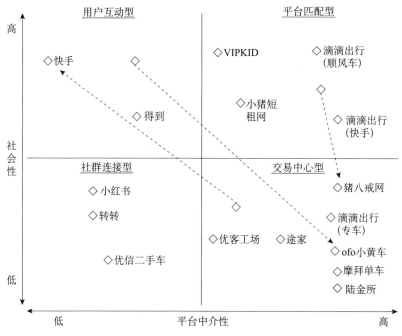

图4-3 共享经济平台的组织模式分类及实例

首先，各个典型类型区域中案例位置的差异源自其平台中介性和社会性程度的不同。与图4-1相比，尽管共享经济在中国发展的时间较短，但是在共享经济平台的四个类型中均有典型案例。与国外相对均匀分布的情况相比，中国共享经济平台主要集中在交易中心型和平台匹配型两类，在用户互动型和社群连接型两类中发展较弱。可见中国共享经济平台的中介性程度很高，但相较而言，其社交性程度没有国外同类企业组织活跃。中外共享经济平台发展现状的差异源于四种类型的特点与适用情景的不同。当平台中介性较低时，共享经济平台可以广泛连接资源，但是不易于管理。由于中国快速发展起来的共享经济平台多是基于投资和资本的支持，因此具有高平台中介性的B2C模式更能够吸引投资，而从市场中胜出。

其次，图4-3中的箭头表示企业经营过程中发生了转型，箭头方向为转型方向，这是由于企业发展过程中所处环境的变化、竞争对手的影响以及自身战略目标的转移，导致了部分企业在组织模式的选择和发展上呈现动态性。例如，快手企业最初的核心产品是快手GIF，以交易中心型的组织模式运营，后期转型为快手短视频，成为为用户提供共享和社交的平台，从而转型为用户互动型；ofo小黄车由最初的校园内学生之间单车共享，转型为企业采购投放单车，由用户互动型转变为交易中心型；猪八戒网连接的众包服务交易双方，由开始的个人对企业（C2B）转型为目前的侧重企业对企业（B2B），完成了从平台匹配型到交易中心型的转变。但是，还有更多的企业由于发展时间较短、战略目标确定等原因，在组织模式的选择和发展上没有变化。

另外，诸如滴滴出行这样的企业，由于业务范畴涉及广泛，其中的顺风车、快车和专车等可分别对应不同的组织形态，这种特殊性亦在图4-3中被展示出来。本章研究的重点是共享经济平台的组织模式及其分类，即共享经济平台配置资源的方式。这是共享经济平台分类的一种维度，关注的是共享经济中的各种资源要素是如何被组织起来，以获得竞争优势；着眼点是共享经济平台的组织形态，超越了行业的分类维度以及企业的商业模式分类。

理想的共享经济平台具有以下四个特征：第一，闲置资源。共享经济产生的根源是资源的闲置，换言之，共享经济是一种充分利用闲置资源的新型经济形态（姜奇平，2017），通过共享的方式提高资源的价值（何超等，2018）。第二，协同消费。共享经济中消费者可以通过合作的方式来和他人共同享用产品和服务，而无须持有产品与服务的所有权，这是协同消费的体现（李文明和吕福玉，2015）。第三，产消者。共享经济的参与主体体现出"产消者"的特点，即消费者具有了消费者和生产者的双重身份（孟韬，2012）。第四，平台效应。企业运营的技术平台高效地连接了供需这两个双边市场，从而形成了网络效应，进而创造价值（杨学成和涂科，2017）。同时具备以上特征的平台，可以称为狭义的共享经济平台。但在现实中，共享经济的概念被拓展而广泛地应用，广义的共享经济平台更侧重于互联网的连接性以及平台的中介性，而部分"互联网＋"的模式也被包含到共享经济平台中，不一定利用的是闲置资源，产品提供的主体也不一定是产消者。

在共享经济平台的四种分类中，"平台匹配型"是更接近于理想共享经济平台的组织类别，其一方面利用了剩余资源，提高了资源使用效率，没有新创造资源和再次产生资源的剩余；另一方面，企业运营的数字平台通过技术匹配供需双方，从而提高了交易效率、降低了匹配成本。为了直观地展示随着时间变化不同组织类别的发展趋势，笔者编制了在不同年份下四种组织模式类别所诞生的案例企业组织数量（见图4－4）；对于成立时间早于2000年的企业，以其开始互联网战略转型的时间为准。由图4－4可见，交易中心型和平台匹配型占据了主导位置，2011年后社群连接型和用户互动型模式的应用逐渐增加，共享经济平台在中国的发展开始多样起来。

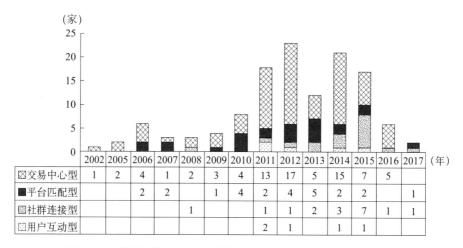

图4－4　不同年份中国共享经济平台初创企业的组织类型及数量

注：对于成立时间早于2000年的企业，以其开始互联网战略转型的时间为准。

鉴于共享经济平台现实表现的复杂性，为了更好地理解共享经济平台的分类及特性，接下来针对每一个典型类型选取中外两个案例进行对比分析。

4.3.1　用户互动型模式

（1）快手。前身是2011年成立的GIF快手，其产品是一款用来共享GIF

图片的手机软件。2012 年，快手从最初的工具性应用转型为短视频共享社区，并在 2015 年得到了快速发展。

组织模式：平台的作用主要是展示和连接，用户之间通过创造内容和共享内容进行互动，平台的社会性很高，但是中介性程度很低。社区内产生良好互动的同时也出现了一些问题。由于平台的介入程度不足，对内容的审核程度不够，导致不少违规、不良视频被传播。

（2）Craigslist。其为成立于 1995 年的网上大型广告分类网站，是一个免费自由的平台，主要的风险控制来源于用户的及时反馈和举报。

组织模式：与快手一样，二者均借助技术降低了连接用户的成本，为用户提供了一个可以互动的场景，但是平台的中介性程度并不高。

4.3.2　社群连接型模式

（1）转转。其成立于 2015 年，是由 58 集团孵化出的二手物品交易平台，并于 2017 年获得腾讯 2 亿美元的投资。用户可以在转转平台上展示自己想要售卖的物品，或者搜索喜欢的二手商品联系卖家协商并达成交易。

组织模式：平台的社会性程度比较高。但是由于平台主要承担为用户赋权的作用，即让个人用户可以通过平台成为卖家，所以平台的中介性程度相对较低，转转在运营过程中也出现了买卖危险品的问题。

（2）Kickstarter。其成立于 2009 年，是一个致力于支持和激励创新创造的众筹平台，支持的项目包括电影、书籍和音乐电子游戏等。平台会对需要筹资的项目进行统一的展示宣传并设置筹款目标。

组织模式：与转转一样，平台对用户赋权，让原本没有机会达成的目标和交易得以实现，但是 Kickstarter 的社会性程度较之转转要低。

4.3.3　平台匹配型模式

（1）滴滴出行。其成立于 2012 年，是全球领先的一站式移动出行平台。为超过 4.5 亿用户提供出租车、快车、专车、豪华车、顺风车、公交、小巴、代驾、企业级、共享单车、共享电单车、共享汽车等全面的出行和运输服务，迅速发展至日订单 3000 万单、连接超过 3000 万车主及司机的规模。

组织模式：尽管滴滴出行的业务模式很多，但是整体上表现为用户匹配型。一方面，平台的中介性程度很高。其借助网络技术，将线下的出行供给和需求整合到线上平台，进行实时匹配，降低了交易成本，平台对交易进行一定程度的监督、构建信任体系。另一方面，不同业务模式的社会性程度有差异。滴滴出行在发展过程中基于不同出行场景开发出了不同的业务模式，应用范围比较广泛的有顺风车、拼车、快车和专车，对应的社会性程度亦不同。顺风车和拼车的服务提供者以兼职司机为主，每个出行订单的成交需要服务提供者和接受方及时沟通互动，社会性程度较高。尤其由于顺风车业务的灵活性更强，表现出更高的社会性。而快车和专车业务的从业者多为专职司机，且从属于汽车租赁公司，有标准化的服务流程，相对而言社会性程度较低。

（2）TaskRabbit。其成立于2008年，将自由职业者与当地需求相匹配，提供让消费者能够立即找到日常工作的平台，任务涵盖生活中的方方面面，如清洁房间、组装家具和帮忙购物等。在网站初创时就加入了竞价与游戏机制，以提高活力。如在发起跑腿任务时，发起人可以设定一个外人看不到的最高价格，然后跑腿人开始竞拍并提出最低可接受价格，发起人根据价格、等级、评论等信息挑选跑腿人。该平台于2017年9月被宜家家居收购。

组织模式：平台在连接供需方之后，会针对双方实际情况进行匹配，可以将任务分配给最适合接受的15个人，降低了搜寻成本、增加了交易成功概率。与滴滴出行相比，TaskRabbit所连接和匹配的是个人，并不包含职业的服务提供商，而滴滴出行则不仅仅连接和匹配个人出行资源，还将专业的司机和汽车租赁公司纳入系统中。

4.3.4 交易中心型模式

（1）ofo小黄车。其成立于2014年，是由北大光华管理学院的学生戴威和其他4名成员联合创立的无桩共享单车出行平台。用户只需在ofo官方App、支付宝小程序、微信服务号和微信小程序输入车牌号或扫码，即可解锁用车。自2015年6月启动以来，短时间内，ofo在全球连接了超过1000万辆共享单车，日订单超3200万单，为全球20个国家250座城市2亿用户提供了超40亿次的出行服务。

组织模式：早期的ofo单车多由北京大学学生捐赠，经由ofo团队进行喷漆和编码后投放到校园内，应用对应的手机 App 即可获得开锁密码。此后不久，ofo 将北大的模式复制到全国范围的高校中，为在校师生解决短途出行难的问题。这一阶段，ofo 秉承着"共享"的理念，从个人手中收购自行车，再通过共享的方式提供给其他人使用；同时，个人可以使用其他人提供的自行车，达到 1 换 N 的效果。此时的 ofo 致力于成为连接自行车的平台，以轻资产的模式运营，是典型的用户连接型。但是随着规模的拓展，尤其是当 ofo 走出校园之后，运营模式转变为统一采购自行车投放的重资产模式。在这个转型过程中，ofo 平台的中介性程度越来越高，产品和服务也逐渐标准化，但是社会性程度大幅度下降，平台变成了一个单纯的交易中心。同时，其发展面临着诸多问题：首先是激烈的竞争，在共享单车快速发展阶段，市场上存在多家共享单车提供商，例如摩拜单车、哈罗单车、青桔单车等，产品同质化严重；其次是投放过量，为了获得用户、抢占市场，各家共享单车提供商大量地向市场中投放单车，不但没有利用剩余资源，反而造成了资源过剩、乱停乱放等社会问题。最终，ofo 因挪用用户押金导致企业"爆雷"，退出市场。

（2）Quirky。成立于 2009 年，是基于众包形式的创意产品社区，用户可以在社区中免费上传自己的产品创意，也可以对其他人的创意进行评价和投票。平台定期选择优秀的创意付诸实践、形成产品，创意提供者也将成为产品发明人，其创意产品主要类型为数码设备配件、儿童玩具和运动旅行辅助装备等。

组织模式：平台本身作为创意展示和交易的场所，成为交易核心节点，其中介性程度很高。但是与 ofo 小黄车不同，其借助虚拟社区的力量，社会性程度相对较高，该平台一直保持着这一特点，没有发生类型的转变。

4.4　本章小结

共享经济平台的组织模式是共享经济平台配置资源的方式，其关注的是共享经济平台中的各种资源要素是如何被组织起来，着眼点是共享经济平台的组织形态。本章将共享经济平台的组织模式具体分为四种典型类型，分别是：用户互动型、社群连接型、平台匹配型和交易中心型。共享经济在中国发展和演化至今，已形成了具有中国特色的共享经济平台模式。尽管四种模式在国内外均有存在，但是中国的共享经济平台却呈现与国外不同的"高平台中介性"和"低社会性"特点，在分类上主要集中在交易中心型和平台匹配型两类。基于研究结果可知，共享单车模式是共享经济平台的一种，而且是中国共享经济平台的典型代表形式之一；在中国特定的经济社会环境下，共享经济平台在资源基础、驱动力和技术应用等方面发生了变化，因而造成了与国内外共享经济平台发展的一些差异。

从资源的视角来看，表现为利用剩余资源向创造新资源转变。共享经济平台实践在发展过程中由于资本的进入，资源的获得与控制能力大大增强（反映在企业上表现为高估值，即可动用的资源多）。这样，仅仅利用剩余资源的模式将不利于企业规模的快速增加，更不利于快速变现。其模型可抽象为"经营者—投资方"的博弈模式，与上市公司的"经理人—股东"博弈相似：投资方要求短时间内看到所投项目的正向反馈，经营者受到投资方的压力，更倾向于通过并购等非企业自然增长途径扩大企业规模。为快速给予投资方以正向反馈，共享经济平台企业的经营者通常采用两种方式：一是创造资源以提高整体资源的利用率，以共享单车为例，虽然单车由企业提供，社会上单车资源的总数是增加的，但是从资源利用率来看，单车总的被利用率是提高的；二是并购，如快的与滴滴、滴滴与优步中国、美团与摩拜等。

从驱动力的视角来看，表现为"消费者驱动向企业＋资本驱动"转变。共享经济兴起之初，是消费者个人间资源的交换行为，多年前曾有"别针换别墅"的报道，是完全的个人行为。当个人行为形成规模，需要合适的组织模式来运行时，就形成了企业平台。借助企业的联结，提高了企业的信任度以及个人与企业共同创造的价值（包括但不限于提高资源利用率）。此时，消费者是价值创造的主导者，企业是价值创造的支持者。但是，当企业获得资本投资后，企业重资产运营将成为可能，此时的企业更倾向于从支持消费者创造价值转向建构社会情境，以引导消费者创造价值。如在线短租行业的"去社交化"现象：爱彼迎和小猪短租早期的发展理念是社交化的，消费者入住主人家中，获得经济实惠的同时享受交友的快乐；发展至今，平台更加倾向于重资产运营，即通过收购、租赁的方式打造相对统一制式的房源，平台上的房主也更倾向于将空闲的房屋整租给消费者，并且这个趋势还在继续扩大。

从技术的视角来看，表现为单一技术应用向多元技术融合转变。中国是人口大国，正处于经济发展的转型期，也具有发展中国家的后发优势，由此产生了许多基于"新技术＋"的模式创新，如无人超市、网约车和互联网金融等。大数据、人工智能（AI）、区块链、3D 打印、增强现实（AR）和虚拟现实（VR）等技术的飞速发展，让中国共享经济平台可以享受技术升级的红利，如共享单车对 LBS（基于位置的服务）技术的应用、在线短租对大数据的应用等。

因此，要探明共享经济平台的形成路径，需要基于对共享经济平台组织性质的学理研究，结合共享经济平台组织模式的典型分类，再充分考虑现实实践中对共享经济平台的普遍认知，从理论层面选取合适的案例样本，设计合理的研究。这样方可将理论与实践相结合，既不会盲目扩大共享经济平台的范围，引入不恰当的实践类型，又不会漏掉关键的组织模式，造成理论的空缺。

第5章 共享经济平台的形成机制与路径研究设计

5.1 案例研究方法

5.1.1 案例研究的范式基础

本书的第5~7章在研究范式上选择实证主义的案例研究。综合来看，将案例研究方法与实证主义相结合，设计实证主义的案例研究，将更加有利于建构理论，符合本书的研究目的。实证主义的案例研究的优势具体表现在以下两个方面。

一方面，实证主义的案例研究有助于发现新的理论（Eisenhardt，1989）和拓展现有理论（Mintzberg，1978），尤其适用于研究动态的、嵌入式现象（如历史性变化、情境变化、社会过程等）（Burgelman，1994）。案例研究作为一种研究策略，其焦点在于理解某种单一情境下的动态过程。这一研究策略是兼容并蓄的，可以用来实现多种不同的研究目标（Eisenhardt，1989），依照研究目标的差异可以分为探索式、描述式和解释式案例研究设计（Yin，2009）。目前，得到公认的是案例研究更加适合于以构建理论为目的的探索式研究，能够解答 How 和 Why 的问题（Eisenhardt，1991）。

以建构理论为目的的案例研究受到了实证主义的深刻影响，以艾森哈特为代表学者的主要研究成果均为实证主义的案例研究，并影响了一大批组织管理领域的研究者。在社会科学研究中，特别是在组织管理领域，"实证主义"（positivist）一词常常被用来强调客观主义认识论，其目标是通过寻找构成要素间的规律性和因果关系来"解释和预测社会世界中发生的事情"（Burrell and Morgan，1979）。

从本体论而言，实证主义的案例研究认为存在一个真实的可观测的世界，尽管现在还不足以进行定量验证；从认识论而言，通过非数理的方式从特殊中寻找一般规律；在方法论上，其目标是找出普适性的结论，利用系统的研究方案来开发和测试理论模型或者命题（Su，2018；Burrell and Morgan，1979）。

另一方面，案例研究的包容性使其能够成为连接归纳逻辑与演绎逻辑的桥梁。可以在质性研究的基础上结合定量研究，形成完整的华莱士循环（陈晓萍和沈伟，2018）。例如，先通过定性的方法提出构念与命题，再发展出模型与假设，而后用定量研究方法进行检验；或者与定性比较研究方法结合，在不足以进行大样本检验时对案例研究结论作进一步发展。

案例研究的包容性体现在多个方面：例如案例研究设计可以是单案例，也可以是多案例，甚至可以有多个分析层次，进行嵌入式分析（Eisenhardt and Graebner，2007）。案例研究会综合运用多种数据收集方法，如文档资料、访谈、问卷调查和实地观察。数据可能是定性的（如文字），也可能是定量的（如数字），或者两者兼而有之（Eisenhardt，1989）。

这种包容性让"案例研究成为从丰富的定性证据到主流演绎研究的最好桥梁之一。它强调发展构念、测量和可证明的命题，使归纳研究与主流演绎研究中对可证明理论的强调一致。实际上，归纳逻辑和演绎逻辑是彼此的镜像，归纳理论是根据从数据中产生新理论的案例建立的，而演绎理论则通过使用数据检验理论来完成循环"（Eisenhardt and Graebner，2007）。

此外，案例研究在发展中与质性研究进行了紧密的结合。这源于案例研究情境的复杂性与模糊性，导致研究过程中大量依赖于质性数据（如访谈、实地观察、焦点小组、文档数据等），研究人员常常通过深入挖掘这些数据来获得某种洞见（Su，2018）。当然这不能说明案例研究就是质性研究，但不能否认质性研究对案例研究方法发展的重要意义，在进行案例研究设计时要充分考虑这一发展现状。

5.1.2　案例研究的一般路径

在研究步骤上，遵循艾森哈特（Eisenhardt，1989）建议的运用案例研究构建理论的路径（roadmap），明确了以建构理论为目标的实证主义案例研究的一般设计步骤，为本书提供了指导思路。

具体来看，艾森哈特整合了已有的定性研究方法（Miles and Huherman，1984）、案例研究设计（Yin，1981）、扎根理论（Glaser and Strsuss，1967），扩展了预先确定构念、多角度调查的三角测量、案例内和案例间的分析、理论文献的作用，提出了运用案例研究构建理论的过程，分为以下八个主要步骤（Eisenhardt，1989；李平和曹仰锋，2012）。

（1）启动：定义研究问题，在设计以建构理论为目标的案例研究前，根据推测事先确定一些构念，有助于形成理论构建的最初研究设计。但是，事先确定的可能的构念是带有实验性的，任何构念都不一定会被保留到最后的理论中。

（2）案例选择：理论抽样，聚焦于有理论意义的案例，例如通过补充概念类别来复制或扩展理论的案例。

（3）研究工具和程序设计：采用多种数据收集方法，通过三角证据来强化理论基础，纳入多位研究者，采纳多元观点。

（4）进入现场：数据收集和分析重叠进行，包括整理现场笔记，采用灵活、随机应变的数据收集方法。

（5）数据分析：包括案例内分析与跨案例分析。这一步骤需要研究者熟悉资料，初步构建理论，并通过跨案例对比的方式寻找模式，反复查看所收集的数据。建议通过图表来管理和展示定性数据、通过精细编码来避免破坏原始数据的本意（Miles and Huberman，1984）。

（6）形成假设：运用证据迭代的方式构建每一个构念。建议采用跨案例的复制逻辑去证实、拓展和精练理论（Yin，1981）。

（7）文献对话：既要与矛盾文献互相比较，以便建立内部效度、提升理论层次并精练构念定义；又要与相似文献互相比较，以提升普适性、改善构念定义及提高理论层次。

（8）结束研究：当所收集的数据带来的边际改善变得很小时，可以认为达到了理论饱和，此时再结束研究。

5.2　案例研究设计

5.2.1　基于分类的多案例研究

5.2.1.1　多案例研究

结合第 2 章对资源编排理论的回顾与分析可知，从资源角度研究共享经济平台形成路径的本质是探析共享经济平台如何通过资源管理与能力构建的互动过程实现组织快速成长。这是一个揭开事物本质、探索其运行机制和背后机理的 How 和 Why 问题，同时也是一个过程性探索研究。而案例研究基于归纳分析（inductive analysis）逻辑，是理论建构的基础性手段（Lee et al.，1999），在探索性过程研究中能发挥很大作用。

因此，为了回答研究问题二："共享经济中的各种资源与参与主体是如何组织在一起的？"达成研究目标："基于模式分类，从资源编排视角，透过现实中复杂多样的共享经济现象，揭示共享经济平台的形成路径，揭开共享经济平台成长的'黑箱'。"本书在第 5 ~ 7 章进行了案例研究设计，采用了殷（Yin，2009）提出的"可复制的多案例设计"。其潜在的分析逻辑是"复制"，就是将一系列案例看成一系列实验（Eisenhardt，1989），通过反复对比分析，提高案例研究的外部效度，增强研究结论的普适性（Eisenhardt and Graebner，2007）。相比单案例，多案例研究在相关问题的解释力上更强、能够更充分地描述一种现象的存在。

多案例研究是建立理论的一个非常有效的方法，既可以通过多案例研究建立更为完善和精确的理论（Eisenhardt，1989；Siggelkow，2007；Eisenhardt and Graebner，2007），又可以保证同时为共享经济平台的不同模式提供实例（卢晖临和李雪，2007）。

5.2.1.2　主要类型划分

案例研究普遍面临着"如何走出个案"的困境，研究者追求的是超越案例本身的概括性洞见（卢晖临和李雪，2007）。换言之，通过微观的案例发现一般的规律，进而提出或发展理论。比较研究法可以较好地解决以上困境。

在这之中，通过分类的方式选取一个宏观过程中的不同位置（即不同分析层次），解释这些位置之间的异同，将这些位置看成是整个过程中某种作用机制的结果（卢晖临和李雪，2007），再依照不同位置所具有的特征选取现实案例，有助于打通案例研究的特殊性与普遍性矛盾。

具体在本书中，共享经济的跨学科属性导致其分类不一而同，但本书研究对象为共享经济平台，研究问题所涉及领域为企业组织成长，其切入视角继承了企业能力的核心观点，是一项组织层面的研究。因此，从组织模式角度进行分类，关注参与者之间的关系，确定共享经济平台不同类型组织模式的核心特征，再依照这些特征去选择现实中最适配的案例，所选出的将是最具研究潜力的案例。

基于第 4 章共享经济平台的四种模式分类，确定本章案例研究部分的分析层次如表 5 - 1 所示。

表 5 - 1　　　　　　　　　　案例研究的分析层次

指标	用户互动型	社群连接型	平台匹配型	交易中心型
平台中介性[①]	低	低	高	高
社会化程度[②]	低	低	高	低
价值创造[③]	用户 ←→ 用户	平台 —→ 用户 —→ 用户	用户 ←— 平台 —→ 用户	用户 ←→ 平台 ←→ 用户

注：对比不同分类标准，将具有共享经济特征的不同组织模式归纳为四类，针对不同分类指标解释如下：①平台中介性，指企业运营的数字技术平台对全部交易环节的介入程度；②社会化程度，指企业对平台上用户间沟通、协商行为的支持程度；③价值创造，指价值传递的路径，共享经济中的用户是价值共创者。

因此，在案例选择上将针对每一个类别选取具有该模式特征的现实企业。当然，每一种模式分类代表的是"理想化"条件下的状态，现实中的商业实践在发展中随着业务线的逐步拓展，很难百分百契合某一种类型，只能说在较大程度上倾向于某一类别。但是如若不将企业视为一个整体，仅分析其中狭义上完全契合的某一或某几项业务，必然会导致对企业组织发展整体过程认知的割裂。故而在实际进行案例选择和分析时，均以企业整体为案例分析对象，研究时侧重分析与四种模式相关的特征。

5.2.2　案例选择标准及简介

在案例选择上遵循理论抽样的原则（Eisenhardt and Graebner，2007），所选案例是出于理论的需要，而非统计抽样。结合本书的研究问题与目标，选择"得到（原罗辑思维）""转转（原 58 赶集二手交易频道）""滴滴出行（原嘀嘀打车）""哈啰出行（原哈罗单车）"四个案例，可以同时满足以下三个具体理论抽样标准。

标准一，鉴于本书核心探讨的问题是共享经济平台如何通过资源管理与能力构建的互动而实现组织快速成长，因此所选案例必须是共享经济平台，且具有公认的高成长性。四个案例均为以共享经济为载体的新兴企业组织，以企业运营的数字技术平台为核心，在非常短的时间内成长为"独角兽"企业。

标准二，所选案例要实现资源与能力的互动，表现出对外部环境变化的快速响应能力和适应能力。四个案例均是各自行业的头部企业，在激烈的竞争中脱颖而出，很大程度上代表了行业现状及发展方向。

标准三，所选案例能为不同的共享经济平台分类提供实例（Eisenhardt，1989；Yin，2009；卢晖临和李雪，2007）。四个案例分别对应四种类型，在具体分析时以四个案例企业的资源管理和能力构建互动过程为分析单元，通过案例间的对比分析来反复验证或否定所得出的结论（Eisenhardt，1989）。

所选案例也具有其他优势：一方面，四个案例在发展过程中均受到外界的持续关注，相关数据可得性较高。这有助于从多个途径获得数据并进行三角验证，可以持续收集数据进行分析以达到理论饱和，即在关键概念的支持数据收集上产生了冗余（Glaser and Strauss，2008）。另一方面，相比同行业中其他企业，被选中的案例拥有更为丰富的资源管理经验与较长的发展年限，有利于进行过程性分析。案例选择标准及基本信息见表 5 - 2。

表 5 - 2　　　　　　　　　　案例选择标准及基本信息

标准	得到	转转	滴滴出行	哈啰出行
是否为共享经济平台	是	是	是	是
成立年份	2016	2015	2012	2016
是否为独角兽企业	是	是	是	是
组织类别	用户互动型	社群连接型	平台匹配型	交易中心型
数据可得性（高或低）	高	高	高	高

资料来源：本书作者自制。

5.2.2.1 "得到"案例企业简介

得到是得到（天津）文化传播有限公司旗下的知识共享平台，它是由创立于 2012 年的知识服务商和运营商"罗辑思维"孵化而出，创始人为罗振宇。罗辑思维包括微信公众订阅号、知识类脱口秀视频节目《罗辑思维》，以及知识服务 App 得到。2019 年 10 月，罗辑思维以 70 亿元位列《2019 胡润全球独角兽榜》第 264 位。

得到于 2016 年 5 月正式上线，旨在为用户提供"省时间的高效知识服务"，由罗辑思维团队出品，提倡碎片化学习方式，让用户短时间内获得有效的知识。上线一周年，App 用户数增长至 736 万，日活超过了 67 万。2017 年，得到 App 在 App Store 中国大陆图书类畅销榜中位居第 1 名；2017 年 12 月，得到 App 入选 App Store 2017 年度精选的年度趋势（知识付费类）。

得到 App 内设置了商学院、人文学院、社科学院、科学学院、视野学院、能力学院 6 大学院，邀请了各领域专家如罗振宇、薛兆丰、宁向东、何帆、万维钢、武志红、吴军、梁宁、施展、刘润等入驻，为用户量身打造各类知识专栏。有《每天听本书》《李翔知识内参》《罗辑思维》等精品课，内容包括人文、科学、艺术、商业、方法技能、互联网、创业、心理学、文化、职场等。在此基础上更成立了得到大学，立志于建设一所世界领先的终身学习型的通识大学。

5.2.2.2 "转转"案例企业简介

转转是北京转转精神科技有限责任公司旗下的二手物品交易与共享平台。它是由 58 赶集有限公司于 2015 年 11 月孵化推出，对原 58 同城和赶集网的二手交易频道做了全面战略升级。其联手腾讯微信，以强大的社交与支付能力背书，将以往二手交易的弱关系升级为强关系。

转转在标准化服务上下功夫，比如转转优品通过提供第三方手机验机服务、卖家极速打款服务、买家 7 天无理由退货 +30 天质保的售后服务来让某一个类目的二手交易标准化，其核心目的是提高交易效率和建立第三方信用体系。目前，转转通过服务标准化已经改变了此前二手电商存在的成本高、风险大、体验差等问题，还与 QQ、微信社交关系打通，利用更加天然的闲置交易场景提供更好的信任体系。

区别于纯 C2C 模式，转转在手机这个品类上会采用"回收"加"寄售"

的 C2B2C 模式，重点都在于"质检"。回收模式下，平台给出估价，用户同意后工作人员上门质检、交易，然后机器回到平台上的二手优品专区里售卖；寄售模式下，用户选择自己心理价位，工作人员上门质检并协商定价，达成一致后机器收回到平台上寄卖，手机卖出后用户才能拿到钱，售出价的 5% ～ 10% 作为平台的服务费用。

这些举措带来了显著成效，上线仅一年转转的成交总额便突破 70 亿，日活用户及总用户量双双实现激增，在数码、母婴、美妆等垂直品类占据了绝对的市场份额。以数码产品为例，用户量激增 37% 以上，"转转优品"上线半年后其服务订单总量高达 120 万、服务用户 200 万、订单量日峰值突破 1.3 万。2019 年 10 月，转转以 70 亿元估值位列《2019 胡润全球独角兽榜》第 264 位。

5.2.2.3　"滴滴出行"案例企业简介

滴滴出行是北京小桔科技有限公司旗下的一站式共享出行平台。自 2012 年成立以来，先后并购国内同业竞争对手，开展国际化运营。从最初的打车软件迅速成长为涵盖出租车、专车、快车、豪华车、代驾、企业级、共享单车、共享电单车、租车、外卖等多项业务的一站式出行平台。服务超过 4.5 亿用户，年运送乘客达 1000 亿人次，为数千万车主及司机提供灵活的工作和收入机会，成为仅次于淘宝的全球第二大在线交易平台。

2012 年，小桔科技在北京成立并推出嘀嘀打车 App，先后获得腾讯和阿里巴巴的战略投资。2014 年，与快的打车掀起轰动全国的补贴大战，抢夺出租车司机和乘客两种资源，移动出行由此开始普及；同年 5 月，"嘀嘀打车"正式更名为"滴滴打车"。2015 年 2 月，滴滴打车和快的打车成功进行战略合并，获得了双边的市场资源；同年 9 月，更名为"滴滴出行"。2016 年 5 月，滴滴出行宣布获得苹果公司 10 亿美元战略投资，6 月宣布完成总额 73 亿美元的新一轮融资，8 月收购优步中国，结束了第二轮的全国补贴大战。2017 年 4 月，完成新一轮超过 55 亿美元的融资。

成立之初，滴滴出行原名嘀嘀打车，主要功能为在线打车软件，即出租车的信息化，把出租车从一个线下的行业搬到互联网上来。然而当 80% 的出租车司机都已经是滴滴出行的用户时，在高峰期依然会出现打车难的现象，因此滴滴出行开始推出专车。随着业务的发展，在高峰期时依然会出现运力与需求不匹配的现象。因此，滴滴出行开始把 B2C 和 C2C 结合起来，将非职业司机的上下班空余时间和闲置的座位分享出来，基于此推出了越来越开放的产品，例如快车、拼车、顺风车、跨城顺风车等，逐渐成为一个平台化企业。

2015 年初，滴滴出行开始布局国际化，先后投资南亚最大打车服务商 Ola、美国领先打车服务商 Lyft、东南亚领先出行平台 Grab、中东北非最大出行企业 Careem、巴西本土最大出行服务商 99 等。2018 年，滴滴出行开发出了汽车服务的"重资产"模式；当年 4 月，由滴滴出行和 31 家汽车产业链企业发起成立的"洪流联盟"正式亮相，广泛与汽车全产业链合作，共建汽车运营商平台，推进新能源化、智能化、共享化的产业发展，协力建设面向未来出行用户与车主的服务平台。

5.2.2.4 "哈啰出行"案例企业简介

哈啰出行是上海钧正网络科技有限公司旗下的致力于为用户提供便捷、高效、舒适出行工具和服务的专业移动出行平台。自 2016 年 9 月成立以来，哈啰出行凭借差异化策略、智能技术驱动的精细化运营、优秀的成本控制能力和极致的用户体验，从激烈的共享单车市场竞争中脱颖而出，一跃成为共享单车行业市场和用户口碑的领导者，并进化为囊括哈啰单车、哈啰助力车、哈啰电动车服务平台、哈啰换电和哈啰顺风车等综合业务的专业移动出行平台。

作为两轮出行市场的领军者，哈啰出行将深入聚焦两轮出行领域，全面构筑两轮生态体系，为用户提供一站式智能出行服务，助力用户行好每一程。哈啰出行秉持"科技推动出行进化"的使命，坚持"绿色低碳、轻松出行"的服务理念，为广大用户提供覆盖短、中、长距离多种方式的出行服务，努力缓解城市交通压力，助力智慧交通及智慧城市的建设。

截至 2019 年 9 月，哈啰出行旗下的哈啰单车已入驻 360 多个城市和 340 多个景区，注册用户达 2.8 亿，用户累计骑行 189.8 亿公里，累计减少碳排放量近 147 万吨，相当于种植 7874 万棵树；哈啰助力车也已进入全国 260 多个城市，用户累计骑行超过 21.49 亿公里；哈啰顺风车目前覆盖超 300 个城市，车主数量逾 700 万，乘客发单量破千万[①]。哈啰出行各业务均处细分市

---

① 根据哈啰出行发布的《2019 哈啰出行年度数据盘点》。

场领先地位。

5.2.3　数据收集及分析过程

5.2.3.1　数据收集过程

基于艾森哈特（Eisenhardt，1989）的多来源数据收集方法，研究团队广泛收集了案例企业相关的一手和二手数据，形成证据三角形（Yin，2009）。鉴于研究问题特点，为了更好地完成这个过程性探索式研究，作者自 2015 年起持续关注共享经济现象，对案例企业进行了持续跟踪。通过多个途径掌握其基本情况（特别是关键事件），反复在理论与实践中跳入跳出、相互印证，逐渐形成了相对自洽的认识。数据的来源主要有三个方面，分别是档案资料、半结构化访谈、实地观察，数据收集的类别及编码见表 5 - 3，见本书附录。

表 5 - 3　　　　　　　　　数据收集的类别与编码情况概览

数据来源	数据类型	受访者/主要内容	数量	编码
档案资料（D）	企业高层公开音视频素材	滴滴出行创始人兼 CEO 程维、滴滴出行总裁柳青、滴滴出行联合创始人 CTO 张博、得到创始人罗振宇、得到联合创始人兼 CEO 李天田、哈啰出行创始人杨磊、转转 CEO 黄炜等的相关音视频及文字材料	38.8 万字	D1A-D
	报刊、期刊、纸质书籍	中国重要报纸全文数据库、中国学术期刊（网络版）数据库内相关主题检索	2000 余篇	D2A-D
	企业直接材料	官网、论坛、对外宣传材料、内部资料	20 余万字	D3A-D
半结构化访谈（F）	深入访谈	滴滴发展研究院负责人	共计20人	F1a
		滴滴发展研究院研究员		F1b
		滴滴专车事业部员工		F1c
		滴滴运营方向员工		F1d
		滴滴司机端方向员工		F1e
		滴滴汽车租赁公司方向员工		F1f
		滴滴人力资源方向员工		F1g
		青桔单车东北地区负责人		F1h
		哈啰出行助力车事业部总负责人		F1i
		哈啰出行上海助力车业务总经理		F1j

续表

数据来源	数据类型	受访者/主要内容	数量	编码
半结构化访谈（F）	深入访谈	哈啰出行单车业务总经理	共计20人	F1k
		哈啰出行公关部总监		F1l
		哈啰出行政府关系总负责人		F1m
		哈啰单车东北地区总负责人		F1n
		摩拜单车东北地区总负责人		F1o
		沈阳市城建部门相关负责人		F1p
		沈阳市城建部门工作人员		F1q
		沈阳市交通运输局相关负责人		F1r
		沈阳市交通运输局工作人员		F1s
		济南市交通运输局相关负责人		F1t
		领域内专家；快车、专车、顺风车司机代表和消费者代表；共享单车消费者代表；知识产品消费者代表；二手物品卖家、买家代表		F2A-D
		走访北京、上海、杭州、重庆、大连、沈阳、济南、青岛、海南等城市；参观滴滴出行北京总部、哈啰出行上海总部		S

注：编码 A 指代得到，B 指代转转，C 指代滴滴出行，D 指代哈啰出行。深入访谈单独编码。
资料来源：本书作者自制。

首先，研究团队持续收集了 2013 年 3 月 18 日至今主题相关的报刊、期刊、书籍、公开发布的高层音视频访谈或对外演讲、网站、论坛、社交媒体、内部材料（包括内部信件、规定与制度、研究报告等）等数据，转录为文档形式编码存档。这些数据提供了对企业发展过程的动态变化的基本了解，有助于精炼子研究问题，确定访谈对象，不断修正方向，开展进一步研究。其中，由于案例企业的发展得到了社会的广泛关注，各来源渠道的二手数据非常丰富。企业的高层也有相对充分的音视频访谈或对外演讲素材，话题基本围绕案例企业作为共享经济代表性企业发展中的各类问题，非常适合本书的研究问题，弥补了企业一把手面对面深入访谈的缺失。

其次，本书作者将半结构化访谈与实地观察相结合作为一手数据收集的主要来源。访谈主要分为深入访谈与非正式访谈两类，主要涉及企业的管理层、分管各模块的员工，以及主要利益相关者（如主管的政府部门、共享经济服务的提供者与使用者等）。访谈资料的收集按时间顺序经历了两个阶段：2017 年 12 月到 2018 年 12 月，2019 年 10 月到 12 月。实地观察方面，研究团队走访了北京、上海、杭州、重庆、大连、沈阳、济南、青岛、海口等多个城市，了解各地实际情况，并实地拜访了滴滴出行与哈啰出行的总部，参观了企业的展厅。

在深入访谈（面对面或在线进行）之前，研究团队会先将访谈提纲发送给受访者，针对每位受访者会提前进行一个不超过 10 分钟的在线预访谈，以增进熟悉和确定正式访谈时间。每一个深入访谈持续 1~2 小时，其间，对于受访者的每一个回答，提问者都要求受访者提供支撑信息（追问为什么）。对于访谈对象不同意进行录音的情况，由研究团队结合现场记录于访谈后及时整理。深入访谈记录均于访谈结束后 48 小时内整理完成，并由多位研究者相互印证，必要时发送给受访者予以确认。非正式访谈对象主要包括领域内的专家和案例企业的用户，后者分为服务提供者与消费者（如滴滴司机、共享单车消费者等）。主要覆盖了同事与同学，借由学术会议与出行之便进行了多次非正式访谈。因为访谈人数较多，且非正式的深入访谈，每次访谈后会将核心要点进行记录编码存档，以作补充。

5.2.3.2　关键阶段划分

借鉴朱晓红等（2019）、苏敬勤等（2017）、科斯卡拉 - 胡奥塔里等（Koskelahuotari et al. , 2016）、伊斯奇亚和莱斯科普（Isckia and Lescop, 2015）等学者的观点，结合案例企业主要领导者的公开讲演资料、实地访谈、新闻报道和相关文献，将共享经济平台资源管理和能力构建的互动过程分为建构期、赋能期和配置期三个阶段。建构期是指组织建造（building）和建立（establishing）一个基础资源架构（structure）的阶段；赋能期是指组织激活（igniting）不同资源的阶段（Evans and Schmalensee，2007）；配置期是指组织为了维持（maintaining）自身竞争优势而不断更新（renewing）自身资源配置的阶段。

案例企业不同阶段的发展逻辑差异，体现在组织内的"资源管理方式"与"能力构建表现"不同。案例分析将依照三个阶段的自然演进顺序展开，在每个阶段通过对比分析各案例间的异同，深入挖掘资源管理与能力构建的互动过程机制。这种互动是循环、非线性的，以服务于组织的成长。四个案例企业的主要发展阶段及关键性事件如图5-1至图5-4所示。

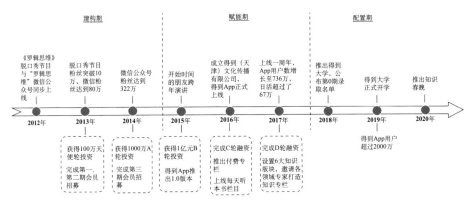

图5-1　"得到"快速成长阶段的关键性事件概览

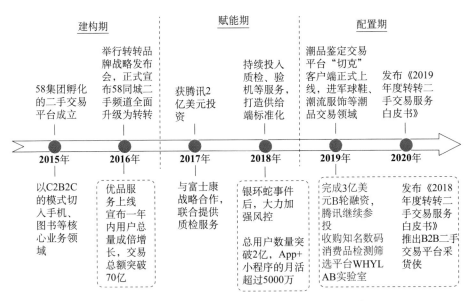

图5-2　"转转"快速成长阶段的关键性事件概览

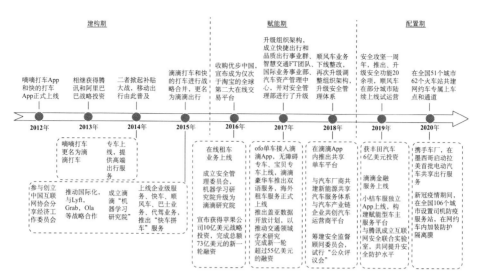

图 5 – 3 "滴滴出行"快速成长阶段的关键性事件概览

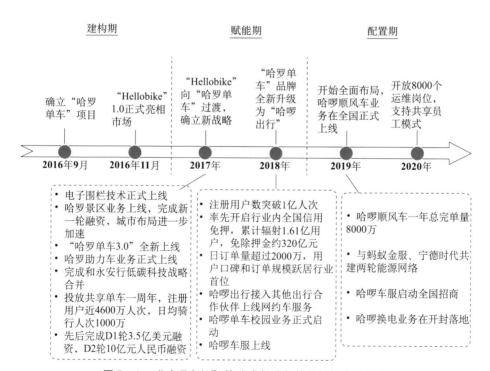

图 5 – 4 "哈啰出行"快速成长阶段的关键性事件概览

5.2.3.3 关键数据结构

数据分析在逻辑上采用迈尔斯和胡伯曼（Miles and Huberman，1994）的归纳式分析，遵循乔亚等（Gioia et al.，2013）提出的数据结构（data structure）展示法，总体数据结构呈现如图 5-5 所示。

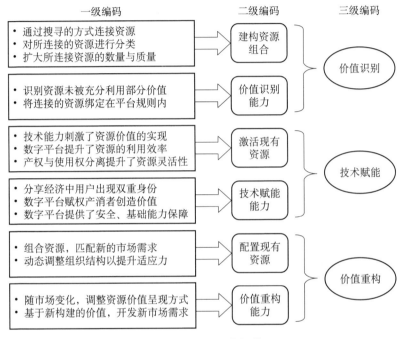

一级编码

- 通过搜寻的方式连接资源
- 对所连接的资源进行分类
- 扩大所连接资源的数量与质量

- 识别资源未被充分利用部分价值
- 将连接的资源绑定在平台规则内

- 技术能力刺激了资源价值的实现
- 数字平台提升了资源的利用效率
- 产权与使用权分离提升了资源灵活性

- 分享经济中用户出现双重身份
- 数字平台赋权产消者创造价值
- 数字平台提供了安全、基础能力保障

- 组合资源，匹配新的市场需求
- 动态调整组织结构以提升适应力

- 随市场变化，调整资源价值呈现方式
- 基于新构建的价值，开发新市场需求

二级编码

建构资源组合

价值识别能力

激活现有资源

技术赋能能力

配置现有资源

价值重构能力

三级编码

价值识别

技术赋能

价值重构

图 5-5　数据结构概览

其中，一级编码来源于对访谈和档案资料的反复梳理，二级编码则是对第一步梳理的描述式编码的组合，而后进一步经过对原始数据、二级编码和现有文献的交叉对比，归纳出第三级编码（核心构念）。在操作上，首先完成对原始数据的初步梳理，通过聚类相似内容得到多个意群；其次对得到的多个意群进行归类，同时参照理论，反复对比二者进行匹配；最后进一步归纳精练上一步骤的编码。采用多位研究者共同编码的方式，对于研究者编码过程中的差异，通过协商讨论的方式达成一致（Denzin and Lincoln，2011）；同时持续进行数据收集和分析，直至达到在关键概念的支持数据收集上产生了冗余（Glaser and Strauss，2008）；另外辅之以 NVivo 软件和 Excel 软件进行编码统计，以提高数据统计的准确率。

5.3　定性比较分析研究设计

5.3.1　在案例研究中的适用性

为了弥补案例研究结论普适性的短板，结合定性比较分析方法（qualitative comparative analysis，QCA）设计进一步研究。QCA 方法最初由社会学家拉金（Ragin，1987）发展起来。在实际分析中，通常采用 fs/QCA 的分析方式，其中"fs"是指模糊集（fuzzy set），与清晰集（crisp set）相对。模糊集理论的发展使得学者们可以处理集合的部分隶属问题（杜运周和贾良定，2017）。借助 QCA 方法，可以在定性研究与定量方法间搭建一座"桥梁"。在处理复杂的管理实践时，QCA 方法兼具定性研究与定量研究的优势（Ragin，1987），可以对组织采取整体的视角进行分析研究，充分考虑组织现象的相互依赖性与因果复杂性。"案例研究者因此可以不再局限于少数案例的限制和质疑，同时通过整体的组态分析解决变量导向的大样本分析不能解决的因果复杂性问题"（杜运周和贾良定，2017）。

在此背景下，QCA 方法在分析复杂组态问题的功能上受到管理学者的关注，成为管理和营销等领域解决因果关系复杂性的重要工具（杜运周和贾良定，2017）。管理学领域已经出现了将 QCA 方法与案例研究方法相结合的趋势（谭海波等，2019；郝瑾等，2017；王凤彬等，2014），破解了一直困扰案例研究的理论结果普适性问题，对案例研究方法进行了补充与拓展。在具体操作上，首先通过对少数独特性案例的深入分析，归纳出涌现的构念及之间的关系；而后借助 QCA 方法，引入定量研究的优势，拓展案例的数量。在研究尚不足以进行大样本统计检验的时候，以组态的视角对案例研究结论做进一步验证与推论。

5.3.2　数据的来源及分析过程

在数据来源方面，基于本书第 4 章中的企业资料来源（见附录 2），结合穆诺兹和科恩（Muñoz and Cohen，2017）、佩伦和科兹涅茨（Perren and Kozinets，2018）研究中的共享经济企业数据，以及历年的《胡润全球独角兽榜》，综合考虑数据的可得性后，以22家独角兽共享经济创业企业作为研究样本，代表了具有高成长性的共享经济平台；同时以1:1的比例选择22家未成长为独角兽或被并购失去独立品牌或出现了严重经营问题，导致成长受挫的共享经济创业企业，代表了不具有高成长性的共享经济平台。最终得到44家企业的数据，样本量满足了定性比较分析的要求。马克思（Marx，2006）研究了定性比较分析中变量个数与案例数量之间的关系，指出当条件变量一定时，增加案例数量可以有效增强组态分析模型的有效性。当条件变量为6时，案例数量在30以上时可以保证模型的有效性；当案例数量达到40时，可以显著提高这一有效性的水平。因此，本书选择的样本量44 > 40，可以保证定性比较分析结果的有效程度。

具体的分析过程参考王凤彬等（2014）、谭海波等（2019）、徐鹏等（2019）学者们的研究，按照以下六个步骤展开：选择研究的结果和条件变量、变量赋值、变量校准、必要性分析、组态分析、结果解释。针对各步骤设计的简介如下。

第一，选择结果变量和条件变量。基于案例研究的分析结果，如图5 – 5所示，确定研究的结果变量为组织成长；六个条件变量分别是建构资源组合、价值识别能力、激活现有资源、技术赋能能力、配置现有资源、价值重构能力。

第二，变量赋值。采用直接赋值法对六个条件变量进行编码打分赋值。采纳拉金（Ragin，2008）建议的构建模糊集的方法，选择常用的四值模糊集（0代表完全不隶属，0.33代表偏不隶属，0.67代表偏隶属，1代表完全隶属）对变量进行赋值，建构模糊集，以便于进行fsQCA。

第三，变量校准。在fsQCA中，每一个条件和结果都被分别视为一个集合，每一个案例在这些集合中均有隶属分数，给案例赋予集合隶属分数的过程就是校准（Schneider and Wagemann，2012；杜运周和贾良定，2017）。具体校准操作采用fsQCA 3.0软件中的Calibrate函数完成。

第四，必要性分析。在对条件组态进行分析前，研究者需要首先逐一对各个条件的"必要性"（necessary）进行单独检验。在fsQCA的必要条件分析中，用一致性（consistency）来衡量其在多大程度上满足结果变量是条件变量的子集，一般认为一致性值高于0.9即可判定该条件变量为结果出现的必要条件。换言之，通过必要条件分析，可知单一变量本身是否为共享经济平台取得快速成长结果的必要条件。

第五，组态分析。通过构建真值表并分析每一条路径的一致性得分，可以判断该路径得到结果的比例。一般认为一致性得分大于 0.8，即可表明该路径组态解释力较强。而后，在真值表的基础上，使用 fsQCA 3.0 软件的"标准分析"（standard analyses）选项进行运算。基于拉金（Ragin，2008）的解释方法，将同时出现于简单解和中间解中的条件标记为核心条件，将只出现在中间解里的条件设定为边缘条件。

第六，结果解释。基于组态分析结果，对照多案例分析结论，综合解释形成结果变量的多条路径。

5.4　本章小结

为了回答研究问题二："共享经济中的各种资源与参与主体是如何组织在一起的？"达成研究目标："基于模式分类，从资源编排视角，透过现实中复杂多样的共享经济现象，揭示共享经济平台的形成路径，揭开共享经济平台快速成长的黑箱。"本书在第 5~7 章进行了案例研究，并结合 QCA 进行了进一步研究，本章聚焦于介绍如何进行研究设计。

首先，选择案例研究方法出于以下几点考虑：其一，基于本书研究目标，文章探讨的是一个揭开事物本质、探索其运行机制和背后机理的 How 和 Why 问题，非常适用于案例研究方法。其二，通过文献回顾表明，共享经济平台是新兴的组织模式，具有其独特的逻辑，探索性案例研究正适合此类研究对象。其三，研究问题中组织的模式演进分析是一个过程性问题，案例研究方法对研究组织和战略的各种过程非常有效，能够以全面而相对长期的视角进行研究，结果往往出人意料但非常真实（Eisenhardt and Graebner，2007）。其四，由于现有理论基础薄弱，根据文献回顾，共享经济是一个非常新颖的研究领域，对共享经济平台的研究开展则更晚，于 2017 年才刚刚起步。对于一个理论积淀非常少的领域，案例研究对于开发新理论、拓展旧理论非常有效。其五，研究样本的有限性。尽管以共享经济理念开展的商业企业非常多，但是在典型性、规模、行业竞争程度等方面均具有代表性的案例非常少。在可供研究的样本不多时，案例研究方法具有很大的优势。

其次，在案例研究的设计上主要考虑以下几个方面：其一，在研究步骤上遵循艾森哈特（Eisenhardt，1989）建议的运用案例研究构建理论的路径。该路径包括启动、案例选择、研究工具和程序设计、进入现场、数据分析、形成假设、文献对比以及结束研究八个主要步骤。其二，在分析逻辑上采用了殷（Yin，2009）提出的"可复制的多案例设计"。就是将一系列案例看成一系列实验（Eisenhardt，1989），通过反复对比分析提高案例研究的外部效度，增强研究结论的普适性（Eisenhardt and Graebner，2007）。相比单案例研究，多案例研究对相关问题的解释力更强，能够更充分地描述一种现象的存在。其三，在案例选择上遵循理论抽样的原则（Eisenhardt and Graebner，2007）。所选案例是出于理论的需要，而非统计抽样。选择"得到（原罗辑思维）""转转（原58赶集二手交易频道）""滴滴出行（原嘀嘀打车）""哈啰出行（原哈罗单车）"四个案例，可以同时满足理论抽样的具体指标。其四，在数据收集上基于艾森哈特（Eisenhardt，1989）的多来源数据收集方法。研究团队广泛收集了案例企业相关的一手数据和二手数据，可以形成证据三角形（Yin，2009）。在数据分析逻辑上采用迈尔斯和胡伯曼（Miles and Huberman，1994）的归纳式分析，遵循乔亚等（Gioia et al.，2013）提出的数据结构（data structure）展示法。

最后，为了弥补案例研究结论普适性的短板，结合QCA进行进一步研究设计。QCA方法兼具定性研究与定量研究的优势（Ragin，1987），对组织采取整体的视角进行分析研究，充分考虑组织现象的相互依赖性与因果复杂性；破解了一直困扰案例研究的理论结果普适性问题，对案例研究方法进行了补充与拓展。

第6章 共享经济平台的形成机制研究

案例分析将依照建构期、赋能期和配置期三个阶段的自然演进顺序展开，在每个阶段通过对比分析各案例间的异同，在企业组织层面深入挖掘资源管理与能力构建的互动过程机制。建构期是指组织建造（building）和建立（establishing）一个基础资源架构（structure）的阶段；赋能期是指组织激活（igniting）不同资源的阶段（Evans and Schmalensee，2007）；配置期是指组织为了维持（maintaining）自身竞争优势而不断更新（renewing）自身资源配置的阶段（朱晓红等，2019；苏敬勤等，2017；Koskelahuotari et al.，2016；Isckia and Lescop，2015）。

6.1 建构期：价值识别

6.1.1 资源管理：建构资源组合

传统经济组织的资源组合是指组织所控制的全部资源之和。但是，共享经济组织的资源组合是组织可以连接资源的总和。因为共享经济组织在资源的选择、利用与获得方式上均具有特殊性，这导致共享经济组织有机会建构一个更丰富的资源组合，以满足不同的市场需求。这主要表现在以下两个维度。

在资源的选择方式上，共享经济组织以使用而非占有的方式连接了海量、分散、未被充分利用的资源。与传统经济组织相比，共享经济组织的资源组合所涵盖的范围更广，既包括从战略要素市场中购买的资源和内部学习发展的资源，又包括通过合作所连接的资源。例如，得到筛选并集合了各领域的佼佼者，将过往未能被充分开发的知识和经验以产品的形式储存，再利用这些佼佼者的闲暇时间。转转以二手物品交易为切入市场，是典型的对个人手中闲置资源的再流转。滴滴出行从私家车市场转化到共享出行领域，充分利用了私家车未被开发的闲置位置，以及私家车主未被合理使用的闲暇时间。基于此开发了顺风车、拼车和专快车业务。哈啰出行则与自行车厂等供应商合作，以 B2C 的方式由企业创造资源（如单车、助力车等资源）。通过企业的宏观调配，实现了资源的高效使用与流转。

在资源的获得方式上，共享经济组织通常采用搜寻的手段探索可能适用于自己的资源，被搜寻方包括但不限于投资商、生产商、公共资源持有者和政府等。在企业发展的初期，面对不确定的市场以及激烈的竞争，共享经济组织往往会尽可能多地获得资源，不断扩大所连接资源的数量与质量。在此过程中，不同种类的资源被连接，进入组织自己的资源组合中，为后续组合与配置打下基础。例如，财务资源、用户资源、技术资源、政策资源等。

以财务资源为例：得到在应用正式推出之前，基于前期罗辑思维的积累，迅速完成了种子轮融资。哈啰出行原名哈罗单车，成立于 2016 年 9 月，成立之初仅两个月，即完成了 A 轮融资。转转也在腾讯的 A 轮融资后，于 2019 年完成了涉及多家投资机构的 3 亿美元的 B 轮融资。滴滴出行成立于 2012 年，首先推出打车软件，先后获得了腾讯和阿里巴巴的战略投资；2016 年宣布获得苹果公司 10 亿美元战略投资，6 月宣布完成总额 73 亿美元的融资；2017 年完成新一轮超过 55 亿美元的融资。哈啰出行于 2017 年 10 月，与中国共享单车上市第一股的"永安行"达成战略合作关系，同年获得蚂蚁金服等多家知名投资机构的战略投资。

6.1.2 能力构建：价值识别能力

与传统经济组织相比，共享经济组织所连接的资源具有海量、分散、使用时间有限的特点。因此，共享经济组织需要快速识别出各资源的价值，并将这些资源绑定在平台规则内。这种对资源价值的识别能力，需要在构建资源组合期间同时使用。

首先，界定资源组合中资源的价值。得到邀请了各领域的专家入驻平台，将沉淀的知识以在线课程的形态呈现出来，甚至将书籍进行拆解，将知识点以碎片化的方式转述出来。转转以平台的力量主推二手手机与图书的业务，与第三方机构合作为用户提供质量检测服务，将非标准化的二手物品的价值在一定程度上标准化起来，更为清晰地界定了这些资源的价值。滴滴出行最初做的是出租车信息的在线化，推出的是"打车软件"，通过这个方式重新界定了出租车的价值，使得出租车摆脱了传统路边巡游、定点接客的方式，可以"抢单"和预约乘车，大大拓展了出租车的使用场景。哈啰出行则颠覆了私人自行车的使用场景，通过共享的方式创造价值。

其次，持续改进现有资源组合。具体改进方法为扩大原有资源优势和剥离劣势组合方式。一方面，四个案例企业从未止步于眼前的优势。例如，滴滴出行在获得网约车市场绝大部分份额后持续扩大原有资源优势、改进资源组合。在技术上研发了推荐上车地点、发布了司机端护航系统，在用户支持上成立了司机互助基金、关爱基金和滴滴女性联盟等。哈啰出行目前已经是国内共享单车市场的头部企业，其市场份额超过了市场排名第二三位企业份额之和。为了进一步扩大既有资源优势，逐步从大学生免押金，到开放试点城市信用免押金，再到与芝麻信用联手开放全国信用免押金骑行；哈啰出行与自行车生产商合作，配备了共享单车行业首个智能语音锁，首次将电子围栏技术应用于共享单车领域。另一方面，面对具有劣势的资源组合方式，案例企业均会选择及时剥离。例如，得到依照自身发展目标，停掉了罗辑思维节目的多平台分发，将周播的视频节目改版为日更的音频栏目；转转在经历了用户通过平台寄售银环蛇致买家死亡事件后，整顿下线平台中涉嫌违法违规的交易；滴滴出行及时叫停了尚存在安全隐患的顺风车业务，经过一系列整改后才重新上线。

最后，基于市场需求持续拓展资源的分类目录，创造新的资源组合。得到在发展的初期，从外部引入了资深媒体人李翔、北大薛兆丰、清华宁向东、天使投资人徐小平等知识共享人，并逐渐拓展为人文社科、科学、商学和能力等课程版块，目前共推出了137门课程。转转在最初的二手手机交易业务之外，重点开发了二手书交易业务，并逐步拓展到其他业务如3C、日用品、服装等。同时上线了潮品鉴定交易平台"切克"，进一步拓展原有资源组合方式。滴滴出行不仅仅局限于最初的出租车资源，而是一直致力于开发新业务，相继推出快车、专车、顺风车、代驾和小巴士等服务，在连接出行供需两端的轻资产模式基础上发展配套重资产模式，如滴滴的汽车开放平台。哈啰出行则围绕哈罗单车项目开发出单车、助力车、电动车租售等两轮出行业务，并进一步拓展顺风车服务。正如滴滴出行总裁柳青所说："在工作中我们发现，可能有一部分人负担不起自己叫一辆车这样的服务，那么我们可以用人工智能发展拼车……我们看到，有人会在下班之后喝一杯，而酒后驾驶是非常危险的，因此我们会派一名代驾司机，在酒吧或派对上找到你，把你送回家，你完全不需要开车，这样更安全。而小巴士，实际上是超级拼车，让更多人共乘。"

总结而言，这一阶段共享经济组织的资源管理与能力构建呈现出互相影响、彼此促进的互动关系。表 6-1 所示是对建构期涌现出的核心构念及之间关系的直观展示。可见，在资源编排理论视角下，本节对比分析了案例企业在参与编排的资源类型上的差异、编排过程中资源管理与能力构建的互动方式，并针对核心构念进一步援引了相关典型证据。其中，四个案例参与编排的主要资源类型呈现显著差异，得到倾向于人力＋组织资本资源，转转倾向于物质＋组织资本资源，滴滴出行以人力＋物质＋组织资本资源为主，哈啰出行则聚焦于"人力＋物质"资本资源。

表 6-1　　　　　　　　　　　建构期的价值识别过程

对比	得到	转转	滴滴出行	哈啰出行
参与编排的资源类型	人力＋组织资本资源为主	物质＋组织资本资源为主	人力＋物质＋组织资本资源为主	人力＋物质资本资源为主
示例	各领域专家、知识共享人、出版商等	二手物品、第三方质检机构等	出租车司机、私家车主、车辆、汽车租赁公司等	调度人员、单车、调度用仓库与场地等
编排过程的互动方式	建构资源组合　促进　形成　价值识别能力			
"建构资源组合"概念的典型证据	"自己就像是一个疲于奔命的星探，四处追逐赏心悦目的猎物……去打动那些委实都并不缺钱的各尊大神。"（D1A）	"58同城二手、赶集二手及中台业务被并入我的管辖范围内……转转是一个有机会承载、嫁接58、赶集所有业务的底层用户平台。"（D2B）	"当市面上绝大部分出租车司机都在平台上后……我们连接了大量私家车主……我们与汽车租赁公司签约合作。"（F1g）	"智能物联网与移动互联网成功改造了两轮出行行业……资本和技术升级了共享单车……解决了出行最后一公里问题。"（D3D）

续表

对比	得到	转转	滴滴出行	哈啰出行
"价值识别能力"构念的典型证据	"得到 App 只是一个线上的校门，加上半个音像出版社……最有价值的是里面的人呐……他们持续不断地输出知识。"（D1A）	"转转是在消费端提供一种新的供给，也就是将鱼龙混杂、碎片化的二手产品供应端，做标准化的梳理与创新。"（D2B）	"只有把并不是职业的司机在空余时间将那些闲置的资源共享出来，我们才有可能把高峰期和平峰期的问题完美解决。"（D1C）	"我们必须兼具 AI 大脑、精细运营、政府合作、资产管理等完全不同的基因……才能运营好手里的资源。"（D3D）

注：本书作者自制。

6.2　赋能期：技术赋能

6.2.1　资源管理：激活现有资源

与传统经济组织相比，共享经济组织在进行了一定程度的资源结构化与机会识别后，会进一步激活资源。这是因为海量、分散的外部资源难以被高效控制和配置，需要利用技术手段将其整合、协调、激活。

一方面，互联网、流媒体、大数据、定位服务（location based service, LBS）、云计算、人工智能、无人驾驶等技术激活了原本分散、静态的资源。例如滴滴出行在 2018 年投入资源做模拟城市系统，帮助城市规划部门优化城市道路规划，进一步提高交通效率，减少人们的出行时间。同样应用海量的出行数据，哈啰出行围绕 24 小时云端交互的人工智能"哈勃系统"，基于所投放的单车，以物联网的方式构建了大数据系统开放平台，数据实时共享、共建城市智慧交通。面对不确定的骑行需求、有限的运维人员、持续变化的车辆分布，通过人工智能和机器学习，哈啰出行可以实现智能调度。转转目前也在谋划利用黑科技获得更低的成本、更高的效率。滴滴出行 CEO 程维提到："技术是最重要的解决方案，它能够做到让你想要车的时候随叫随到，而且能够把更多的人挤到更少的车里面，解决我们现在拥堵的问题，这个就是技术带来的魅力，是它的解决方案。"

与以上三个案例企业相比，得到在激活实物资源（如车、路、交通灯等）方面略显不足，主要借助互联网平台技术打造了得到 App。这款产品的第一次出现，被形象地描述为："就像一本精美轻盈的杂志，横跨媒体和出版两端，负责减轻知识传递的厚度。"由于被共享的资源类型的区别，得到的每一款知识产品背后都有独立立项的团队进行辅助运营。得到 App 中知识供应商的邀请制既可以共享知识拥有者的闲暇与技能，又保证了整个内容的质量，职业化的生产与闲置资源的有机结合，有利于产品与服务的品牌树立。正如得到创始人罗振宇所说："得到不过只是一个搭载于智能手机系统里的容器，吸引用户趋之若鹜的，是里面的人格化知识产品。每一个付费专栏的背后，都是得到单独立项配以团队进行磨合和运营，前端是智力密集产业，后端却是劳动密集产业，横向规模化的瓶颈极浅。"

另一方面，共享经济组织对资源的利用方式与传统经济组织不同，表现为"使用而非拥有"，即产权与使用权的分离。这与传统组织力图"控制"资源的方式不同，可以在不将资源纳入企业内部的情况下实现对资源的配置。这使得共享经济组织具有传统经济组织难以达到的灵活性，可以快速响应环境变化，及时改变对所连接资源的组合方式，创造新的价值。例如，得到平台上知名的内容提供者有罗振宇、李翔、薛兆丰、徐小平等，同样是以合作者的身份共同分享知识。转转连接了二手物品供需的两个 C 端，将海量的闲置资源汇聚到平台上。滴滴出行将社会上的资源整合在一起满足共享出行需求，平台上有数千万名司机为 5.5 亿用户提供出行服务，但是滴滴出行并未拥有这些车辆，司机也并非滴滴出行的雇员，用户也仅仅使用了出行工具，收获了出行服务。哈啰出行提供了无桩共享单车服务，用户无须购买自行车，即可以以合理的价格骑乘，无须考虑养护停放等问题，解决了"最后一公里"的困扰。

6.2.2 能力构建：技术赋能能力

技术赋能能力是数字时代下共享经济组织借助平台技术手段，打造多方协同的自组织网络，赋予参与者多重身份以创造价值的能力（Lenka et al.，2017）。这种技术赋能能力，可以大大提升用户的活力、盘活原本分散的闲置资源。这一能力有以下三个主要特征。

第一，表现为对"产消者"的赋能。无论是得到、转转、滴滴出行抑或是哈啰出行，都有一个由企业运营的数字技术平台，整合了各类资源，连接了各利益相关者，匹配了供需。用户可以在平台上选择自己需要的产品或服务，例如呼叫快车、顺风车，扫码骑乘共享单车，付费收听领域行家的分享，买卖二手物品等等。与此同时，用户也可以选择成为服务提供方，如注册成为快车司机或者上传课程成为知识分享者。这种兼具消费者与生产者双重身份的角色被称为产消者，是共享经济的主要参与人之一。对产消者赋能的主要目标是提高人的能力，改变传统企业单方面提供价值的思维，转变为与用户共同创造价值、激发用户活力的模式。

第二，数字技术平台提供了安全性和基础能力支撑的保障。一方面，技术对保障安全和建立信任的作用功不可没。例如，转转 CEO 黄炜认为："信任是转转和共享经济中最核心的问题，转转正是通过建立二手交易行业的标准来打造一个新的信用体系……转转这个 C2C 平台应该是一个有信任感、社群化的场所"。滴滴出行在发展过程中多次由于安全问题遇到信任危机，目前顺风车业务也因此下线，仅在部分城市试运行。为应对此类问题，滴滴出行邀请硅谷资深信息安全科学家加盟，成立自己的信息安全部，从技术的角度降低风险。为了保障骑行安全，哈啰出行每三年强制性报废全部到期单车，并利用技术能力重新设计单车、规划停车位置，避免不必要的事故发生。例如，滴滴出行的 CTO 张博说："令我印象最深的是去年 12 月 29 日。这一天的凌晨三点发生了一件事，厦门一个司机接了一个乘客。这个乘客上车以后掏出一把手枪，我们刚刚上线的安全'三尺系统'通过大数据分析和 AI 模型发现这笔订单有异常，并且自动给司机和乘客各自下发了一通电话。这个具有震慑作用的电话，最终让乘客放弃了作案，司机没有受到任何伤害。"

第三，共享经济组织围绕产消者打造了多种支持类服务。例如，得到总结了一套完整的知识产品方法论《得到品控手册》，通过公开共享的方式为平台内外的知识分享者赋能。如罗振宇所描述："这个行当里的领军势力，绝对不是让人在本职工作之外多挣一些零花钱的产品，只有新的分工模式和组织形态才能满足崭新市场需要的承重基座。"转转与第三方合作提供了多种服务：58 速运提供的快递服务、与海尔合作的家电拆装服务，以及对手机的质检服务——转转优品。据黄炜所说："有 60% ~ 70% 的二手手机交易，用户都主动选择了优品的质检服务。"滴滴则推出了自己的金融业务；滴滴车险旨在打造科技驱动的一站式车险，打造以用户为核心的专业智能车险服务平台；车主健康保障计划是一款滴滴联合知名保险公司，为平台用户定制的健康险产品，通过滴滴平台大数据及完善的医疗网络，致力于保障平台用户的健康，全面提升就医体验，积极引导并关注健康管理。

总结而言，这一阶段共享经济组织借助技术手段激活了闲置资源，催生了技术赋能能力，而后反作用于第一阶段中静态的资源组合。激活闲置资源，尤其是组织外部的分散的资源，是共享经济组织在资源管理上具有的独特行为。这是因为海量、分散的外部资源难以被高效控制和配置，需要用技术等手段将其整合、协调、激活。因而，共享经济组织形成了更高维度的"技术赋能"能力，为上一阶段所建构的物质资本资源、人力资本资源和组织资本资源发挥作用提供了必要条件。表6-2是对赋能期涌现出的核心构念及之间关系的直观展示。

表6-2　　　　　　　　　　赋能期的技术赋能过程

对比	得到	转转	滴滴出行	哈啰出行
参与编排的资源类型	人力＋组织资本资源为主	物质＋组织资本资源为主	人力＋物质＋组织资本资源为主	人力＋物质资本资源为主
示例	各领域专家、知识共享人、出版商等	二手物品、第三方质检机构等	出租车司机、私家车主、车辆、汽车租赁公司等	调度人员、单车、调度用仓库与场地等
赋能过程的互动方式				
"激活现有资源"构念的典型证据	"我们试验了一个新项目叫得到大学……做的是一件全新的事情……在彼此的分享中构建出了一个庞大的、丰富的思维模型交流场。"（D3A）	"透过苹果官方认可的加持，转转与富士康等同于为国内二手手机交易标准打上了印记，建立了二手手机质检体系的共同标杆，最大程度消除消费者疑虑，为用户提供更优质的服务。"（D1B）	"我们有1500万的司机，其中将近200多万基本上靠滴滴生活的司机，每个月有400多万的活跃司机，这是一个庞大的生态体系。"（D1C）	"我们持续建立包含智能锁、哈勃大数据平台、BOS运营端、AI算法等在内的整个智慧综合体系，以智能技术驱动更好地骑行体验。"（D3D）

续表

对比	得到	转转	滴滴出行	哈啰出行
"技术赋能能力"构念的典型证据	"你要开设一所大学,该从哪一步开始做起?一定是先从找老师,你能找到多好的老师,决定了你的大学的起点能有多高。"(D1A)	"转转从战略投资者手中拿到了微信的关系链……转转将通过微信社交关系、身份认证、芝麻信用认证、担保交易等多项举措,建立起闲置交易领域的信任感。"(D1B)	"滴滴除了是一个出行服务的公司,更多的是一个大数据公司,我们也在思考怎么用大数据来服务司机与乘客。"(F1a)	"哈啰有电子围栏技术,如果不合理停放单车会有警告……对于恶意破坏单车的行为,我们是有自己的黑名单的。"(F1j)

资料来源:本书作者自制。

6.3 配置期:价值重构

6.3.1 资源管理:配置现有资源

基于前两个阶段的发展,共享经济组织已经积累了足够的资源,并且在技术的作用下激活了资源。但是企业所面临的环境是不确定的,为了适应变化的内外部环境,共享经济组织通过配置资源的方式不断创新产品和服务,以应对新的需求。这个配置过程是动态的,往往会主动作出结构上的调整,表现为组织创新。例如,滴滴出行于2017年、2018年连续进行组织结构变革,首先调整为三个事业群,分别是快捷出行、品质出行和战略,进一步落实智慧交通的发展,成立智慧交通事业部;2018年再次进行组织调整,成立网约车平台公司、汽车运营和车主服务升级为新车服、成立普惠出行与服务事业群。

哈啰出行最初聚焦于共享单车业务,于2018年9月进行品牌升级,打造包括了哈啰单车、哈啰助力车和汽车等综合业务的移动出行平台。58集团于2015年3月和4月的一次内部架构调整中,将58同城二手、赶集二手及中台业务并入黄炜的管辖范围内;此后,转转应运而生,组织架构再次作出调整,转转、58同城二手与赶集二手由黄炜管理。此外,2016年6月,58同城二手与赶集二手宣布更名为"转转",公司组织架构调整,黄炜被任命为集团高级副总裁兼事业群总裁。58集团全面升级二手业务，以"转转"作为统一品牌出现，集团投入大量资源将转转打造成为最专业的二手交易平台，让用户的使用体验变得更加便捷、更加简单。

在组织创新过程中，一些资源由于与组织发展的目标不符被剥离，例如得到基于战略考量，清退全部投资业务，专注得到产品的开发。罗振宇坚持认为，不能产生职业化的"知识供应商"的产品，都跑错了方向。遵循这一原则，得到成立了得到大学，进行为期三个月的学习培养，宗旨是通过线上线下结合的学习方式，把分散在社会分工中、正在被创造但还没有被整理的知识挖掘、提纯、分享出来；开发得到企业服务，为近200家企业提供内部培训服务，包括华为、顺丰、滴滴、万科等。

6.3.2　能力构建：价值重构能力

重构资源价值的目的是确定所需的能力，基于此设计要利用市场机会和获得竞争优势所必需的能力配备，进而将能力整合到一个有效的地方。配置资源本身就是一个构建能力的过程，而价值重构能力则是重新组合这些能力的能力。这个能力主要分为两个维度：

一方面，随着市场变化，共享经济组织调整资源组合中资源价值的呈现方式，以达到快速响应的效果。例如，得到App的上线使得各个领域的知识提供商加入到知识分享之中，不再是罗振宇一个人的独角戏。基于李翔、薛兆丰、刘雪峰和李笑来等知识分享精英，力求建设一所服务终身学习者的通识大学，把分散的、尚未被整理的知识分享出来，重新定义了终身学习的模式。转转在行业内率先尝试深耕垂直领域，将不专业的C端供给专业化。一举为解决二手商品具有非标品的属性、消费信心不足、交易效率低等行业痛点提供了思路。滴滴出行连接了供需两端的用户，将原本闲置的社会出行资源进行了激活，形成了连接多边市场的赋能平台，平台与资源、资源间的交互提升了彼此的使用效率，这个过程中产生了更多的价值。更进一步的，滴滴出行以多元化的产品线服务8亿城市用户。这带来了非常独特的模式，通过许多为中国市场量身定制的创新产品，以更具效率的方式利用现有服务网络，重新定义了城市出行。哈啰出行秉持"科技推动出行进化"的使命，坚持"绿色低碳、轻松出行"的服务理念，不断推进两轮出行的发展，重新定义了中短途出行的方式。

另一方面，共享经济组织基于重构的新价值，主动开发新的市场需求。例如得到依托基础知识服务，成立得到大学，并基于此为企业提供专业的咨询服务，进入咨询行业。转转针对交易量较大的手机品类，布局了全国最大的二手手机的质检中心，为交易双方提供验机、保卖等专业服务。在成为二手手机市场龙头后，针对二手图书品类，建立了专业的二手书籍分拣中心，以 C2B2C 的模式来把控二手书籍的质量。在滴滴出行的太极战略中：左边是围绕着乘客、围绕着司机提供的服务，右边是围绕车主和汽车生命周期的一站式服务。从围绕乘客的一站式出行平台、多元化的出行服务，再到围绕着车主和汽车生命周期的一站式服务平台，从专车快车、出租车、顺风车、代驾到加油、维保、充电、金融等滴滴的所有业务，都会像太极球的中心一样互相联动。哈啰出行不再局限于共享单车业务板块，它基于发展单车时积累的资源与能力，进入了电单车、顺风车、专快车和充电业务等市场。

总结而言，配置期的资源管理与能力构建行动相辅相成，持续不断地配置前两个阶段形成的动态激活后的资源组合。具体来看，赋能期通过技术手段实现了对资源的激活，与建构期共同打造了一个动态的激活状态的资源组合；这个状态下的资源组合为配置期提供了配置所需的素材，配置期又反过来影响了赋能的方向与资源组合的结构。尽管四个案例目前的具体发展方向有差异，但均是为了实现组织的整体成长，在配置期的互动方式上存在一致性（见表 6 - 3）。

表 6 - 3　　　　　　　　配置期的价值重构过程

对比	得到	转转	滴滴出行	哈啰出行
配置资源的重心	打造精品课程	建立行业标准	合法合规化	精细化运营
说明	亟待吸引更多高质量的知识分享者加入	通过标准化的方式建立二手行业标准	当前面临着网约车、顺风车合规化的难题	立志扩展两轮出行业务生态
配置过程的互动方式				

续表

对比	得到	转转	滴滴出行	哈啰出行
"配置现有资源"概念的典型证据	"欢迎加入得到大学……今年我们有机会办知识春晚……就是希望给更多的人机会登上一个高光的舞台"（D1A）	"让资源重新配置，C端能量更大的释放，也决定着转转在二手产业中，所能建立的核心壁垒。"（D1B）	"全面推进网约车合规化工作……全面落实合规工作，合法依规运营……把安全红线刻在心里。"（D1C）	"成立两年，从单一的共享单车企业成长为囊括单车和助力车等两轮出行业务的移动出行平台。"（D3D）
"价值重构能力"概念的典型证据	"这个时代，需要产生符合碎片环境的学习方式……得到的作用定义，是将知识产品化的一间便利店……这剧烈冲击了传统观念对知识的固有认识。"（D1A）	"转转选择将交易流程拆解后按模块进行规范，提供更多的服务帮助用户构建基础的交易诚信。"（D1B）	"大家为什么不愿意拼车，是因为大家在一辆车上都是陌生人……所以未来我们设计更大的座位、单独的座位、单独的Wi-Fi、单独的音箱……把车里的座位共享出来。"（F1a）	"与各地政府合作……成为当地政府公务用单车唯一提供服务商。这也是全国首个由政府指定使用的品牌公务单车……重新定义了共享单车的使用场景。"（D3D）

资料来源：本书作者自制。

6.4　本章小结

经过持续地在数据与理论间反复对比分析，发现共享经济平台在资源编排过程中涌现出了多处与前人研究相冲突的内容，这些新的发现发生在企业组织维度，依托共享经济组织而成长。经过系统性地梳理，结合案例企业的发展阶段，在本章中按照建构期、赋能期和配置期三个阶段进行过程性案例分析，每一个阶段中所涌现出的差异性具体如下。

建构期：前人研究表明，当组织面临不确定的外部环境时，应对的起点往往是结构化（structuring）自身全部的资源，基于此动态地进行机会识别行为（Sirmon et al.，2003；Sirmonet al.，2007；Sirmonet al.，2011；Teece，2007；杜小民等，2015）。本章所收集到的数据涌现了不同的观点，在组织层面体现为以下两点：首先，共享经济组织主要利用的资源不同。由于未被充分利用的资源海量分散存在于组织外部，此时对资源的结构化是一个从外向内的顺序。组织能"连接"的外部资源比"拥有"的内部资源更加重要；其次，共享经济组织对资源的识别行为并非聚焦于机会，而是关注于价值，发展出了价值识别能力。

赋能期：前人研究表明，当组织进行了一定程度的资源结构化与机会识别后，会进一步发挥（leveraging）资源组合的作用，形成诸如产品研发能力、战略结盟能力、战略决策能力、生产与采购能力、市场营销能力、组织运营能力等"实质性能力"（Sirmon et al.，2003；Sirmon et al.，2007；Sirmon et al.，2011；Teece，2007；杜小民等，2015）。然而，本章的四个案例企业在组织层面呈现出独特之处，主要表现为激活闲置资源，尤其是对组织外部分散资源的激活。这是因为海量、分散的外部资源难以被高效控制和配置，需要用技术等手段将其整合、协调、激活。因而，共享经济组织形成了更高维度的"技术赋能"能力，为上一阶段所建构的物质资本资源、人力资本资源和组织资本资源发挥作用提供了必要条件。

配置期：前人研究表明，组织会将资源与机会进行整合匹配，持续为企业创造价值（Teece，2007；杜小民等，2015）。这种整合匹配通常发生在组织对内外部资源的部署（Deploying）行动上，在实践上表现为资源开发与机会开发（Sirmon et al.，2003；Sirmon et al.，2007；Sirmon et al.，2011）。然而，本章所收集到的数据涌现了不同的观点。与传统经济组织相比，共享经济组织形态更为灵活，在资源开发过程中往往伴随着较大程度的组织结构调整，这种组织创新常常依托于新的机会。尽管共享经济组织的商业实践多为服务型企业，提供服务与完成消费同时进行，致使企业具备制造型企业难以达到的灵活性。但现实中亦存在如淘工厂（阿里巴巴旗下）、拼工厂（拼多多旗下）、沈阳机床（i5 数控共享机床）、SolarCity（家用共享光伏发电）等产能共享型企业，是制造型企业拥抱共享经济的产物。此时，生产和消费是分离的，但与传统模式相比仍具备较高的灵活度。因此，归根结底是共享经济组织拥有传统经济组织所不具备的平台性与产消者特质，使其天然具有更为灵活的组织形态。此外，共享经济组织在配置资源的同时，构建了与之相辅相成的价值重构能力，是一种根据机会重新识别资源价值的能力。

第7章　共享经济平台的形成路径研究

7.1　共享经济平台的形成路径

7.1.1　资源与能力互动过程模型

基于案例分析结果可知，共享经济平台的形成路径为："技术赋能下所连接资源价值的再实现过程"。这一过程的核心是组织资源管理和能力构建行为的互动，进一步识别出如图7-1所示的共享经济平台的资源管理和能力构建互动过程模型。该模型包含了三个核心作用机制：价值识别机制、技术赋能机制、价值重构机制。接下来，从横向和纵向两个维度来讨论这一互动过程，论证其中的互动关系。

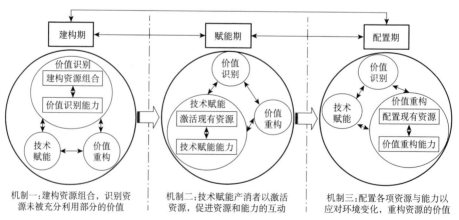

图7-1　共享经济平台的资源管理和能力构建互动过程模型

横向来看，三个阶段之间联系密切、相互依存，具有极强的互动性，总体而言存在着从"建构期"到"赋能期"，再到"配置期"的演进规律。基于案例分析结果可知，阶段一识别了资源未被充分利用部分的价值，基于此建构了资源组合，从而过渡到阶段二。阶段二为阶段一赋能，通过技术手段实现了对资源的激活，与阶段一共同建构动态的激活状态的资源组合。这个状态下的资源组合为阶段三提供了配置所需的素材，阶段三又反过来影响了赋能的方向与资源组合的结构。

纵向来看，在共享经济平台成长的不同阶段，总体而言存在着某一主要作用机制。建构期的主要作用机制为价值识别；赋能期的主要作用机制为技术赋能，共享经济平台通过技术赋能产消者以激活资源，促进资源与能力的互动；配置期的主要作用机制为价值重构，共享经济平台配置各项资源与能力以应对环境变化，重构资源的价值。因此，抽象来看，存在着从"价值识别"到"技术赋能"再到"价值重构"的演进规律。

总结而言，当共享经济平台发展到一定程度时，需要跨越其所处阶段的作用机制，以新的资源管理和能力构建的互动方式来持续推动组织成长。以滴滴顺风车的发展为例，初期组织识别出顺风车在便利性、实惠性和社交性上的价值，通过技术手段实现了陌生人之间的拼车，让"上下班路上顺便赚个油钱"成为可能。但是在发展过程中先后出现了多起恶性事件，迫使滴滴出行重新审视顺风车的价值，立刻全面下线了顺风车服务，重新进行组织结构调整和技术升级，直到 2019 年末才陆续在试点城市重新上线。

7.1.2　组织模式差异性对比分析

对比分析四个案例企业发现：四个案例代表了共享经济平台的四种模式，尽管在建构资源组合、激活现有资源、发展自身能力上具有相通的逻辑，但是在发展起点、技术赋能与资源配置的侧重点上仍有一定差异。

首先，四个案例的起点并不相同，但都逐步建构了整合式的资源组合。得到通过培养付费会员的方式，逐步切入到知识付费市场，并向着综合类"大学"发展；转转基于二手物品交易，着力于打造行业的标准；滴滴出行从出租车信息网络化开始，逐步切入私家车共享出行市场，发展成为一站式出行平台；哈啰出行从共享单车着手，逐渐拓展至电单车等两轮出行市场，向着连接各类出行资源的整合平台发展。

其次，四个案例企业均依托技术能力对内外部资源赋能，但各有侧重，这是源于四个案例企业参与编排的主要资源类型呈现的显著差异。得到倾向于人力＋组织资本资源、转转侧重于物质＋组织资本资源、滴滴出行以人力＋物质＋组织资本资源为主、哈啰出行则聚焦于人力＋物质资本资源。这导致得到在发展中侧重于对知识服务提供者（人）的支持，转转侧重于打造二手物品（物）的买卖标准，哈啰出行侧重于对单车（物）的升级，滴滴出行则兼顾了对司机（人）和私家车（物）的赋能。

探求其背后的逻辑，主要是行业与组织模式的不同。一方面，案例企业来自不同的行业。行业的差异带来了对内外部资源赋能时的偏好。例如得到侧重于对知识服务提供者的支持；转转聚焦于二手物品本身；滴滴出行需要同时配置乘客、司机和车；哈啰出行对共享单车存在所有权，因此更侧重于对单车临时使用权的配置。尽管滴滴出行与哈啰出行在大类上均归属于交通业，但细分开来，滴滴出行以顺风车、快车和专车等四轮交通为主，哈啰出行以哈啰单车、助力车等两轮交通为主。另一方面，组织模式的不同所带来的深层次差异性更为显著。用户互动型组织模式更偏好对人的调配；以转转为代表的社群连接型组织强调对所连接主体的赋能；平台匹配型组织模式需要同时匹配多边市场，反映在滴滴出行中即为乘客、司机、私家车；共享单车的交易中心型模式更加关注物质资源本身。

最后，四个案例企业在资源的配置上均秉承着资源价值重构的理念，但是侧重点各有所不同，这来自企业发展目标的差异。得到集中精力围绕知识分享者打造精品课程。转转致力于打造二手交易行业标准。基于对滴滴出行管理层的访谈可知，尽管企业成立时间较早，但仍面临着网约车合法合规化的难题。在全国范围运营的网约车"三证齐全"（法律层面视为合规）的比例仍然非常低。特别是顺风车事件后，安全成了滴滴出行谋求网约车合法合规化的一大难题。因此在资源配置上，滴滴出行重点提升了安全性与规范性。相比之下，共享单车在经历了摩拜并购、ofo 退出市场、政府加强监管之后，乱停乱放、资源浪费等问题逐步得到解决，其行业步入较为规范运行的轨道。因此，目前哈啰出行的重心在于精细化运营以及扩展业务线。总结而言，表 7－1 是针对不同组织模式下共享经济平台形成路径间差异的对比分析。

表 7-1　　　　不同组织模式下共享经济平台形成路径差异性对比

指标	用户互动型	社群连接型	平台匹配型	交易中心型
案例企业代表	得到	转转	滴滴出行	哈啰出行
平台中介性①	低	低	高	高
社会化程度②	高	低	高	低
价值创造③	用户↔用户	平台→用户→用户	用户←平台→用户	用户↔平台↔用户
参与编排的资源类型	人力+组织资本资源为主	物质+组织资本资源为主	人力+物质+组织资本资源为主	人力+物质资本资源为主
配置资源的重心	打造精品课程	建立行业标准	合法合规化	精细化运营

注：①平台中介性，指企业运营的数字技术平台对全部交易环节的介入程度；②社会化程度，指企业对平台上用户间沟通、协商行为的支持程度；③价值创造，指价值传递的路径，共享经济中的用户是价值共创者。

资料来源：本书作者自制。

7.2　形成路径的核心作用机制

7.2.1　价值识别机制

7.2.1.1　资源编排视角的进一步解释

前人研究表明，当组织面临不确定的外部环境时，应对的起点往往是结构化（structuring）自身全部的资源，基于此动态地进行机会识别行为（Sirmon et al.，2003；Sirmon et al.，2007；Sirmon et al.，2011；Teece，2007；杜小民等，2015）。本章涌现了不同的观点。第一，与传统经济组织相比，共享经济组织主要利用的资源不同，以使用而非占有的方式连接了海量、分散、未被充分利用的资源。由于这些资源大量存在于组织外部，故此时对资源的结构化是一个从外向内的顺序。第二，共享经济组织对资源的识别行为并非聚焦于机会，而是关注于价值，发展出了价值识别能力。

基于此，本书提出了共享经济平台的价值识别机制：组织的价值识别能力从海量、分散的资源中识别出未被充分利用部分的价值，以促进建构资源组合。共享经济组织得以顺利运转的基础是海量、分散且未被激活的资源，以及能够连接供需双方网络的数字技术平台，二者缺一不可。二者通过不断地互动，将有价值的资源绑定到了平台规则中，使得后续对资源的编排成为可能。

首先，与传统经济组织相比，共享经济组织主要利用的资源不同，借助使用而非占有的方式连接了海量、分散、未被充分利用的资源（Gerwe and Silva，2020；杨学成和涂科，2017）。由于这些资源大量存在于组织外部，此时共享经济组织所能"连接"的外部资源比"拥有"的内部资源更加重要。这导致了共享经济组织的资源组合更为丰富，是组织可以连接资源的总和，远远大于传统经济组织所控制的全部资源之和。基于这一资源组合，共享经济组织可以满足不同层次的市场需求，谋求更多的发展机会。

其次，人类历史上如此大规模地利用此类资源尚属首次，由于企业运营的数字技术平台的出现，使得快速构建资源组合成为可能。共享经济组织的平台性决定了它能够通过连接两边或多边资源的供需方来创造价值（陈威如和徐玮伶，2014）。对共享经济组织而言，资源与技术平台同样重要。如果缺少任何一个要素，都将难以快速建构资源组合、难以形成规模效应，更遑论通过规模和影响力绑定所连接到的资源。这也是传统经济组织很难在资源不具有典型异质性的领域快速成长的原因。

最后，要将资源绑定在平台规则内，需要共享经济组织能够不断识别出所连接资源未被充分利用部分的价值，以便进一步地配置和重组。此时，共享经济组织提供了系统层面的支持，设定了规则与标准（井润田等，2016），引导参与者作出承诺并投身于共享经济活动。由于这些资源是非稀缺、容易被模仿的，因此企业持续的竞争优势的获得需要更高维度的顶层设计。即通过制定游戏规则绑定资源，进而沉淀在自己的系统中。这导致了共享经济组织间的竞争程度更为激烈，例如共享出行领域多次出现"烧钱"补贴大战、共享单车过去存在过度投放等问题。

值得一提的是，尽管以共享单车为代表的交易中心型共享经济组织模式并非我国初创，但是这一模式目前已经成了"中国特色"。这是因为当我国在共享经济的初级发展阶段时，基于此类模式的共享经济商业实践发展比较突出。共享单车曾经一度被誉为中国"新四大发明"之一，从出现到遍布中国主要城市仅用了不到一年的时间（姚小涛等，2018），并且在全球范围产生了影响，反过来推动了国外交易中心型共享经济组织模式的创新与发展。例如，在2017年催生了美国共享单车企业LimeBike，其成立不足一年便发展成为独角兽企业。

7.2.1.2　与已有研究的比较和讨论

进一步与能力和资源的文献对话发现，共享经济平台的价值识别机制既印证了一些经典论证，又在部分关键论点上存在差异。例如在动态能力的研究中，纳亚克等（Nayak et al.，2019）在蒂斯和艾森哈特两个流派研究基础上，进一步研究了动态能力的微观基础，提出环境适宜性（affordances）、经验敏感性（empirical sensitivity）、协调一致性（habitus）三个机制。企业的经验敏感性连接了环境（资源）和组织管理者（实施价值识别过程），这与共享经济平台的价值识别机制作用过程相似。环境的适宜性决定了资源的多寡和可以被连接的程度，是建构资源组合的基础；企业的经验敏感性是指对环境细致的甄别能力，是价值识别能力的一部分；协调一致性可以理解为组织一定程度上的惯例，是一种沉淀下来的协调和编排机制。这说明企业并不是一个稳固的实体，而是一个与参与者相互作用过程中不断成长的组织，在此过程中，这些动态能力的微观基础在处理环境问题上是有效的，同样适用于共享经济平台。

在企业资源优势的研究中，施密特和凯尔（Schmidt and Keil，2013）从理论层面讨论了四个可以解释企业资源异质性的因素，认为企业的市场地位、在组织间网络中的位置、既有资源的互补性和管理者的经验可以帮助企业更好地判断如何使用资源，并基于此提出了多个命题。价值识别机制的研究结论与之存在相通之处。首先，该研究聚焦于资源被配置到产品市场之前的阶段，这与价值识别机制中建构资源组合的情境相似。在此情境下，共享经济平台将外部资源链接到以数字平台为核心的网络中，资源仍保持着海量、分散、未被充分利用的状态，尚未被配置到产品市场与消费者直接接触。其次，施密特和凯尔（Schmidt and Keil，2013）认为资源的异质性受到企业内部和外部两个维度因素的影响，价值识别机制中资源和能力的互动体现了相似的逻辑。建构资源组合充分表现了组织与外部市场环境的联系，例如从要素市场中选择和获得资源；价值识别能力代表了来自企业内部的影响，企业以数字平台为核心制定了一套利于绑定和利用资源的规则，将适合的资源放置于合适的网络位置。最后，两个研究在管理者的资源价值管理能力上达成了共识。施密特和凯尔（Schmidt and Keil，2013）在研究中引入了管理者基于经验和知识的判断，认为这些判断有利于组织在不确定环境下对资源的价值进行评估，以便于制定资源管理决策。这与共享经济平台的价值识别能力相似，略有不同之处在于，共享经济平台更侧重于识别资源未被充分利用部分价值，非共享经济平台则更在意外部资源是否与企业既有资源具有互补性。

价值识别机制也在一定程度上拓展了施密特和凯尔（Schmidt and Keil，2013）的研究，在共享经济情境下讨论了资源优势的来源。两位学者认为企业在组织网络中的位置越靠近核心，就越能够获得信息优势，这是因为企业借助信息优势降低了信息的不确定性。共享经济平台在此基础上更进一步，以数字平台为核心建构了生态，连接了价值链的上下游，提供了系统层面的支持，设定了规则与标准，引导参与者作出承诺并投身于共享经济活动中。例如，滴滴出行不仅服务于长短途出行业务，而且拓展了汽车后市场服务，将汽车的生产、养护、购买、日常使用、出租、金融支持、保险等全链条打通。在这个组织网络中，信息的流通是非常通畅的，大大降低了因信息不对称导致的交易成本。此外，尽管两位学者拓展了前人研究并从需求侧维度讨论价值创造，但这一价值创造过程仍然是单向的，呈现典型的 B2C 特征。由于共享经济平台同时连接了多边市场、共享经济活动的参与者众多，因此价值是共创的而非单向传递。

7.2.2 技术赋能机制

7.2.2.1 资源编排视角的进一步解释

前人研究表明，当组织进行了一定程度的资源结构化与机会识别后，会进一步发挥（leveraging）资源组合的作用，形成诸如产品研发能力、战略结盟能力、战略决策能力、生产与采购能力、市场营销能力、组织运营能力等"实质性能力"（Sirmon et al.，2003；Sirmon et al.，2007；Sirmon et al.，2011；Teece，2007；杜小民等，2015）。然而，本书中的四个案例企业呈现出共享经济组织在这一阶段的独特之处，具体表现为对资源的激活。这是因为海量、分散的外部资源难以被高效控制和配置，需要利用技术手段将其整合、协调、激活。因此，共享经济组织形成了更高维度的"技术赋能"能力，为上一阶段所建构的资源组合发挥作用提供了必要条件。

基于此，本节提出共享经济平台的技术赋能机制：组织的技术赋能能力激活了原本静态的资源组合，向产消者赋能，为资源的进一步配置与利用打下基础。共享经济平台赋予了参与者多重身份以持续创造价值；借助平台技术手段，打造多方协同的自组织网络以提供安全和基础能力的保障。

一方面，共享经济中的用户角色是典型的产消者，既可以通过共享自己闲置的资源获得收益，又可以享受他人所拥有资源的剩余使用价值。基于共享经济组织独特的资源链接方式，聚集了大量社会上未被充分利用的资源如私家车、司机、知识技能的共享者等。技术平台的数据能力使得这些资源被充分激活，资源的使用权力在组织间被共享（周文辉等，2017），产生的价值在整个系统中流动。基于此，参与共享经济活动的用户出现了"产消合一"的趋势，即一名用户既可以是服务的使用者，也可以是服务的提供者。与传统经济组织相比，此时要改变传统的企业单方面提供价值的思维，转变为与用户共同创造价值、激发用户活力的模式。

另一方面，数字技术平台提供了安全性和基础能力支撑的保障。共享经济平台呈现出数字时代下特有的技术赋能特征，定位技术、云计算、大数据、人工智能、无人驾驶等技术激活了资源组合中原本分散、静态的资源，是一种重要的解决方案，催发了资源新价值的实现。通过技术激活闲置资源的行动是持续进行的，行动反过来亦增强了组织的技术赋能能力。因此，对产消者赋能的主要目标是提高人的能力与激发活力。与传统的员工授权赋能相比，数字时代下共享经济平台的技术赋能的范围更广，包括"通过技术激活资源、通过授权为产消者赋能"两个维度。

7.2.2.2　与已有研究的比较和讨论

进一步与产消者的文献对话，有助于理解技术赋能能力的来源和如何激活资源。产消者概念的出现早于共享经济，瑞泽和吉尔根森（Ritzer and Jurgenson，2010）的研究指出产消者是数字经济大背景下的产物，是互联网 2.0 技术催生的企业与消费者行为的变革，这些影响主要来源于以 Facebook、YouTube、Twitter 等为代表的用户生成内容网站。在科学技术的推动下，企业托管大量数字内容的成本在下降。例如，滴滴出行可以通过数字技术平台汇聚各个维度的信息，通过数字算法进行高效调度。因此，如何正确地使用不再稀缺的资源变得更为关键。基于此，企业开始通过数字技术平台为消费者赋能；消费者也开始有能力并且有意愿借助企业提供的数字赋能平台分享手中未被充分利用的资源。瑞泽和吉尔根森（Ritzer and Jurgenson，2010）预测这会催生一种完全不同的新经济形态。站在今天回顾这一预测，我们清晰地看到了共享经济这一新经济形态的快速发展，印证了这一研究结论。

鉴于共享经济是依托于数字经济产生的，具有技术经济和信息经济的背景，其天生对新的技术具有包容性。互联网、流媒体、大数据、定位服务、云计算、人工智能、无人驾驶、区块链等技术先后被共享经济平台所采用，形成了对共享经济中产消者的技术支持能力。例如，帕扎伊蒂斯等（Pazaitis et al.，2017）研究了区块链在实现共享经济价值体系方面的潜力，提出了一个新的价值创造体系，包括价值产生、价值记录、价值实现三个阶段。这一体系深度嵌入了区块链的分布式合作的概念，全面推动了共享经济中生态系统的创建。共享经济平台的技术赋能机制正是依托于此类高新技术，才使得企业的数字经济平台获得赋能能力，激活了原本静态、海量、分散的资源，并为产消者提供了安全保障。这与佩特里格里耶里等（Petriglieri et al.，2019）针对零工经济（gig economy）的研究结论相似。该研究进行了深入案例研究，发现独立工作者在工作条件不稳定、缺乏固定环境的情况下，会有强烈的焦虑情绪，从而降低对工作的认同，亟须提升工作环境的稳定性。共享经济中的产消者与企业没有雇佣关系，绝大多数为独立工作者，也是某种意义上的"零工"。但是共享经济平台的技术赋能机制为这些参与者提供了安全和工作条件的保障，例如滴滴出行为兼职司机提供了保险、培训、交流社群等。这会大大增加个人在共享经济平台网络中的认同感，使其更倾向于承担平台组织员工的角色，与企业一起共创价值。

大众生产（peer production）的研究中体现了产消者的思想，与共享经济平台的技术赋能机制既有联系、又存在差异。这一概念首先由哈佛大学学者本克勒提出并不断深化（Benkler，2002；2004；2006；2015；2016），是指不依赖市场和层级制，由众多参与者利用互联网进行互动、协作从而创造产品与服务的组织模式。典型代表有开源计算机操作系统 Linux、开源手机操作系统 Android、维基百科等。本克勒（Benkler，2016）认为有三个因素为大众生产的参与者赋能，促使大众生产的组织形式适应快速变化的复杂环境。这三个因素分别是去中心化、参与者的多元化动机、组织的治理和管理在财产和合同上分离。尽管大众生产也是网络技术冲击下的产物，其参与者同样具有产消者的身份，主动承担了原本由企业员工负责的任务，且依赖于技术的赋能能力，但是与共享经济平台侧重于利用海量分散于产消者手中的资源，通过激活和开发未被充分利用的部分不同，大众生产更聚焦于产消者的集体智慧，并基于此进行产品创新。

7.2.3　价值重构机制

7.2.3.1　资源编排视角的进一步解释

已有研究表明，组织会将资源与机会进行整合匹配，持续为企业创造价值（Teece，2007；杜小民等，2015）。这种整合匹配通常发生在组织对内外部资源的部署行动上，在实践上表现为资源开发与机会开发（Sirmon et al.，2003；Sirmon et al.，2007；Sirmon et al.，2011）。本书涌现了不同的观点：与传统经济组织相比，共享经济组织形态更为灵活，在资源开发过程中往往伴随着较大程度的组织结构调整，这种组织创新常常依托于新的机会。

尽管共享经济平台的商业实践多为服务型企业，提供服务与完成消费同时进行，致使企业具备制造型企业难以实现的灵活性。但现实中亦存在如淘工厂（阿里巴巴旗下）、拼工厂（拼多多旗下）、沈阳机床（i5 数控共享机床）、SolarCity（家用共享光伏发电）等产能共享型制造型企业，是制造型企业拥抱共享经济的产物。此时生产和消费是分离的，但与传统模式相比仍具备较高的灵活度。因此，归根结底是共享经济组织拥有传统经济组织所不具备的平台性与产消者特质，使其天然具有更为灵活的组织形态。

基于此，本节提出共享经济平台的价值重构机制：在企业组织层面，共享经济组织重构了所连接资源的价值，通过配置的方式灵活应对环境变化。重构资源价值的目的是确定所需的能力，基于此设计要利用市场机会和获得竞争优势所必需的能力配备，进而将能力整合到一个有效的地方。配置资源本身就是一个构建能力的过程，而价值重构能力则是重新组合这些能力的能力，二者彼此关联、持续进行。要实现以上过程，需要借助共享经济组织的平台性与网络效应。

首先，共享经济组织拥有传统经济组织所不具备的平台性，这是组织为保持自身的竞争优势，不断适应变化的环境而在结构和资源利用方式上作出调整的结果（Hannan and Freeman，1984）。这使得共享经济组织可以随时根据环境的变化调整自身资源结构和能力配备。互联网的连通性辅助共享经济组织形成了平台的架构，共享经济组织也因此呈现出显著的平台性，有助于实现组织结构的灵活性调整。通过快速地聚散内外部资源（井润田等，2016），结合对资源价值的重组手段，从而达到匹配多方需求创造价值的目的。

其次，共享经济组织连接了多边市场，具有网络效应，能够同时降低交易成本和组织成本。一方面，共享经济组织深深嵌入于数字经济，表现为在网络信息技术冲击下形成的具有网络化特征的新组织形式。信息技术的深度嵌入与开放的平台大大降低了信息不对称程度，提高了交易效率，进而降低了共享经济组织的交易成本。另一方面，与传统经济组织相比，共享经济组织是协调组织或个体之间的交易或交换关系而形成的中间组织。它依靠互联网技术，具有网络交叉效应，组织结构也呈现出拓扑状网络结构，通过平台连接了不同用户群体的多边市场，构建了动态稳定的自组织网络，降低了组织成本。这促进了用户间的互动与交换（陈武和李燕萍，2018），进而激发了网络效应，吸引更多的用户和资源、实现快速成长（Ciborra，1996）。

综上所述，共享经济组织的平台性与网络效应是实现资源配置与价值重构的重要基础。依托数字技术平台连接多边市场所构成的交互网络实现了交易成本与组织成本的同时降低，提升了交易与分享的效率（Miralles et al.，2017），达成了对资源精细化地编排（Sirmon et al.，2011），表现出对外部环境的快速响应能力和极强的适应能力。

7.2.3.2 与已有研究的比较和讨论

进一步与平台与价值的文献对话后发现，共享经济平台的价值重构机制带来了新的洞见。在平台的研究中，朱晓红等（2019）经过系统性梳理后发现，学者们主要从产业组织经济学、战略管理和技术管理视角展开研究。其中，产业组织经济学视角主要从双边和多边市场着眼，试图解答平台型企业的网络效应（Hagiu，2014）；战略管理视角重点关注企业竞争优势的获取与生态构建，研究平台型企业如何协调安排不同的利益群体、构建发展平台、承担治理功能（Eckhardt et al.，2018）；技术管理视角则探索了平台组织的设计问题，开发了模块化系统（Gawer and Cusumano，2014）。相较之下，共享经济平台的价值重构机制在每一个维度中既有联系，又存在差异。例如，朱晓红等（2019）认为只要同时涵盖三个特征即可被定义为平台型企业，分别是双边/多边市场，即包含两个或多个利益相关群体参与经济活动；网络效应，即网络中的一边会因为其他边的规模而获益；开放性系统，即拥有一个支持不同利益相关群体的平台生态系统。按照这一标准，共享经济平台均可被定义为平台型企业，但是共享经济平台所利用资源的独特性、所包含利益相关群体的特殊性、配置资源方式的差异性导致了其可以独立于平台型企业，发展成为一种新的组织和经济形态。

在以上平台生态系统中，利益相关群体间的联系并非越紧密越好，适当地增加系统的复杂性有利于整体的稳定。奎姆（Keum，2020）研究了这种相互依赖关系的阴暗面，认为当系统中某一特定资源活动受到限制时，可能会给其他资源活动的发展造成瓶颈，这种负面影响的程度会随着相互依赖性的提升而提升。要想破解这种不良影响的方法是重新配置、组合、更新系统中的资源。企业的成长不是简单的获得独立的资源，更重要的是精细化地编排和调整它们，这与共享经济平台的价值重构机制相似。共享经济平台对资源的重组过程是持续进行的，由于参与共享经济活动的主要利益相关群体为个人，个人与个人间形成了海量的点对点连接，故共享经济平台的平台生态系统足够复杂，很难因为网络中某一节点的问题造成系统层面的崩溃。例如，滴滴顺风车推出时遇到了多起恶性事件，迅速引起全社会的关注。滴滴出行第一时间关闭了这一类服务，将原本的资源转移到快车、拼车、专车等业务线。

在价值的研究中，南比桑等（Nambisan et al.，2018）认为数字平台是价值创造和获取的场所，共享经济平台的价值重构机制得到了相似的结论，共享经济中的价值创造表现为一种价值共创。价值共创（value co-creation）是指生产者和消费者共同合作创造价值，它是继商品主导逻辑之后，基于服务主导逻辑而形成的一种新的营销理念（Grönroos，2008）。这种理念的主要观点是价值并非由企业独立创造，而是由企业和顾客共同创造的（Prahalad and Ramaswamy，2004）。基于此理念发展了一些对共享经济价值创造方式的研究。例如，约翰逊和诺伊霍弗（Johnson and Neuhofer，2017）的研究，将服务主导逻辑与共享经济的价值共创结合；兰等（Lan et al.，2017）基于摩拜单车的研究，提出价值共造是用户参与到共享经济的重要行为；杨学成和涂科（2016；2017）通过案例研究认为，价值独创和社会化共创是共享经济背景下的独特价值创造方式；培克等（Paik et al.，2019）在价值创造的过程中引入了监管机构这一角色，认为随着共享经济的不断发展，监管机构必须经常在私人利益和公共利益之间寻求平衡，以实现价值创造的最大化。以上观点与本书的研究结论基本一致，共享经济平台的价值创造过程从来不是单一主体、单一方向、单一维度的，而是由整个生态系统中的各利益相关群体共同参与、共同创造的。

7.3 基于定性比较分析的主导机制分析

接下来采用 fsQCA 开展进一步研究，打破定性研究的束缚，突破案例数目的限制，整合定性与定量研究的优势，基于案例研究所构建的理论模型，讨论不同核心作用机制的组态路径，基本研究步骤参考王凤彬等（2014）、谭海波等（2019）、徐鹏等（2019）的研究。基于本书案例研究的结果，确定研究的结果变量为组织成长；六个条件变量分别是建构资源组合、价值识别能力、激活现有资源、技术赋能能力、配置现有资源、价值重构能力。

7.3.1 数据收集与变量校准

7.3.1.1 数据来源及选择

基于本书第 4 章中的企业资料来源（见附录 2），结合穆诺兹和科恩（Muñoz and Cohen，2017）、佩伦和科兹涅茨（Perren and Kozinets，2018）研究中的共享经济企业数据，以及历年的《胡润全球独角兽榜》，综合考虑数据的可得性后，以 22 家独角兽共享经济创业企业作为研究样本，代表了具有高成长性的共享经济组织；同时以 1:1 的比例选择 22 家未成长为独角兽或被并购失去独立品牌或出现了严重经营问题导致成长受挫的共享经济创业企业，代表了不具有高成长性的共享经济组织。最终得到了 44 家企业的数据，样本量满足了定性比较分析的要求。马克思（Marx，2006）研究了定性比较分析中变量个数与案例数量之间的关系，指出当条件变量一定时，增加案例数量可以有效地增强组态分析模型的有效性。当条件变量为 6 时，案例数量在 30

以上时可以保证模型的有效性；当案例数量达到40时，可以显著提高这一有效性的水平。因此，本节选择的样本量44 > 40，可以保证定性比较分析结果的有效程度。基础数据主要来源于企业官网、公开报道和 Wind 数据库，研究样本的基本信息见表7 - 2。

表7 - 2 样本基本信息概览

高成长性共享经济组织			低成长性共享经济组织		
编号	企业名称	领域	编号	企业名称	领域
N1	滴滴出行	交通出行	N23	WeWork	联合办公
N2	爱彼迎	住宿服务	N24	ofo 小黄车	共享单车
N3	得到	知识服务	N25	摩拜单车	共享单车
N4	万能钥匙	软件服务	N26	悟空单车	共享单车
N5	转转	二手交易	N27	小蓝单车	共享单车
N6	优步	交通出行	N28	小鸣单车	共享单车
N7	快手	媒体娱乐	N29	乐电	共享充电宝
N8	神州优车	交通出行	N30	PP 充电	共享充电宝
N9	喜马拉雅	知识服务	N31	友友用车	共享汽车
N10	哈啰出行	共享单车	N32	EZZY	共享汽车
N11	优客工场	联合办公	N33	共享 e 伞	共享雨伞
N12	小红书	媒体娱乐	N34	多啦衣梦	共享服装
N13	BlaBlaCar	交通出行	N35	享睡空间	共享睡眠
N14	Lime	共享单车	N36	订房宝	酒店预订
N15	曹操专车	交通出行	N37	豆瓣东西	媒体娱乐
N16	途家网	住宿服务	N38	借卖网	外贸分销
N17	小猪短租	住宿服务	N39	星空琴行	教育服务
N18	春雨医生	健康医疗	N40	许鲜网	生鲜电商
N19	氪空间	联合办公	N41	光圈直播	在线直播
N20	首汽约车	交通出行	N42	车来车往	二手车交易
N21	猿辅导	教育服务	N43	漫游鲸	二手书交易
N22	VIPKID	教育服务	N44	多抓鱼	二手交易

资料来源：本书作者自制。

7.3.1.2 变量赋值与校准

基于所收集的案例资料，采用直接赋值法对六个条件变量进行编码打分赋值。采纳拉金（Ragin，2008）建议的构建模糊集的方法，选择常用的四值模糊集（0 代表完全不隶属，0.33 代表偏不隶属，0.67 代表偏隶属，1 代表完全隶属）对变量进行赋值，建构模糊集，以便于进行 fsQCA。本节使用 fs/QCA 3.0 软件（Ragin and Sean，2016）进行分析。在赋值时，由两位熟悉共享经济主题的博士生（其发表过至少两篇共享经济主题的文章）基于所收集的数据分别进行编码和打分。当出现争议时，交由两位该领域专家进行核验（一位是研究方向为共享经济的教授，另一位是在共享经济型企业工作的管理人员），最后达成一致。

在 fsQCA 中，每一个条件和结果都分别视为一个集合，每一个案例在这些集合中均有隶属分数，给案例赋予集合隶属分数的过程就是校准（Schneider 和 Wagemann，2012；杜运周和贾良定，2017）。具体校准操作采用 fs/QCA 3.0 软件中的 Calibrate 函数完成。具体而言，研究者需要根据已有的理论知识和案例情境将变量校准为集合，校准后的集合隶属度将介于 0 ~ 1 之间。各条件变量的赋值与校准见表 7 – 3。

表 7 – 3 变量的赋值与校准

变量	赋值标准	校准阈值		
		完全隶属	交叉点	完全不隶属
组织成长性	企业成长为独角兽的赋值为 1，其他情况的赋值为 0	0.95	0.5	0.05
建构资源组合	从资源的选择方式和获取方式两个方面衡量，各占 10 分，总分在 0 ~ 5 分赋值为 0；5 ~ 10 分赋值为 0.33；10 ~ 15 分赋值为 0.67；15 ~ 20 分赋值为 1	0.95	0.5	0.05
价值识别能力	从资源价值的界定程度和资源组合的改进程度两方面衡量，0 ~ 5 分赋值为 0；5 ~ 10 分赋值为 0.33；10 ~ 15 分赋值为 0.67；15 ~ 20 分赋值为 1	0.95	0.5	0.05
激活现有资源	从新技术的应用程度和资源的利用方式两方面衡量，0 ~ 5 分赋值为 0；5 ~ 10 分赋值为 0.33；10 ~ 15 分赋值为 0.67；15 ~ 20 分赋值为 1	0.95	0.5	0.05

续表

变量	赋值标准	校准阈值		
		完全隶属	交叉点	完全不隶属
技术赋能能力	从对产消者的支持程度和对数字技术平台的发展程度两方面衡量，0～5分赋值为0；5～10分赋值为0.33；10～15分赋值为0.67；15～20分赋值为1	0.95	0.5	0.05
配置现有资源	从组织结构的变动程度和组织创新的力度两个方面衡量，0～5分赋值为0；5～10分赋值为0.33；10～15分赋值为0.67；15～20分赋值为1	0.95	0.5	0.05
价值重构能力	从对资源价值的调整程度和对新市场需求的开发程度两方面衡量，0～5分赋值为0；5～10分赋值为0.33；10～15分赋值为0.67；15～20分赋值为1	0.95	0.5	0.05

资料来源：本书作者自制。

7.3.2　必要条件与组态分析

7.3.2.1　必要条件分析

在对条件组态进行分析前，研究者需要首先逐一对各个条件的"必要性"（necessary）进行单独检验。在 fs/QCA 的必要条件分析中，用一致性（consistency）来衡量其在多大程度上满足结果变量是条件变量的子集，一般认为一致性值高于0.9 即可判定该条件变量为结果出现的必要条件。因此，本章分别对各条件变量进行必要条件分析（见表7-4）。可见，各条件变量的一致性均小于0.9，表示单一变量本身并非共享经济平台取得快速成长结果的必要条件。

表7-4　　　　　　　　　　必要条件分析

条件变量	一致性	覆盖度
建构资源组合	0.803636	0.827715
价值识别能力	0.712727	0.759690
激活现有资源	0.544545	0.784031
技术赋能能力	0.713182	0.784031
配置现有资源	0.408636	0.784031
价值重构能力	0.666818	0.784031

资料来源：本书作者自制。

7.3.2.2 条件组态分析

进一步地选择真值表分析见表 7-5。在定性比较分析中，判断结果的可靠性主要依据一致性和覆盖度。一致性代表的是某一路径得到结果的比例，可见表中一致性得分均大于 0.8，表明路径组态整体解释力较强。

表 7-5　　　　　　　　　　　　　　　　真值表

建构资源组合	价值识别能力	激活现有资源	技术赋能能力	配置现有资源	价值重构能力	数量	组织成长性	原始一致性	PRI一致性	SYM一致性
0	1	0	1	1	1	1	1	0.801205	0.801205	0.801205
1	1	1	1	1	1	4	1	1	1	1
1	1	0	1	0	1	3	1	1	1	1
1	1	0	0	0	1	2	1	1	1	1
1	1	1	1	0	1	2	1	1	1	1
1	0	0	1	1	0	1	1	1	1	1
1	1	0	0	1	1	1	1	1	1	1

注：数量代表组态所包含的案例数。

在真值表的基础上，本章使用 fs/QCA 3.0 软件的"标准分析"（standard analyses）选项进行运算，得到三种解分别是：简单解（parsimonious solution）、中间解（intermediate solution）和复杂解（complex solution）。基于拉金（Ragin，2008）的解释方法，将同时出现于简单解和中间解中的条件标记为核心条件，将只出现在中间解里的条件设定为边缘条件（见表 7-6）。

表 7-6　　　　　　　　　　　　组态分析结果概览

条件组态	路径 1	路径 2	路径 3	路径 4
机制一				
建构资源组合	●	●		●
价值识别能力	●	●	●	⊗
机制二				
激活现有资源		⊗	⊗	⊗
技术赋能能力	⊗		●	●
机制三				
配置现有资源		⊗	●	●
价值重构能力	●	●	●	⊗

续表

条件组态	路径1	路径2	路径3	路径4
一致性	1	1	0.909589	1
原始覆盖度	0.514545	0.272273	0.150909	0.105455
唯一覆盖度	0.242727	0.0309091	0.0154546	0.0304546
总体解的一致性	0.975262			
总体解的覆盖度	0.591364			

注：●或 ● 表示该条件存在，⊗或 ⊗ 表示该条件不存在， ● 或 ⊗ 表示该条件为核心条件，
●或⊗表示该条件为边缘条件，空白表示该条件在组态中既可以存在也可以不存在。

整体来看，组态分析的结果与本书案例研究的结论基本一致，即无论是哪种形成路径，均需要三个核心主导机制同时起作用，区别在于不同机制的作用强度有差异。以路径1为例，机制一中两个条件同时存在，其中建构资源组合为边缘条件，价值识别能力为核心条件；机制二中存在技术赋能能力，为边缘条件；机制三中存在价值重构能力，为核心条件。

具体来看，这一结果提供了共享经济平台快速成长的4条形成路径，展示了三个核心机制间的互动方式。路径1具有高建构资源组合、高价值识别能力、高技术赋能能力、高价值重构能力的特征，典型代表是平台匹配型的共享经济组织。此时，企业通过技术平台快速聚集了资源，赋能了产消者，重构了现有资源的价值，匹配了多边市场中多样化的需求。

路径2具有高建构资源组合、高价值识别能力、低激活现有资源、低配置现有资源、高价值重构能力的特征，典型代表是交易中心型的共享经济平台。这是由于企业所构建的组织网络中较少存在产消者角色，主要任务以识别和重构物质资源的价值为主。例如共享单车，将原本个人拥有的自行车的价值进行重构，创新推出无桩共享单车的服务，解决了困扰城市消费者的"通勤的最后一公里问题"。

路径3具有高价值识别能力、低激活现有资源、高技术赋能能力、高配置现有资源、高价值重构能力的特征，典型代表是社群连接型的共享经济平台。此时企业通过技术能力赋能不同的用户社群，并协调社群间的信息融通和供需匹配，这需要更加关注企业对资源的配置过程。

路径4具有高建构资源组合、低价值识别能力、低激活现有资源、高技

术赋能能力、高配置现有资源、低价值重构能力的特征，典型代表是用户互动型的共享经济平台。这是因为在该模式下，企业较少参与到用户内容的创造过程之中，主要任务聚焦于拓展组织的网络效应，扩大用户的规模和用户生成内容的数量，支持用户间的互动等方面。

7.4　本章小结

共享经济平台的资源管理和能力构建互动过程可以简要概括为"技术赋能下所连接资源价值的再实现"。本书试图揭开这一独特互动过程的黑箱，识别出互动过程中的关键机制为："价值识别、技术赋能、价值重构"。以典型案例为代表的四类共享经济平台，尽管在一般发展路径上存在一致性，但鉴于依托的企业所在行业和组织模式有差异，导致不同机制间的互动方式与作用强度的不同。基于定性比较分析的研究结果进一步验证了以上结论。

这种差异性具体表现在两个方面。一方面，四个案例企业均依托技术能力对内外部资源赋能，但各有侧重，这源于四个案例企业参与编排的主要资源类型呈现显著差异。得到倾向于"人力＋组织资本资源"，转转侧重于"物质＋组织资本资源"，滴滴出行以"人力＋物质＋组织资本资源"为主，哈啰出行则聚焦于"人力＋物质资本资源"。另一方面，四个案例企业在资源的配置上均秉承着资源价值重构的理念，但是侧重点各有不同，这来自企业发展目标的差异。得到集中精力围绕知识共享者打造精品课程，转转致力于打造二手交易行业标准，滴滴出行仍面临着网约车合法合规化的难题，哈啰出行的重心在于精细化运营以及扩展业务线。

简要概括这三个核心作用机制：价值识别机制是指组织的价值识别能力从海量、分散的资源中识别出未被充分利用部分的价值，促进组织建构资源组合；技术赋能机制是指组织的技术赋能能力激活了原本静态的资源组合而赋能产消者，为资源的进一步配置与利用打下基础；价值重构机制是指组织重构了所连接资源的价值，通过配置的方式灵活应对环境变化，表现出平台性与网络效应，实现了交易成本与组织成本的同时降低。三个机制相互作用、循环迭代，实现了物质资本资源、人力资本资源和组织资本资源三类资源与价值识别能力、技术赋能能力和价值重构能力三种能力的互动，进而推动了共享经济平台的快速成长。研究结论适用于共享经济新业态，与传统经济相比，依托于产权分离新模式吸引了产消者的参与，构建了企业运营的数字技术平台。

研究带来了以下理论层面的贡献。

第一，推进了共享经济平台研究中对资源管理与能力构建互动过程的分析，揭开了共享经济平台实现快速成长的黑箱，识别出三个关键机制，并解释了深层次机理，丰富了共享经济及共享经济组织的理论研究。现有关于共享经济组织成长的文献仍停留在对概念与模式的界定层面（Cohen and Kietzmann，2017；Muñoz and Cohen，2017），鲜有对共享经济组织成长问题的深入探讨（Gerwe and Silva，2020），更未能说明此类企业组织为什么能够获得快速发展的能力基础。本章的研究结论对共享经济及共享经济组织的研究进行了补充，响应了迈尔和赖斯豪泽（Mair and Reischauer，2017）、米拉莱斯等（Miralles et al.，2017）提出的"共享经济组织层面研究缺失"的问题。

第二，解释了共享经济平台在不具备资源优势的前提下获取竞争优势的理论悖论，深化了资源基础观以及资源编排理论的研究。一方面，拓展了资源基础观视角下巴尼（Barney，1991）关于物质资本资源、人力资本资源和组织资本资源的研究，将资源引入与能力的互动过程中进行分析，深化了西蒙等（Sirmon et al.，2011）对资源编排理论的研究。另一方面，通过数字时代下共享经济平台的技术赋能机制，拓展了传统的员工授权赋能概念（Mainiero，1986），新增"通过技术激活资源、通过授权为产消者赋能"两个维度。共享经济参与者的产消者身份要求不仅仅要对员工授权，更要对顾客赋能，这体现为一种企业和顾客的价值共创。技术赋能机制让资源编排理论更加适用于解释数字经济和共享经济时代背景下的组织问题，实现了资源编排理论在共享经济和数字经济环境下的融通。

第三，丰富了对共享经济组织特性的理论分析。现有文献对共享经济的组织特性仍存在争议（Muñoz and Cohen，2017；Amit and Han，2017；Perren and Kozinets，2018；Constantiou et al.，2017）。本章对共享经济平台价值重构机制的研究揭示了共享经济组织的平台性和网络效应，指出其依托数字技术平台连接多边市场所构成的交互网络能够实现交易成本和组织成本的同时降低。这一发现深化了对共享经济组织特性的理解，探讨了共享经济组织作为一种新的组织设计理念的可行性。

第8章　共享发展理念与国有企业
数字化转型的融通研究

根据第1章提出的研究总体定位，本书已完成对投入阶段共享经济平台概念内涵的深度探讨（见本书第2章），以及对过程阶段共享经济平台组织模式（见本书第3、4章）、形成路径（见本书第5～7章）的研究。进入产出阶段，针对研究问题三"共享经济平台如何与共享发展理念融通？"，本章重点关注共享经济平台与共享发展理念的融通对非共享经济领域的影响，深入共享发展理念与国有企业数字化转型发展的共同演化机制和路径，探索其中推动企业创新能力和企业绩效提升的关键因素。

共享经济平台极强的优化资源配置能力有助于落实共享发展理念。共享发展理念将共享和发展统一起来，突出了社会主义社会共同富裕的发展目标（胡莹和郑礼肖，2019）。"十三五"规划中指出，共享是中国特色社会主义的本质要求。必须坚持发展为了人民、发展依靠人民、发展成果由人民共享，作出更有效的制度安排，使全体人民在共建共享发展中有更多获得感，增强发展动力，增进人民团结，朝着共同富裕方向稳步前进。"十四五"规划强调提升共建共治共享水平，健全共享经济、平台经济和新个体经济管理规范，深化资源要素共享。

本章在对典型共享经济平台成长过程研究的基础上，进一步扩展研究范畴，将研究视线从互联网（消费互联网）领域转向生产制造领域，补齐研究的最后一块拼图。以国有制造企业为研究对象，探讨共享发展理念与国有企业数字化转型的共同演化过程，在国有企业数字化转型发展情境中讨论共享经济平台与共享发展理念的融通方式。拟达成研究目标4"在国有企业数字化转型发展新情境中讨论共享经济平台与共享发展理念的融通过程"。在国有企业数字化转型情境中，体制机制改革的过程在一定程度上融合了共享发展理念，例如，国有企业通过混合所有制改革引入新的合作伙伴，共享资源、技术、供应链、知识产权、市场，借助共享发展理念引导自身成长，通过构建产学研用一体的平台获得竞争优势。鉴于此，本章首先回顾了我国深化国有企业改革"1＋N"政策体系构建时期（2015～2022年）的主要研究脉络；而后以国有制造企业为案例，探索共享发展理念与国有企业数字化转型的共同演化机制；最后探讨共同演化路径。

8.1　国有企业数字化转型浪潮中的共享发展理念

自2015年《关于深化国有企业改革的指导意见》发布以来，新一轮国有企业改革稳步推进，逐步构建了国有企业改革的"1＋N"政策体系。全面深化国有企业改革已经成为国家层面重要战略，国有企业的健康可持续发展将从微观企业层面构建国家经济高质量发展体系（何瑛和杨琳，2021）。随着人类社会进入数字经济时代，当今世界正经历百年未有之大变局，新一轮科技革命和产业变革深入发展，国有企业的发展环境亦面临着深刻复杂变化，呈现出波动（volatility）、不确定（uncertainty）、复杂（complexity）、模糊（ambiguity）等特点（Millar et al.，2018）。特别是在2023年2月，中共中央、国务院印发《数字中国建设整体布局规划》，明确指出建设数字中国是构筑国家竞争新优势的有力支撑，要做强做优做大数字经济，以数字化驱动治理方式变革。在此背景下，国有企业作为推动数字中国建设的重要微观基础与治理结构，亟待进一步提高其竞争力、创新力、控制力、影响力和抗风险能力，发挥国有企业在新一轮科技革命和产业变革浪潮中的引领作用。

在数字经济时代背景下，国有企业的发展过程中机遇和挑战并存。有学者综述了改革开放以来中国国有企业发展的历程，发现国有企业在面临诸多挑战的同时，取得了巨大成就（戚聿东和张任之，2019），但仍有诸多现实问题有待解决和深化，如提升效率、促进公平等（项安波，2018）。然而，应用文献计量方法的研究仍十分不足，仅有的研究有待进一步深化。一方面，现有研究聚焦于对中文文献的分析（常蕊，2022；刘越和张露梅，2021），忽视了发表于国际期刊上关于中国国有企业的文献，难以整体把握该研究主题的发展现状。另一方面，现有研究或关注国有企业改革随时间的宏观变迁（刘震和林镇阳，2018），或聚焦某一细分领域的发展（廖丽，2021），忽视了数字经济背景的变革性影响，对国有企业如何应对新时代挑战、国有企业改革的新时代议题等问题难以提供学理解读。

本节研究的边际贡献在于：一方面，围绕国有企业改革研究主题，采用文献计量分析方法，系统性分析相关研究脉络与热点的演化趋势，充分考虑国内外期刊上发表的研究中国国有企业的文献，从中识别国有企业应对数字经济时代挑战的新举措，并细化为明确的研究主题。另一方面，国有企业改革三年行动已经顺利推进。值此国有企业改革的关键时期，系统性梳理国有企业改革研究现状，厘清研究脉络，把握研究热点，指出研究趋势与不足，可以有效为数字经济时代的国有企业改革研究提供学理基础和方向指引。

8.1.1 本节研究设计

文献计量方法已被广泛应用在多学科研究领域，可以全面客观地识别相关主题研究进展、热点和前沿领域（常蕊，2022）。为了保证研究结论的客观与准确，文章在文献计量研究设计的严谨性上做如下要求（研究设计如图 8-1 所示）：第一，分析工具应用 CiteSpaceV 软件，借助其强大的文献共被引与合作网络分析能力，可以高效识别研究聚类与核心节点，将有效帮助文章研究开展。第二，在文献收集和整理上，借鉴现有关于结构化文献研究的成熟方法（Zahoor et al.，2020），通过识别、筛选、确定资格和选择这四个步骤，进一步提高研究结论的稳健性。

具体而言，中文文献来自两个数据平台，分别是中文社会科学引文索引（CSSCI）和中国知网（CNKI）。由于文章研究需要对引文信息进行深度挖掘，故而以 CSSCI 数据为主，CNKI 数据作为补充。操作上，在 CSSCI 数据平台中检索文献，检索条件为：篇名（词）=国有企业，文献类型=论文，学科类型限定为经济与管理科学，共有 1417 篇符合条件的文献。鉴于文章研究主题，进一步精炼检索结果。为了深入把握新一轮国有企业改革时期相关研究进展，将文献年份限制在 2015~2022 年，即我国深化国有企业改革"1+

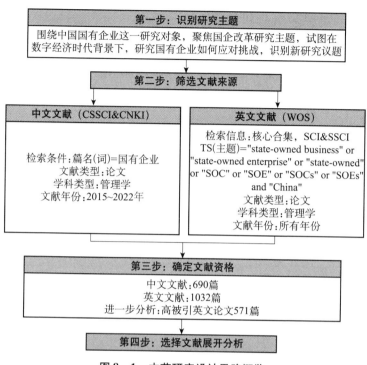

第一步：识别研究主题

围绕中国国有企业这一研究对象，聚焦国企改革研究主题，试图在数字经济时代背景下，研究国有企业如何应对挑战，识别新研究议题

第二步：筛选文献来源

中文文献（CSSCI&CNKI）

检索条件：篇名(词)=国有企业
文献类型：论文
学科类型：管理学
文献年份：2015~2022年

英文文献（WOS）

检索信息：核心合集，SCI&SSCI
TS(主题)="state-owned business" or "state-owned enterprise" or "state-owned" or "SOC" or "SOE" or "SOCs" or "SOEs" and "China"
文献类型：论文
学科类型：管理学
文献年份：所有年份

第三步：确定文献资格

中文文献：690篇
英文文献：1032篇
进一步分析：高被引英文论文571篇

第四步：选择文献展开分析

图8-1　本节研究设计思路概览

N"政策体系构建期，最终将690篇中文文献纳入本书研究。借助 CiteSpaceV 软件对 CSSCI 数据进行转换后，即可正式开始文献计量分析。完成中文文献可视化分析后，进一步梳理国际上关于中国国有企业的相关研究进展。

英文文献来源于 Web of Science 信息检索平台，由于目前缺少基于英文文献的国有企业可视化分析，为了整体把握研究进展，因此对出版日期不做限制，选择所有年份（1990~2023年）。其他检索信息限定为："核心合集"数据库，引文索引选择 SCI 和 SSCI。文献检索规则为：TS（主题）=" state-owned business" or " state-owned enterprise" or " state-owned" or " SOC" or " SOE" or " SOCs" or " SOEs" and " China"。共检索到71155篇英文文献。根据文章研究进一步精炼检索结果：论文类型选择论文，学科类型限定为经济与管理科学。最终得到1032篇文献记录。另外，为了进一步提升研究结果的稳健性，选择不作精炼，过滤出全领域研究中的571篇高被引论文作进一步分析。

8.1.2 知识图谱分析结果

8.1.2.1 时空及合作网络分析

图 8 - 2 是 2015～2022 年中英文献的年度发表数据与趋势。由图可见，围绕中国国有企业的研究持续开展，形成了相对稳定的研究团体。并且，英文文献发表数量逐年上升，说明中国国有企业的研究越来越被国际学术界认可，中国故事正在逐步加入国际对话。这离不开近年来国有企业改革的稳步推进，企业层面的成果和优秀实践为学术研究提供了大量的案例素材。

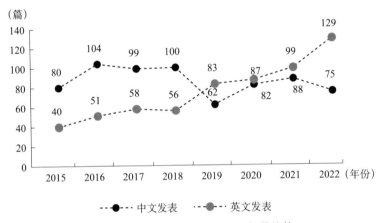

图 8 - 2 中英文献发表年份及数量趋势

进一步对作者与机构合作网络进行分析发现，目前仍尚未形成较为显著的跨团队、跨机构合作网络，研究多集中在同一研究机构的个人团队中。在国际发表上，则以西安交通大学（合作频次 24，中心性 0.18）、北京大学（合作频次 17，中心性 0.14）、中国人民大学（合作频次 13，中心性 0.06）为核心研究节点。总结而言，当前在国有企业研究领域涌现了一批优秀的学者和研究机构，但合作研究仍有待深化。特别是在当今机遇和挑战并存的数字经济时代，在学术研究上形成合力、解决核心议题至关重要。

由于国有企业研究并非局限在管理学领域，为了增强研究结论的稳健性，文章进一步分析了来自多学科领域未经精炼的 571 篇高被引文献，为开展跨学科合作提供基础。表 8 - 1 是对高被引文献来源学科的分析。可见，主要研究领域分布在基础学科和技术领域，国有企业的经济管理问题位列第 6 位。

因此，管理学领域未来研究可考虑融入新技术的变革性影响，开展跨学科交流与合作。

表8-1 高被引文献来源学科分析

排序	中心性	学科领域
1	0.40	ENGINEERING
2	0.32	SCIENCE & TECHNOLOGY
3	0.24	ENVIRONMENTAL SCIENCES & ECOLOGY
4	0.22	ENERGY & FUELS
5	0.15	MATHEMATICS
6	0.14	BUSINESS & ECONOMICS
7	0.12	PHYSICS
8	0.10	CHEMISTRY
9	0.05	ENGINEERING, ELECTRICAL & ELECTRONIC
10	0.04	ELECTROCHEMISTRY

资料来源：本书作者自制。

8.1.2.2 核心研究节点分析

表8-2是国内外高被引期刊的前十名。可见，中国国有企业是管理学领域重要的研究对象，相关研究发表于国内外高影响因子期刊。国有企业是重要的中国问题、中国现象，相关成果发表在国内优秀学术期刊上，得到了国内同行的认可。与此同时，研究亦得到国际学术界的关注和认可，高被引英文期刊多为经济与管理学领域认定的权威期刊。

表8-2 高被引期刊Top10概览

排序	频次	中文期刊	排序	频次	英文期刊
1	309	经济研究	1	403	Academy of Management Journal
2	278	管理世界	2	384	Academy of Management Review
3	255	中国工业经济	3	372	Strategic Management Journal
4	132	南开管理评论	4	295	Journal of Management Studies
5	123	金融研究	5	292	Administrative Science Quarterly
6	123	会计研究	6	286	Journal of Management
7	120	经济管理	7	278	Journal of International Business Studies

排序	频次	中文期刊	排序	频次	英文期刊
8	104	中国社会科学	8	259	Journal of Financial Economics
9	91	改革	9	252	American Economic Review
10	89	世界经济	10	229	Journal of Finance

资料来源：本书作者自制。

表 8-3 是对中英文高被引文献的前十名，依照频次排序。鉴于文献引用的时间特性，高被引文献多为早期发表（输入软件中分析的文献，不仅包括文献本身，同时包括文献的引文数据）。这些研究作为该领域的重要成果，启发了更多相关研究的开展。简要对比分析中英文高被引文献如下。

表 8-3 　　　　　　　　　中英文高被引文献 Top10 概览

频次排序	中文文献	频次排序	英文文献
1	马连福等，2015，中国工业经济	1	Zhou et al. , 2017, Administrative Science Quarterly
2	郝阳、龚六堂，2017，经济研究	2	Bruton et al. , 2015, Academy of Management Perspectives
3	黄速建，2014，经济管理	3	Cuervo-Cazurra et al. , 2014, Journal of International Business Studies
4	黄群慧、余菁，2013，中国工业经济	4	Cui et al. , 2012, Journal of International Business Studies
5	吴延兵，2012，经济研究	5	Musacchio et al. , 2015, Academy of Management Perspectives
6	杨瑞龙等，2013，管理世界	6	Meyer et al. , 2014, Journal of International Business Studies
7	蔡贵龙等，2018，管理世界	7	Li et al. , 2014, Journal of International Business Studies
8	李文贵、余明桂，2015，管理世界	8	Wang et al. , 2012, Journal of International Business Studies
9	刘运国等，2016，会计研究	9	Liang et al. , 2012, Journal of International Business Studies
10	廖冠民、沈红波，2014，中国工业经济	10	Marquis et al. , 2014, Organization Science

资料来源：本书作者自制。

整体来看中文高被引文献，主要阐述了中国国有企业改革历程中的三类问题。其一，中国国有企业混合所有制改革研究。黄速建（2014）撰文分析了彼时国有企业混合所有制改革中面临的重点问题，提出了推进改革的若干措施；马连福等（2015）、李文贵和余明桂（2015）、刘运国等（2016）、郝阳和龚六堂（2017）借助实证研究方法，分析了混合所有制改革对国有企业经营与治理效率的提升作用，探讨了引入非国有股东的治理机制。其二，国有企业高管的晋升机制与薪酬激励。杨瑞龙等（2013）、廖冠民和沈红波（2014）、蔡贵龙等（2018）关注了国有企业高管的"准官员"身份，探讨了如何改善国有企业高管的激励机制，从高管的晋升和薪酬两方面开展研究。其三，国有企业改革的分类治理与创新效率提升。随着国有企业改革在放权让利、制度创新和国资发展三个阶段取得了巨大成就，更加复杂的形势和问题接踵而来（黄群慧和余菁，2013）。如何提升国有企业的创新效率、如何针对不同类别国有企业构造不同的治理机制等问题得到重视（吴延兵，2012），为 2015 年国家推进国有企业的分类改革提供了学理基础。

对比分析英文高被引文献发现，中国国有企业实践作为优秀的研究情境，被众多学者关注，但关注的重点出现了较大差异。相似之处在于，周政等学者（Zhou et al.，2017）整合了效率逻辑与制度逻辑，评估了国有制对企业创新效率的影响，贡献于新兴经济体国有制和企业创新的研究。不同之处在于：首先，发表于国际期刊的研究关注对国有企业概念的理解，例如剖析国有企业的异质性（Li et al.，2014），将国有企业视为混合组织（Bruton et al.，2015），探讨不同类型国有企业的战略行为（Musacchio et al.，2015）等。其次，关注国有企业的全球化问题，在国际商务领域推动了对国有跨国公司的理解（Cuervo-Cazurra et al.，2014；Liang et al.，2015）。最后，在上述研究的基础上，进一步探讨国有企业的制度压力、合法性与对外直接投资行为。例如，崔等（Cui et al.，2012）实证研究了制度压力下国有制对中国企业对外直接投资决策的影响；王等（Wang et al.，2012）探讨了政府在新兴经济体对外直接投资中的作用，解释了政府影响新兴市场企业国际化的机制，不同制度压力下企业国际化的意愿和能力亦不相同；迈耶等（Meyer et al.，2014）的研究则表明，由于受到更强的制度压力，国有企业需要主动在东道国建立合法性，调整进入战略。

8.1.2.3　主要研究视角分析

对中英文文献共被引开展聚类（clusters）分析，Q > 0.3 表明所生成的聚类是有效的。中文文献共生成 25 个知识聚类群，其中显著聚类有 10 个（对应表 4 内聚类编号#0 ~ #9），分别代表了不同的研究视角与方向。另外，发表在国际期刊上的相关文献共生成 121 个知识聚类群，其中显著聚类有 17 个（对应表 4 中的各个聚类编号），同样将显著聚类的基本信息展示于表 8 - 4 中。

表 8 - 4　　　　　　　　　　显著聚类基本信息

聚类编号	中文聚类标签名称	聚类大小	轮廓值
0	国有制造业上市企业	58	0.677
1	国有企业高管治理	43	0.761
2	地方国有企业	33	0.741
3	全要素生产率	33	0.686
4	党组织治理	30	0.824
5	经济责任审计	25	0.837
6	产业背景	18	0.808
7	国有企业改革新阶段	14	0.949
8	竞争中性	13	0.904
9	所得税依赖行为	4	0.99
聚类编号	英文聚类标签名称	聚类大小	轮廓值
0	institutional pressure	122	0.692
1	digital transformation	111	0.771
2	firm ownership	86	0.785
3	employment relationship	54	0.933
4	Chinese management	48	0.898
5	tournament incentive	46	0.839
6	multiple large shareholder	36	0.798
7	audit fee	32	0.977
8	Chinese mnc	29	0.996
9	internal csr	25	0.92

聚类编号	英文聚类标签名称	聚类大小	轮廓值
10	political connection	25	0.915
11	institutional complexity	24	0.906
12	information disclosure	22	0.969
13	team relationship	20	0.983
14	organizational justice	15	0.983
18	emerging economy business research	9	0.991
19	high performance work system	7	0.99

资料来源：本书作者自制。

简介排名前五的中文聚类如下（高频词见表 8 - 5，分析软件识别为英文）。

（1）聚类 0：标签为"国有制造业上市企业"，主要研究聚焦在制造业领域国有企业混合所有制改革，数据来源于此类上市公司历年公开的财务信息。研究涉及非国有股东参与对国有企业创新（向东和余玉苗，2020）、投资效率（向东和余玉苗，2020）、实体经济发展（曹丰和谷孝颖，2021）、国有企业价值（任广乾等，2020）等的影响，部分研究关注混合所有制改革背景下国有企业归核化问题（彭睿等，2020）。该聚类下研究多为实证分析，以上市公司的大样本数据作为分析对象，从而得到变量间的因果关系。

（2）聚类 1：标签为"国有企业高管治理"，主要研究聚焦在国有企业高管薪酬管制（常风林等，2017；张楠和卢洪友，2017）、高管特质（李维安和孙林，2017）、董事会权利结构和配置（曲亮等，2016）等维度。

（3）聚类 2：标签为"地方国有企业"，研究聚焦于地方国有企业的创新问题（江轩宇，2016；周铭山和张倩倩，2016）。

（4）聚类 3：标签为"全要素生产率"，此类研究关注如何推动国有企业高质量发展，具体聚焦于全要素生产率的提升（熊爱华和张质彬，2020；陈茹等，2020）。

（5）聚类 4：标签为"党组织治理"，关注党组织参与在国有企业治理中的促进或抑制作用（陈仕华和卢昌崇，2014；柳学信等，2020；李胡扬等，2021）。

表 8 - 5 Top 5 聚类高频词概览

聚类（Top 5）	高频词（Top 5）
0	mixed ownership reform; refocusing strategy; risk-taking; perspective; institutional resistance
1	natural experiment; policy evaluation; investment; analysis; innovation
2	investment efficiency; managerial equity incentives; different controlling shareholder; state-owned corporations; effect
3	mixed ownership; research; innovation; reform; non-pecuniary compensation
4	investment efficiency; state-owned capital; impact; governance efficiency; discipline commission participation

资料来源：本书作者自制。

对比分析英文文献的共被引聚类情况发现，国内研究在推动国有企业混合所有制改革、实现高质量发展、促进公平、提高效率等多个维度，与现有国家关于国有企业改革的指导意见一脉相承。学术研究、企业实践、国家指导三者实现了紧密结合。发表在国际期刊上的文章则更加强调中国国有企业、中国实践、中国管理的特色，与国内研究视角主要存在以下五点差异：一是英文文献更加关注国有企业的制度压力，例如聚类 0 的标签为制度压力；二是国有企业数字化转型过程中的各类问题已然形成聚类，例如聚类 1 的标签为数字化转型；三是凸显了研究的中国特色，如聚类 4 的标签为中国式管理；四是中国国有企业国际化的相关问题仍是国际文献发表关注的重点，例如聚类标签 8 为中国跨国企业；五是与管理学基础理论紧密结合，例如聚类 11 的标签为制度复杂性。

8.1.2.4 研究热点演进分析

对关键词的分析有助于发现研究的前沿和热点。文章首先借助软件梳理了中英文研究的关键词，依照中心性（排除"国有企业""国企"等干扰项）排序如表 8 - 6 所示。可见，中文研究热点聚焦在国有企业改革与混合所有制改革，同时关注国有企业发展中的积极和消极方面。英文研究热点则从管理的基本问题展开，例如企业治理、企业创新、企业绩效、人力资源管理、企业成长等，将国有企业作为特殊的研究情境。

表8-6　　　　　　　　　　　　　　　关键词Top10

中心性排序	中文关键词	中心性排序	英文关键词
1	国有企业改革	1	corporate governance
2	混合所有制改革	2	innovation
3	混合所有制	3	firm performance
4	公司治理	4	human resource management
5	全要素生产率	5	growth
6	政府干预	6	business
7	过度投资	7	performance
8	市场化	8	firm
9	投资效率	9	transition
10	融资约束	10	ownership

资料来源：本书作者自制。

梳理近年出现的关键词（见表8-7）发现，公平竞争、非国有股东治理、创新投入、市场化程度、高层治理、党组织治理等关键词热度不减；党建、监督、高质量发展、企业价值的重要性得到进一步提升；在研究方法上，案例研究作为深入挖掘国有企业管理实践的有效工具得到了更为广泛应用。

表8-7　　　　　　　　　　　　近年出现关键词分析

年份	中心性	关键词
2021	0.03	公平竞争
2021	0	非国有股东治理
2021	0	创新投入
2021	0	党建
2021	0	监督
2021	0.01	高质量发展
2021	0	案例研究
2020	0.03	市场化程度
2020	0	高层治理
2020	0	党组织治理
2020	0	企业价值

资料来源：本书作者自制。

表8-8是关键词近年的凸现值（burst）检测，凸显强度越高说明同一时期相关研究越多，可以直观看出研究热点的变迁。究其原因，随着国企改革三年行动的全面有序开展，结合当前百年未有之大变局的国际局势，对深化国有企业改革的需求、助推国有企业高质量发展，成为当前的主要目标。从表8-8的中文关键词凸显情况可以很清晰地看出以上趋势。

表8-8 近年关键词凸显检测

关键词（中英文）	凸显强度	研究开始年份	研究结束年/统计年份
混合所有制改革	5.7689	2019	2022
高质量发展	4.0712	2020	2022
government	2.9675	2019	2020
research and development	3.5769	2019	2022

资料来源：本书作者自制。

8.1.3 数字化转型浪潮下国有企业研究新趋势

8.1.3.1 国有企业改革与数字化耦合研究

数字经济时代，世界正经历百年未有之大变局，国有企业的发展环境亦面临深刻复杂变化。在此背景下，企业数字化转型作为改造提升传统动能、培育发展新动能的重要手段，得到了国家层面的关注。深化国有企业数字化转型的重要性日益凸显，已经上升至国家层面的发展战略。2020年4月，国家发展改革委、中央网信办联合印发了《关于推进"上云用数赋智"行动，培育新经济发展实施方案》的通知，旨在大力培育数字经济新业态，深入推进企业数字化转型。在此基础上，国务院国资委办公厅于2020年8月下发了《关于加快推进国有企业数字化转型工作的通知》，为中央企业落实相关决策部署提供了指导。进一步地，2020年10月公布的《中国共产党第十九届中央委员会第五次全体会议公报》指出，我国已经转向高质量发展阶段，要坚持把发展经济着力点放在实体经济上，坚定不移建设制造强国、数字中国。可见，国有企业为推动我国数字经济与实体经济的深度融合发挥了重要作用，是我国新发展阶段战略意图的重要执行者之一。

近年来，围绕数字经济、企业数字化转型，涌现了大量学术探讨，其中有部分关注了国有企业数字化转型议题。通过这些研究，数字化转型对国有企业成长的促进作用得到实证检验（倪克金和刘修岩，2021），国有企业数字化战略变革的特殊模式开始得到关注（戚聿东等，2021），国有企业的发展范式逐步向高质量发展转变（黄速建等，2018）。然而，国内现阶段关于国有企业数字化转型的研究总体数量不多，刚刚起步，在一定程度上忽视了国有企业数字化转型对国有企业改革的重要影响，理论研究滞后于实践探索。与民营企业相比，国有企业承担了国有资本的保值和增值义务，承担着主要的社会责任和国家任务，是行业改革发展的先行者和排头兵。因此，在数字经济时代，如何将国有企业改革与数字化进行耦合研究，推动国有企业走向综合改革新阶段，仍然任重道远。

基于此，结合该领域的关键文献，提出如图8-3所示的国有企业改革

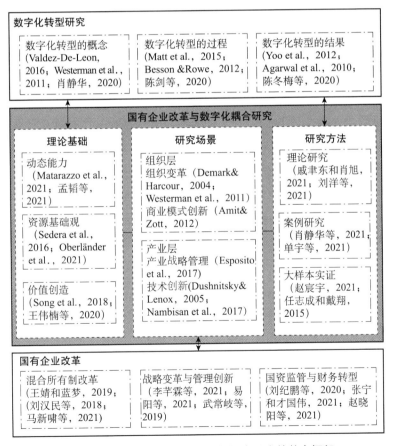

图8-3　国有企业改革与数字化耦合研究的整合框架

与数字化耦合研究的整合框架。该整合框架通过理论基础、研究方法以及研究场景，将数字化转型与国有企业改革研究相融合，在此基础上可拓展一系列相关研究。例如，未来可以考虑开展组织层深化国有企业混合所有制改革的研究，通过探索数字技术在商业模式创新过程中的作用机制，重构对组织设计与国有企业混合所有制改革间关系的理解；也可考虑借助混合研究方法，针对国有企业这一复杂系统，开展多系统间的共同演化分析。

8.1.3.2 国有企业改革与数字平台治理研究

威廉姆森在他的著作《治理机制》中，将企业描述为一种治理结构。数字经济背景下，数字经济与实体经济深度融合，数字技术推动了国有企业转型升级，数字化也将驱动国有企业治理方式的变革。数字技术越来越多地使企业能够组织为平台，围绕各种类型的生产者联合成生态系统，平台所有者则承担着协调平台生态系统功能的治理角色（Chen et al.，2022）。基于此，平台所有者开发并利用一系列规制和约束进而协调多主体实现交互，被称为平台治理（Chen et al.，2022）。随着平台向数字平台演进，平台企业成为组织层面的治理主体，平台治理的客体、目标、模式、重点等均发生了变化。平台企业兼具企业个体的"经济人"属性与平台场域内"社会人"角色，需要相适应的多重共治架构（肖红军和李平，2019）。

在此背景下，诸多国有企业主动或被动地建设数字平台，这些平台帮助企业整合数据、资源与能力，协同上下游多主体，持续推动企业成长与创新。回顾以往研究发现，数字技术在企业组织治理中的协调作用机制尚不明确。长期以来，学术界一直在研究组织如何协调复杂、多方面的任务（Okhuysen and Bechky，2009）。然而，数字技术如何在当代组织中作为一种协调机制，与特定组织活动相匹配，仍是组织研究的挑战（Murray et al.，2021）。因此，在国有企业改革研究中引入平台治理的思想，充分考虑数字技术的协调作用，对理解国有企业的成长与治理过程至关重要。未来研究可以考虑针对国有企业数字平台这一特殊研究对象，探索人与技术联合方式的差异所催生的不同数字技术角色（Murray et al.，2021）；也可考虑通过引入人工智能技术与思维，破解数字经济背景下困扰国有企业发展的诸多治理挑战，如建立数据治理、算法治理、内容治理、生态治理等新的治理机制（梁正等，2020）。

8.2　共享发展理念与国有企业数字化
转型的共同演化机制

高度动态环境下，需要进一步深化国有企业改革，以改革创新带动国有企业高质量发展，在微观层面完善国家经济高质量发展体系（何瑛和杨琳，2021）。微观企业层面，混合所有制改革（以下简称混改）是国有企业改革的重点和关键抓手。改革开放以来的经验证明，积极稳妥推进混合所有制企业发展，可以有效促进国有企业转变经营机制，提升国有资本效率、增强国有企业活力（项安波，2018）。为顺应新一轮科技革命和产业变革浪潮，在国家关于推进数字中国建设的整体布局规划中，强调了企业作为科技创新主体的重要性。国有企业拥有更强的资源和能力基础，承担了国有资本的保值和增值义务，是改革发展的先行者和排头兵。需要进一步发挥支撑引领作用，成为建设数字中国的骨干。鉴于此，在新一轮国有企业改革实践中，国有企业开始从单一混改走向以混改为主线的综合改革新阶段（何瑛和杨琳，2021）。通过综合实施企业混改与数字化转型，增强国有企业的竞争力、创新力、控制力、影响力、抗风险能力。因此，研究国有企业如何协调混改与数字化的耦合成长过程，总结提炼过程中协调企业成长的关键机制，具有重要的现实意义。

国有企业的成长演化并非由单一维度因素决定，要综合考虑国有企业成长的制度与技术背景。回顾国有企业改革的相关研究，主要存在以下两个"不匹配"，有待进一步深化。一是新兴数字技术的快速发展与国有企业活力提升之间的不匹配。现有研究主要关注混改对提升国有企业活力的影响，一定程度上忽视了技术在国有企业组织成长中的协调作用。二是企业内部成长路径与外部制度环境复杂性之间的不匹配。企业作为开放的人造复杂系统，存在多系统之间的共同演化，现有研究多聚焦单一混改或单一数字化过程，对二者的耦合成长过程关注不足。从更高一个层面来看，当前国有企业管理研究业已进入机制体制、国际化、战略转型、商业模式等多层次、多角度改革策略深化阶段（武常岐等，2019）。在理论上需要将中国国有企业的情境化知识与普适化理论进行有机结合，尝试探索植根于中国大地的管理理论。

基于此提出文章的核心研究问题：国有企业如何通过制度和技术两个系统的共同演化推动企业组织成长？

共同演化分析（co-evolutionary model）提供了一个研究思路，可以帮助研究者以一种动态的方式理解组织复杂性（Van Fenema et al.，2018）。一般而言，共同演化的两方独立存在且相互依赖；共同演化可以发生在不同层次之间，例如组织和环境、技术和制度等（张福军，2009；李大元和项保华，2007）。借鉴其理论内核，共同演化提供了一个极具解释力的分析框架，可以在研究中完美地融入过程维度，非常适用于文章研究问题。并且，这一分析框架作为一个理论"衣橱"，需要其他中层理论的补充，方能更为全面地把握问题本质，有助于发展和构建理论。鉴于此，文章借助共同演化理论发展分析框架，基于混合方法，构建国有企业混改与数字化耦合成长过程的理论解释。具体以混改为研究主线，提出制度和技术两个系统共同演化的协调机制，将时间和技术作为重要战略资源纳入分析考量，深化国有企业改革的理论体系。

8.2.1 本节研究设计

8.2.1.1 理论分析框架

随着国有企业改革三年行动、"双百行动"等稳步落地推进，新一轮国有企业改革全面开展。值此国有企业改革的关键时期，部分学者系统性回顾了改革开放以来中国国有企业改革的历程。综合来看，中国国有企业改革在面临诸多挑战的同时取得了巨大成就（戚聿东和张任之，2019），但仍面临不少问题，在提升效率和促进公平等方面亟待深化（项安波，2018）。围绕"国有资产"（国资）和"国有企业"（国企），改革有两个主攻方向。其一，完善以管资本为主的国资监管体制，做强做优做大国有资本（刘纪鹏等，2020）；其二，以混改建立和完善现代企业制度，培育具有全球竞争力的世界一流企业。可见，两个方向的结合点是混合所有制企业（项安波，2018）。也因此，国有企业混改成为深化国有企业改革的重要举措。如何发挥混改对转机制的重要作用，坚持"三因三宜三不"原则，解决企业"不愿混""不敢混"等顾虑（綦好东等，2017），在改革上取得实质性进展，由"混"资本和产权转入"改"机制阶段（何瑛和杨琳，2021），使混合所有制企业成为真正的市场主体，依旧是新一轮国有企业改革的主线。

在混合所有制企业研究上，呈现典型的中国特色、实践驱动，但理论总结相对滞后于实践探索。一方面，"混合所有制是一个中国特色很强的概念，国际学术界在此方面的讨论较少"（项安波，2018）。另一方面，随着改革的深化，逐步进入以混改为主线的综合改革新阶段，实践中已经探索沉淀了不少宝贵经验。特别是针对业务处于充分竞争行业和领域的商业类国有企业，作为适宜推进混改的重要对象，一直是国内学者研究的重点。然而，现有研究多从单一混改展开（杨兴全和尹兴强，2018；沈昊和杨梅英，2019；沈红波等，2019；马新啸等，2021），一定程度上忽视了以混改为主线的综合改革所带来的乘数效应，特别是忽视了国有企业数字化转型对国有企业改革的重要影响。

国务院国资委于 2020 年发布了《关于加快推进国有企业数字化转型工作的通知》，将推进国有企业数字化提上了日程。与此同时，在一系列国家、团体标准的规范下，对数字化转型的基本定义、总体框架、主要视角、过程方法、发展阶段、价值效益、新型能力体系等有了较为详细的界定。这从国家层面明确了加速数字化转型对企业组织生存和发展的重要意义，并提出了一套行之有效的数字化转型体系架构和方法机制。近年来，围绕数字经济、数字化转型，涌现了大量学术探讨，其中有部分研究关注了国有企业数字化转型议题。通过这些研究，数字化转型对国有企业成长的促进作用得到实证检验（倪克金和刘修岩，2021），国有企业数字化战略变革的特殊模式开始得到关注（戚聿东等，2021），国有企业的发展范式逐步向高质量发展转变（黄速建等，2018）。

然而，现阶段国有企业数字化转型的研究刚刚起步，总体数量不多，对转型的实现路径、背后的关键机制等重要问题关注不够。具体来看，已有研究多从宏观经济或中观产业层面展开，微观企业层面的研究大多关注单一数字化过程，缺乏对多主体共同演化的系统性关注，特别是对制度和技术的双系统共同演化研究不足。与民营企业相比，国有企业具有制度复杂性，是结合了国家政府逻辑与市场逻辑的混合型组织（肖红军等，2022），其承担着国有资本的保值和增值义务，是改革发展的先行者和排头兵。因此，技术变革与产业升级要求国有企业发挥支柱作用，以信息技术推动企业转型升级并激发国有企业活力。基于此，深入探讨国有企业技术和制度双系统的演化过程至关重要。

企业成长过程中，同时存在多个系统的演化。从技术系统演化层面来看，数字技术在国有企业组织成长中的协调作用机制尚不明确。长期以来，学术界一直在研究组织如何协调复杂、多方面的任务（Okhuysen and Bechky，2009）。然而，数字技术如何在当代组织中作为一种协调机制与特定组织活动相匹配，仍是组织研究的挑战（Murray et al.，2021）。人工智能、机器学习、大数据、区块链、云计算、数字平台等新兴数字技术的作用和效果具有多样性，为组织研究带来了巨大惊喜。这是因为对技术的不同设计和部署方式，会从根本上重塑关键组织过程（Bailey et al.，2022）。但是，这种惊喜在很大程度上掩盖了对技术与组织系统之间新关系的思考（Alaimo and Kallinikos，2022），而将其视为技术进步的必然结果。

因此，在国有企业成长研究中充分考虑技术的协调作用，对理解国有企业成长过程至关重要。根据人与技术联合（conjoined）方式的差异，数字技术在组织中扮演不同的角色（Murray et al.，2021），可能会赋能（enable）或抑制（inhibit）组织特定能力（Sirmon et al.，2007）。这直接影响企业竞争优势的获得与保持（Sirmon and Hitt，2009）。特别是在数字经济时代，企业竞争环境发生巨变。VUCA（volatile，uncertain，complex，ambiguous）的时代特征让企业竞争优势的留存时间大大缩短，企业的注意力从追求单一的长期竞争优势转向一系列的瞬时竞争优势（temporary competitive advantage，TCA）（Sirmon et al.，2010），通过寻找新的技术、组织和战略解决方案，获得成长和发展（Dagnino et al.，2021）。可见，TCA 的概念蕴含了时间隐喻（Ancona et al.，2001），但对于时间是如何作为一种资源发挥作用的机制仍有待开发。

诚然，管理学领域对技术和组织的相互作用给予了相当多的关注。然而，随着企业数字化转型的未来轨迹向制度系统（公共政策）渗透融合（Bodrožić and Adler，2022），需要更多地关注技术和制度的共同演化。从制度系统演化层面来看，国有企业成长过程中响应制度复杂性的机制尚不明确。现有研究提出了制度复杂性与组织响应框架，强调场域结构、组织属性（如企业结构、所有权、身份认同等）对组织响应制度复杂性的调节作用（Greenwood et al.，2011；梁强和徐二明，2018）。但是在中国情境下，国有企业面临较为强烈的政府与市场的逻辑冲突。如何适应制度复杂性挑战（邓少军等，2018），发展面向多元制度逻辑的响应策略（Besharov and Smith，2014），把握数字经济时代新机遇，是值得进一步开展的研究课题。

上述研究回顾说明，现有研究在一定程度上忽视了以混改为主线的综合改革，需要加强关于国有企业数字化转型与混改的系统性研究，探索背后技术和制度双系统的演化逻辑，明确综合改革的实现路径、关键作用机制。鉴于研究问题的系统性与复杂性，本节基于共同演化理论的经典模型（Lewin et al.，1999），发展了一个基本分析框架（如图 8 - 4 所示），为深入研究国有企业如何耦合制度系统和技术系统的共同演化、发展共享技术平台、推动国有企业高质量发展，提供了逻辑指导。

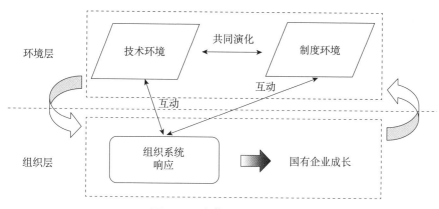

图 8 - 4　本节理论分析框架

这一分析框架遵从共同演化理论的基本假定，认为共同演化具有多层嵌套性，可能发生在组织的不同层次（Volberda and Lewin，2003），聚焦于技术环境与制度环境的共同演化，探讨企业的技术系统和制度系统如何影响和塑造彼此。技术系统和制度系统二者独立存在却相互依赖（Van Fenema and Keers，2018），是国有企业改革中的两项重要行动。进一步的，在国有企业改革和成长范畴内，分析环境层和组织层的互动过程，研究组织系统响应复杂环境的关键机制。由于共同演化的路径是非线性的，而由一系列连续的反馈路径构成，并且其中的正反馈会不断强化组织的路径依赖，因此需要关注组织如何在一系列的反馈中响应环境，思考时间和技术如何作为资源投入到组织系统之中。另外，共同演化的双方具有双向或多向因果关系（Murmann，2003），单一的过程研究难以充分解释，需要融合面向复杂因果关系的研究方法（杜运周等，2021），对研究设计提出了更高的要求（李大元和项保华，2007）。

基于此，本节深入国有企业改革实践，以大连冰山集团有限公司（以下简称冰山集团）的持续性变革实践为例。冰山集团拥有 90 余年历史，通过连续的混改成为大型混合所有制企业集团，是中国掌握主要制冷核心技术的制造企业，连续 20 多年保持中国制冷工业的领军企业地位。这为考察企业技术系统（企业数字化转型）与制度系统（混合所有制改革）的共同演化过程提供了优秀的研究情境，有助于探索企业组织协调多系统共演中的作用机制。

8.2.1.2　研究方法与数据

本节将借助案例研究方法展开分析，挖掘国有企业在组织层面协调混改与数字化共同演化过程中的关键作用机制。简介案例选择、数据收集与分析情况如下。

（1）案例选择。在单案例选择上，以冰山集团（主要成长经历如图 8-5 所示）为切入点，主要有以下三方面选择依据。①独特性：冰山集团是国内少有的近百年时间一直处于改革第一线，寻求机制体制变革与技术突破，不断寻找第二成长曲线，有非常强战略定力的企业。②典型性：冰山集团是业务处于充分竞争行业和领域的商业类国有企业，是国有企业改革的重要对象，改革经验成为商务部混改最佳实践案例被推广学习。③研究持续性：案例企业与研究团队同处一地，校企间有良好的合作关系，拥有长期的追踪调研基础。

（2）数据收集。研究团队广泛收集了多来源数据，形成三角验证。并且随着案例分析的展开，持续收集数据反复进行迭代。在单案例阶段，研究团队于 2020 年 11 月赴企业进行第一次调研，初步了解企业情况，并同步收集大量公开数据，做初步的文本挖掘；2021 年 4 月参加第三十二届中国制冷展，了解企业在技术创新、产品升级上的现状；2021 年 10 月进行第二次企业调研，对企业高层与来自多个部门的中层管理人员进行深入访谈；2021 年 11 月参加校企合作内部活动，与集团董事长面对面交流，从而形成对案例企业的整体认知；而后，研究团队跳出海量数据，在理论和文献的指导下，展开数据分析。

图 8 - 5　案例企业主要成长历程概览

（3）数据分析。文章综合应用了多种分析技术和工具。首先，为了提升单案例研究的严谨性，从数据到理论的涌现过程中，借鉴扎根思想形成数据结构（Gioia et al.，2013）。具体操作遵循范畴化定性数据的八个步骤（Grodal et al.，2021）：第一步，提问（asking questions），带着明确的研究问题处理数据。第二步，聚焦（focusing on puzzles），专注于研究团队最惊讶部分的数据。第三步，舍弃（dropping categories），对于在理论上不具备解释力的范畴予以及时删除。第四步，归类（merging categories），联合多个现有范畴，创建高一级别范畴。第五步，拆分（splitting categories），把一个范畴拆分成多个从属范畴。第六步，联结（relating or contrasting categories），比较多个范畴以确定彼此之间的从属关系。第七步，定序（sequencing categories），初步形成数据结构。第八步，迭代（developing or dropping working hypothe-ses），持续与数据和文献对话，优化迭代。

其次，在上述分析技术的指导下，团队两位主编码人员完成从数据到范畴的涌现行动并协商达成一致后，由团队第三位成员组织召开研讨会，邀请领域内专家，设置"魔鬼辩护人"角色，对数据结构进行针对性讨论。讨论后，由主编码人员携带修改建议回归数据，重复前述八个步骤的编码操作，直至在解决文章研究问题的关键构念上达到饱和、不再有新的构念产生。随着研究的开展，以上数据分析过程重复进行，直至研究团队满意（Gehman et al.，2018）。

8.2.2 机制分析结果

8.2.2.1 制度系统适应性演化

（1）制度环境变迁。回顾冰山集团90余年的发展历程，企业顺应制度环境变迁，率先开展各项改革尝试，主要表现在三个方面：第一，市场化加速。冰山集团于1993年将核心优质资产打包上市，成为中国制冷行业上市第一股，同时也是大连市第一个工业股。由此开始，冰山集团逐步获得了打造完整冷热产业链的资金与合作机会。第二，合资优势。企业上市初期，在技术层面明显落后于国际同行。通过与外资合作，合资双方可以各取所需、实现共赢。基于此，冰山集团顺应改革开放大潮，充分利用上市公司身份，推进机制体制改革，谋求技术和产业升级。第三，双碳利好。近年来，"节能减碳、提高能源利用效率已成为全社会共识"。冰山集团积极响应国家"双碳"目标，加快转型升级步伐，大力发展绿色制造、智能制造、服务型制造。然而，挑战与机遇并存，不能忽视转型升级过程的复杂性、节能减碳市场尚不成熟等问题。

（2）机制体制改革。为应对制度环境变化，2008年以来，冰山集团坚持贯彻深化"以技术为导向的混改主线"。正如集团副总裁在访谈时所言："冰山集团这一路走来，很重要的一个环节就是持续地推进了混合制所有制改革，为企业提供了动力、活力和恒力。"不断深化的三次混改经历，不但帮助企业谋求国际领先技术，而且化解了来自国资委、外资、民营和经营团队四方博弈的困境。具体而言，混改1.0阶段始于2008年，在大连市政府和市国资委的大力支持下，冰山集团率先与日本三洋（后被松下收购）试点推进混改。彼时企业秉承着技术导向，坚持"我们的技术始终要与国外保持同步，（合资对象）不能把淘汰的设备、淘汰的技术给我们"。混改2.0阶段于2015年开始，优化了股权结构，吸纳更多人才进入管理团队，形成了真正意义上的董事会。2020年企业进入混改3.0阶段，完善退出机制，进一步提升企业活力。

8.2.2.2 技术系统适应性演化

（1）网络化协同。以技术为导向的混改在机制体制上支撑了企业数字化转型。"冰山集团在数字化发展上的探索目标为网络协同，即在深耕冷热领域的同时，探索数字化与装备制造的融合发展"。探索过程中，逐步构建了以冰山工业互联网平台为核心的网络架构，盘活闲置资产，融入 5G、AR 等新兴技术工具，延伸现有产业链布局，不断改造升级冰山老字号。

首先，打造工业互联网。冰山集团建有 BinGo 工业互联网平台，依照领域的差异可分为若干子平台，如冰山工业互联网云服务平台、商用冷冻冷藏监控平台、智慧园区运营平台、新零售运维平台等。这些平台将企业与集团内外部用户紧密相连，形成可供价值传递的网络。其次，资产运营。为了满足不断增长的市场需求，冰山集团从生产经营向资产运营进行转型，以优化要素配置。例如在发展早期，"冰山集团从盘活闲置资产入手，把闲置的生产设备作为资本再投入，并取得控股权"。2017 年，与东京盛世利株式会社合资组建大连冰山集团华慧达融资租赁有限公司，"积极开展与冰山集团各成员企业的合作，为冰山集团各成员企业的客户提供灵活多样的融资服务"。最后，改造升级冰山老字号。集团多策并举，改造提升冰山老字号。例如进行品牌升级，将上市公司从大冷股份更名为冰山冷热，延伸冷热产业链；与中国工业大数据领军企业昆仑数据共同成立大连开尔文科技有限公司，深入挖掘工业大数据价值；将集团老厂区改造升级为科技与文化的创新生态圈——大连冰山慧谷智慧型综合产业园。

（2）服务化延伸。冰山集团数字化发展战略主要为"需求驱动，通过培育数字业务打造集团新的竞争力和事业增长点"，从而"汇聚发展新动能，孵化壮大冰山新字号"。第一，需求倒逼技术升级。究其根本，"并没有脱离对压缩、制冷、制热这些技术的深化应用"，冰山集团一直在技术升级之路上。例如，非标准化产品需求的提高对智能制造技术水平提出了更高要求，集团新厂区成为智能制造示范基地；在日常运营管理中，集团筹建了园区能源管理系统 EMS 平台，"将一切流程可视化"，优化园区能效管控；利用冰山十项节能核心技术，在"双碳"领域服务众多客户企业等。第二，培育数字业务。在技术升级基础上，冰山集团 2014 年提出价值经营理念，进入新发展阶段，在数字化发展战略指导下，"着力发展服务化延伸平台"。依托冰山服务平台，冰山服务公司于 2015 年独立运营。"逐步为客户建立了冷热设备物联互动的远程监控云服务平台，提供一键报修、机房托管、远程运维等业内首创服务"。第三，孵化壮大冰山新字号。冰山集团不断尝试拓展冷热领域，近年来将制冷技术与生物科技结合，成立生物科技新字号。

8.2.2.3 瞬时竞争优势沉淀

（1）管理认知一致性。冰山集团能够长期坚持技术导向的混改主线，以机制体制改革推动企业数字化转型，离不开组织层面竞争优势的不断沉淀，将制度系统和技术系统紧密耦合在一起。在企业几十年发展历程的不同阶段，管理认知具有一致性，但针对制度和技术两个系统的变革尝试一直在持续。因此，企业成长中"变"与"不变"同时存在，帮助企业在保持战略定力的前提下不断革新。第一，坚持混合所有制企业身份。几代管理团队始终保持着较强的战略定力，从未想过改变国有企业身份。第二，坚持以技术为本。经营团队秉持着一脉相承、初心不改的理念，就是要找到并获得所在领域最前沿技术，推进混改的初衷是为了提升技术，引入数字化的目标也是技术升级。第三，专注细分市场。冰山集团深耕冷热领域，将核心的压缩、制冷、制热技术做到极致，成为各细分市场的龙头。在这一理念的指导下，冰山集团基于企业自身技术特点，从单一制冷向冷热结合领域转型升级。

（2）资源配置与优化。"冰山集团以混改为突破，以大力发展智能制造、构建综合服务体系为核心，走出了一条独具特色的国有企业改革之路"。第一，持续优化混改设计。冰山集团先后启动了三次混改，第一次混改将企业由国有独资转变为中外合资，显著增强了企业活力，"但规范有效的公司法人治理结构还未完全成形"；第二次混改扩大了经营团队持股范围和比重，有效激励了职业经理人团队；第三次混改优化了进出机制，进一步发挥了职业经理人团队的撬动作用。第二，耐心孵化新技术团队。冰山集团长期坚持产学研合作，拥有众多国家级、省市级创新平台，并且建有各类实验室，承接国家级攻关课题。与此同时，冰山集团引入了合资企业生物科技技术，"直接将技术人员和销售团队买回来，在手的专利非常多，然后就开始招兵买马"。第三，升级完善数字平台。冰山集团全资成立服务平台公司，"集聚相关资源，努力成为第三方服务平台。不断拓展增值服务，与客户实现双赢"。通过连接更多资源方逐步发展成为"共享服务平台"。

8.3　共享发展理念与国有企业数字化转型的共同演化路径

8.3.1　共同演化模型

单纯的案例研究难以厘清技术系统、制度系统、组织系统三者之间的复杂互动关系。本节将尝试融入定性比较分析方法，通过研究不同作用机制之间的组态关系，探明企业推行综合改革的不同实现路径。整合单案例研究结果，形成如图 8-6 所示的整合过程模型。在此过程模型基础上，拓展案例数量，进一步开展定性比较分析，探索三组条件变量在国有企业成长过程中的组态关系，揭开国有企业成长的不同路径。

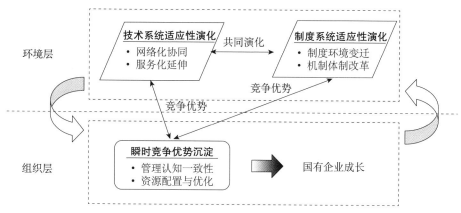

图 8-6　国有企业数字化与混改耦合成长过程模型

在定性比较分析案例选择上，本节首先在国家关于国有企业功能界定和分类的指导意见基础上，依托国有企业改革的"双百企业""科改示范企业"名单目录，将案例限定在商业类国有企业。包括主业处于充分竞争行业和领域的商业一类国有企业，以及部分积极推进混改、放开竞争性业务、加快改革的商业二类国有企业。在数量上，为达到更好的研究效果，鉴于研究方法的特性，选择其中 40 个上市国有企业。受方法的限制，对于国有企业这类中等样本的研究，所选择的条件变量不宜过多，理想的条件变量个数为 4 ~ 7个。由于模糊集定性比较分析（fsQCA）具有更大的优势，在可能的情况下，应采用此种方法进行变量校准（杜运周和贾良定，2017）。在定性比较分析阶段，研究数据主要来自上市公司 2015 年来公开发布的公告。

8.3.2 路径分析结果

8.3.2.1 测量与校准

借鉴现有成熟研究范式（赵云辉等，2020），依照直接校准法将条件和结果数据校准为模糊集（或清晰集）隶属分数。

（1）结果变量。从国泰安数据库、案例企业年报中获得 2015～2021 年企业财务数据，借鉴现有文献常用测量方法（余泳泽等，2020），采用主营业务收入增长率作为衡量依据，这有助于体现国有企业可持续成长性。借鉴相关研究，结合样本量实际情况，设定 2015～2021 年主营业务平均增长率在 10% 以上的具有较高成长性（21 个样本量），在 10% 以下的具有较低成长性（19 个样本量），分别赋值为 1，0。这样可以更好地形成对比分析。

（2）条件变量。基于上文单案例研究对各条件变量的理论解释，两位主编码人员采用四值赋值法对条件变量进行打分赋值，从而构建模糊集。0 代表完全不隶属，0.33 代表偏不隶属，0.67 代表偏隶属，1 代表完全隶属。满分为 20 分的前提下（每人满分为 10 分），总分在 0～5 分赋值为 0；5～10 分赋值为 0.33；10～15 分赋值为 0.67；15～20 分赋值为 1。

8.3.2.2 必要条件分析

接下来检验单个的条件变量是否为构成国有企业成长（结果变量）的必要条件，应用 fsQCA 3.0 软件中的必要条件分析（analysis of necessary conditions）功能，检验各条件变量的一致性水平是否高于 0.9。表 8-9 是必要条件分析结果，可见所有条件变量的一致性均小于 0.9，代表并不存在国有企业成长的必要条件。

表 8-9 必要条件分析

条件变量	较高成长性的国有企业		较低成长性的国有企业	
	一致性	覆盖度	一致性	覆盖度
网络化协同	0.650476	0.707406	0.297368	0.292594
非网络化协同	0.349524	0.354761	0.702632	0.645239
服务化延伸	0.634762	0.715129	0.279474	0.284871

续表

条件变量	较高成长性的国有企业		较低成长性的国有企业	
	一致性	覆盖度	一致性	覆盖度
非服务化延伸	0. 365238	0. 359082	0. 720526	0. 640918
制度环境变迁	0. 682857	0. 605830	0. 491053	0. 394170
非制度环境变迁	0. 317143	0. 407838	0. 508947	0. 592162
机制体制改革	0. 714286	0. 661667	0. 403684	0. 338333
非机制体制改革	0. 285714	0. 346220	0. 596316	0. 653780
管理认知一致性	0. 761429	0. 666806	0. 420526	0. 333194
非管理认知一致性	0. 238571	0. 312734	0. 579474	0. 687266
资源配置与优化	0. 714286	0. 703895	0. 332105	0. 296105
非资源配置与优化	0. 285714	0. 321027	0. 667895	0. 678973

资料来源：本书作者自制。

8.3.2.3　条件组态分析

基于校准后的数据，借助软件构建真值表（truth table），并按照频数和一致性对生成的真值表行进行初步筛选。对于较小的样本量（例如 10 ~ 40 个案例），最小案例频数一般设定为 1。借鉴前人研究可知，原始一致性的最小推荐值为 0. 75；与此同时，要保证 PRI（proportional reduction in inconsistency）一致性的值在 0. 75 以上（张明和杜运周，2019）。基于此，本章将最小案例频数设定为 1，保留真值表中原始一致性和 PRI 一致性均在 0. 75 以上的行。进一步作标准分析（standard analysis），通过分析中间解与简约解，确定导致结果的组态数量及所包含条件变量（Fiss，2011），从而得到不同的组态路径，如表 8 - 10 所示。

表 8 - 10　　　　　　　　　　条件组态分析

条件组态	组态 1	组态 2	组态 3	组态 4
技术系统适应性演化				
网络化协同		●	●	●
服务化延伸	●	●		⊗
制度系统适应性演化				
制度环境变迁		⊗	⊗	●

续表

条件组态	组态 1	组态 2	组态 3	组态 4
机制体制改革	●	●	●	●
瞬时竞争优势沉淀				
管理认知一致性	●	●	●	●
资源配置与优化	●		●	⊗
一致性	0.86747	0.928879	0.875472	0.751256
原始覆盖度	0.411429	0.205238	0.220952	0.142381
唯一覆盖度	0.175238	0.0161905	0.0161905	0.032381
总体解的一致性	0.86227			
总体解的覆盖度	0.491905			

注：●或 ● 表示该条件存在，⊗或 ⊗ 表示该条件不存在，● 或 ⊗ 表示该条件为核心条件，●或⊗表示该条件为边缘条件，空白表示该条件在组态中既可以存在也可以不存在。

资料来源：本书作者自制。

分析可知，表 8-10 中总体解和单个解的一致性水平均高于 0.75，所呈现的四种组态即为具有较高成长性国有企业的四条成长路径，在一定程度上深化了单案例研究结论。整体来看，本节所构建的三组聚合维度（关键机制）在国有企业成长过程中同时发挥作用。其中，机制体制改革和管理认知一致性两个核心构念在全部组态中存在。组态 1 表明服务化延伸、机制体制改革、管理认知一致性起到了核心作用，资源配置与优化则起到辅助作用。这表明国有企业要将制度系统和技术系统紧密耦合在一起，离不开组织层面竞争优势的不断沉淀。这与案例研究结论相一致。组态 2 进一步表明加强企业网络化协同水平的重要性。在组态 3、组态 4 中，网络化协同作为核心条件出现，服务化延伸则非必要存在。这说明对国有企业而言，加强数字化水平、推动技术系统适应性演化，可以考虑从多个角度切入，选择与自身基础更为契合的发展路径。另外，制度环境变迁、资源配置与优化在国有企业成长中起到辅助作用。

进一步通过改变一致性水平检验 fsQCA 结果的稳健性。若调整后的组态间仍具有清晰的子集关系，即便与现有结果可能不同，同样可以认为结果是稳健的（赵云辉等，2020）。基于真值表数据实际情况，将一致性从 0.75 调整为 0.65，此时简约解与中间解仍呈现清晰的子集关系，说明结果是稳健的。与之前相比，新形成了一个组态关系（"非网络化协同"和"制度环境变迁"和"机制体制改革"和"管理认知一致性"和"资源配置与优化"），在其他条件变量均起显著作用时，技术系统适应性程度暂时落后，并不会明显影响国有企业成长性。这说明国有企业若能在制度和组织层面做好转型和发展的准备，依托国有企业较为丰富的资源积累，即便暂时在数字化程度上有所落后，也可以较快地追赶上来。

8.4　本章小结

总结本章分析结果，可以得到以下主要结论。首先，国有企业成长中制度和技术两个系统的演化轨迹是相互交织在一起的。企业长期坚持以技术为导向的混改主线，秉持共享的发展理念，在机制体制上的变革反过来支撑了企业数字化的发展。其次，制度和技术两个系统实现紧密耦合离不开企业组织层面竞争优势的不断沉淀。企业一方面将技术系统演化所产生的瞬时竞争优势沉淀下来，填补到正式的制度变迁之中；另一方面制度系统的演化会不断优化组织资源配置，激励组织成员创新，形成可持续的竞争优势。最后，三组聚合维度（关键机制）在国有企业成长过程中同时发挥作用。并且对国有企业而言，加强数字化水平、推动技术系统适应性演化，可以考虑从多个角度切入，选择与自身资源基础更为契合的发展路径。

本章研究带来了以下启示。第一，本章研究对推动国有企业实现持续成长有重要借鉴意义。由于研究依托国有企业改革的"双百企业""科改示范企业"名单目录，聚焦于商业类国有企业，包括主业处于充分竞争行业和领域的商业一类国有企业，以及部分积极推进混改、放开竞争性业务、加快改革的商业二类国有企业，研究结论适用于混合所有制企业的改革和发展。此类企业发展中要注意协调制度系统和技术系统，借助国有企业的资源积累和网络效应，积极引入适合自己的技术或合作伙伴，构建能够发挥自身机制体制优势的数字技术平台。与此同时，在管理层维度上达成一致，就企业的一些关键发展事项如战略方向、技术路线等保持定力。另外，面对新时代的冲击和机遇时，要有足够的耐心给予时间投入，在不违背管理层共识的前提下，孵化数字新业务，拓展业务宽度或广度，积累竞争优势。

第二，本章研究对更广泛的传统行业企业数字化转型有借鉴意义。一般而言，国有企业处于行业的领先位置或产业链链长地位，承担了探索行业发展前景的"排头兵"角色。国有企业情境下的管理和改革经验，可以有效传递给同行业或同领域企业。特别是针对一些传统行业企业，面对日益复杂的竞争环境，产业变革和技术变革要求企业进入新发展阶段，推行数字化转型。这些企业可以借鉴国有企业改革经验，考虑在恰当时期引入国有企业身份的战略合作伙伴，共享改革红利。在发展中，应更加注意制度系统与技术系统的共同演化，在组织层面构建沉淀瞬时竞争优势的能力，以此更好地响应环境复杂性。

第9章 结论与启示

9.1 研究结论

本书完成了最初的研究计划，回答了提出的研究问题，达成了预期的研究目标，得到以下几个主要研究结论。

第一，共享经济平台的兴起和发展是技术进步推动下的必然趋势。进入常态化监管阶段后，企业与政府部门应努力将负面效应消除，扩大正面影响，持续挖掘共享经济平台的创新发展潜力。

第二，本书结合文献可视化分析方法，全面、系统地梳理了共享经济平台的理论内涵、概念外延、相关研究的热点与进展，为进一步开展共享经济平台的组织性质研究打下基础。研究认为：共享经济平台是数字经济时代背景下产生的一种新型资源配置方式，具体表现为借助数字平台，个人或组织间基于使用权或所有权的转移和让渡从而最大化利用产品和服务的闲置部分。特别强调的是，共享经济平台拥有三个核心特质，即源于闲置资源而产生、基于产权分离式的让渡手段而得以实现、借助网络技术平台而高速发展。需要说明的是，共享经济中"闲置资源"的概念并不局限于完全不被使用的搁置物品，也包括产品未被充分利用的闲置部分、未被充分开发的闲置价值、未被充分激活的闲置状态。

第三，本书基于"选择—适应—保留"的理论分析框架，论证了共享经济组织的新组织性质及其竞争优势，同时提出了驱动共享经济组织成长的主要动因。回答了研究问题一中的子问题1。研究认为共享经济组织是区别于传统经济组织，与其他新组织形式在性质上亦有一定差异的特殊平台组织，能够同时实现交易成本与组织成本的降低。从组织内部来看，"资源编排性""自组织性"与"多元补偿性"是共享经济组织快速成长的动因。三者的融合使得共享经济组织不但区别于传统层级组织，亦区别于其他新组织形式，实现了传统企业理论在共享经济情境下的融通。

第四，本书基于横向交易市场理论分析框架，结合类型学的分类研究方法，界定了共享经济平台的组织模式与典型类别。回答了研究问题一中的子问题2。研究发现，共享经济平台的组织模式是共享经济平台配置资源的方式，其关注如何将资源与参与主体组织起来、获得竞争优势。这与商业模式、经营模式有着本质上的区别，尽管三者均涉及价值的创造与实现，但组织模式聚焦于企业的资源配置决策，在范围上比另外二者小。依托横向交易市场分析框架，共享经济平台可以分为"用户互动型、平台匹配型、社群连接型、交易中心型"四种典型模式。进一步地，本书发现中国共享经济平台主要集中在"交易中心型"和"用户匹配型"两类，呈现出高"平台中介性"和低"社会性"特点。

第五，本书基于多案例研究，回答了研究问题二："共享经济中的各种资源与参与主体是如何组织在一起的？"研究认为共享经济平台的形成路径是"技术赋能下所连接资源价值的再实现过程"。这揭开了共享经济平台的资源管理和能力构建互动过程的黑箱，识别出此类资源与能力互动过程中的关键机制为"价值识别、技术赋能、价值重构"。三个机制相互作用、循环迭代，实现了物质资本资源、人力资本资源和组织资本资源三类资源与价值识别能力、技术赋能能力和价值重构能力三种能力的互动，进而推动了共享经济平台的快速成长。

以案例企业为代表的四类共享经济平台，所依托的企业所在行业和组织模式有差异，但是一般发展路径是一致的，这种差异性主要体现在两个方面。其一，四个案例企业均依托技术能力对内外部资源赋能，但各有侧重，这源于四个案例企业参与编排的主要资源类型呈现显著差异：得到倾向于人力＋组织资本资源、转转侧重于物质＋组织资本资源、滴滴出行以人力＋物质＋组织资本资源为主、哈啰出行则聚焦于人力＋物质资本资源。其二，四个案例企业在资源的配置上均秉承着资源价值重构的理念，但是侧重点各有不同，这来自企业发展目标的差异：得到集中精力围绕知识共享者打造精品课程，转转致力于打造二手交易行业标准，滴滴出行面临着合法合规化的难题，哈啰出行的重心在于精细化运营以及扩展业务线。

第六，本书基于定性比较分析（QCA）方法进一步验证了案例研究的结论，将 QCA 方法与案例研究方法相结合，破解了一直困扰案例研究的理论结果普适性问题，再次回答了研究问题二。研究发现 QCA 研究结果提供了共享经济平台快速成长的 4 条形成路径，展示了三个核心机制间的不同互动方式。组态分析的结果与上一阶段案例研究的结论基本一致，即无论是哪种形成路径，在一般发展路径上均存在一致性，都需要三个核心主导机制同时起作用。但不能忽视不同模式共享经济平台中不同机制间的互动方式与作用强度的差异，这带来了形成路径的差异。

第七，本书在对典型共享经济平台成长过程研究基础上，进一步扩展了研究范畴，将研究视线从互联网（消费互联网）领域转向生产制造领域，补齐研究的最后一块拼图，回答了研究问题三。本书以国有制造企业为研究对象，探讨共享发展理念与国有企业数字化转型的共同演化过程，在国有企业数字化转型发展情境中讨论共享经济平台与共享发展理念的融通方式，达成了研究目标 4。通过两阶段的混合研究，本书深化了对国有企业混合所有制改革与数字化转型的耦合成长过程理解。印证了"国有企业通过混合所有制改革引入新的合作伙伴，共享资源、技术、供应链、知识产权、市场，借助共享发展理念引导自身成长，通过构建产学研用一体的平台获得竞争优势"的观点。

9.2　理论贡献

第一，从理论层面丰富了共享经济、共享经济组织和共享经济平台的理论研究。本书解析了共享经济平台的兴起与发展过程，推进了对共享经济组织特性的理论分析，拓展了共享经济组织模式的研究，探讨了共享经济组织作为一种新的组织设计理念的可行性。一方面，现有研究对共享经济的组织特性仍存在争议（Muñoz and Cohen，2017；Amit and Han，2017；Perren and Kozinets，2018；Constantiou et al.，2017）；本书的研究结论揭示了共享经济组织的平台性和网络效应，指出其依托数字技术平台连接多边市场所构成的交互网络能够实现交易成本和组织成本的同时降低，深化了对共享经济组织特性的理解，对组织设计亦有一定启示意义。另一方面，现有文献鲜有对共享经济平台组织模式分类的统一标准，制约了对共享经济平台进一步研究的开展；本书在阿米特和韩（Amit and Han, 2017）、佩伦和科兹涅茨（Perren and Kozinets, 2018）研究的基础上，提出了共享经济平台组织模式分类的整合标准，为分类研究共享经济平台提供了理论基础。本书的研究结论对共享经济及共享经济组织的研究进行了补充，响应了迈尔和赖斯豪泽（Mair and Reischauer, 2017）、米拉莱斯等（Miralles et al., 2017）提出的"共享经济组织层面研究缺失"的问题。

第二，从实证层面印证和深化了既有关于组织理论的研究，揭开了共享经济平台快速成长的黑箱，提出了资源管理与能力构建互动过程模型，识别出三个关键机制。现有关于共享经济平台组织成长的文献仍停留在对概念与模式的界定层面（Cohen and Kietzmann, 2017；Muñoz and Cohen, 2017），鲜有对共享经济平台成长问题的深入探讨（Gerwe and Silva, 2020），更未能说明此类企业组织为什么能够获得快速发展的能力基础。价值识别机制印证了现有关于动态能力微观基础和企业资源异质性影响因素的研究结论（Nayak et al., 2019；Schmidt and Keil, 2013），又在共享经济情境下深化了对企业资源优势来源的认知。技术赋能机制印证了瑞泽和吉尔根森（Ritzer and Jurgenson, 2010）、佩特里格里耶里等（Petriglieri et al., 2019）关于产消者和零工经济的判断，同时辨析了互联网时代下共享经济与大众生产的本质性差异（Benkler, 2016）。价值重构机制印证了奎姆（Keum, 2020）关于平台生态系统中资源活动间依赖性的研究结论；深化了哈丘（Hagiu, 2014）、加威尔和库斯玛诺（Gawer and Cusumano, 2014）、埃克哈特等（Eckhardt et al., 2018）针对平台型企业管理的研究，由于共享经济组织所利用资源的独特性、所包含利益相关群体的特殊性、配置资源方式的差异性导致了其可以独立于平台型企业，发展成为一种新的组织和经济形态。

第三，深化了资源基础观以及资源编排理论的研究，解释了共享经济平台在不具备优势资源前提下获取竞争优势的理论悖论，实现了资源编排理论在数字经济和共享经济环境下的融通。一方面，拓展了资源基础观视角下巴尼（Barney, 1991）关于物质资本资源、人力资本资源和组织资本资源的研究，将资源引入与能力的互动过程中进行分析，深化了西蒙等（Sirmon et al.，2011）对资源编排理论的研究。另一方面，拓展了传统的员工授权赋能概念（Mainiero，1986），新增"通过技术激活资源、通过授权为产消者赋能"两个维度。共享经济参与者的产消者身份要求不仅仅要对员工授权，更要对顾客赋能，这体现为一种企业和顾客的价值共创，这让资源编排理论更加适用于解释数字经济和共享经济时代背景下的组织问题。

9.3 管理与政策建议

本书的研究结论对推动共享经济平台的管理运营、制定引导共享经济平台发展的政策有一定的借鉴意义。

一方面，针对企业层面，在推动共享经济平台管理、优化组织现有的资源和能力上，主要有以下三点管理建议。

第一，面对数字经济时代下快速变化的竞争环境，共享经济平台想要获得竞争优势，要善于利用自身区别于传统经济组织的资源基础，而不是仅仅着眼于传统概念下的优势资源。例如，滴滴出行虽然以出租车业务为起点进入网约车行业，但逐步开发出了专车、快车、顺风车、拼车、共享巴士等多种资源组合方式，将原本分散在市场中的资源高效整合利用，重新定义其价值，形成了新的业态。因此，企业在进入共享经济领域、管理共享经济企业时，要能够连接更广泛的资源，建构更丰富的资源组合，并从中识别出适用于不同市场机会的价值。

第二，共享经济平台要不断完善既有的数字技术平台，特别要关注平台的顶层设计，及时调整自身结构以适应外部环境变化；重点提升自身的技术水平，打造实用的技术赋能能力；不断去激活所连接的资源，为平台的用户赋能，鼓励创新，以实现共同创造价值。例如，转转原本是58集团旗下的单一业务单元，在充分识别市场机会后，及时进行顶层设计，调整组织架构，吸收了母公司的资源基础后以独立的身份运营。而后与微信等平台合作，搭建数字平台，连接了大量闲置资源，服务了数量可观的用户。因此对企业而言，要不断提升自己的技术水平，完善自身作为资源编排者的角色，降低运行过程中的各类风险。

第三，要重视共享经济活动中"产消者"的角色。例如，得到成立与发展的基础是罗振宇等知识共享者，这些共享者以产消者的身份参与到知识产品的开发和传播过程中。随着更多的产消者的加入，企业得到了发展的源动力。因此企业要想充分利用好与产消者间的合作关系，在完善的规则框架下让产消者承担起员工的责任，可以大大降低企业的运营成本以及提升组织整体的灵活性。

另一方面，在新冠疫情严重影响我国经济发展的后疫情时代背景下，共享经济平台具备吸引大量就业、培育经济增长新动能、推进产业转型升级等优势，有望成为推动我国经济发展、扩大就业的新引擎之一。因此制定引导共享经济平台发展的政策至关重要，本书针对政府层面主要有以下三点政策建议。

第一，在后疫情时代，全球在经济发展、公共卫生体系建设与改革等诸多方面仍然面临着巨大挑战。共享经济平台拥有成为经济增长新引擎的潜力，在扩大就业、盘活存量资源层面具有先天优势，在我国"六稳""六保"工作中有望发挥巨大作用。例如，抗击新冠疫情期间饱受好评的"共享员工"新思路、帮助制造商消化过剩产能的"共享制造"新模式等。因此，建议在政府层面制定引导共享经济从消费领域向生产领域发展的新政策，鼓励共享制造、共享员工等新的发展方向。

第二，建议政策制定者坚持常态化监管原则，充分考虑共享经济平台的成长特点，深入理解共享经济平台的组织性质与成长动因，有的放矢，抓住共享经济平台发展的脉络，顺应共享经济平台的发展趋势，最大限度发挥其优势，平衡对共享经济平台规范性的要求与其自身发展诉求的潜在冲突。基于此完善政策体系，进一步释放共享经济优势，促进其未来规范健康可持续发展。

第三，建议政府部门联合头部企业、行业协会和用户等利益相关者协同治理共享经济及共享经济平台。本书强调政府、行业协会、企业、用户等不同角色主体应承担不同的职能与作用，提倡构建多主体协同治理体系。在协同治理体系建立的基础上，要充分认识到不同模式共享经济平台的差异性特征，针对不同模式的特征予以差异化的政策引导，鼓励共享经济平台模式的多元化发展。

9.4　局限与展望

不可否认的是，本书限于研究主题与文章篇幅，在更多关于共享经济与共享经济平台的研究内容上无法涉猎。共享经济平台值得更多有质量的研究，共享经济极强的可塑性也让其未来的发展充满了不可预测性。立足现在，综合考量共享经济平台未来研究方向如下。

在研究内容上，未来可在本书基础上继续深化，更深层次地刻画特定的资源，继续探析动态能力形成的微观基础。一方面，可以考虑在组织的宏观研究（组织理论）基础上，结合对组织的微观研究（组织行为学），融合二者形成中观研究视域，继续设计实证研究探索共享经济平台的关键结构及流程的演进规律，进一步提出具有指导意义的理论机制。另一方面，可以以共享经济平台的研究为起点，逐步拓展到更多新组织模式的研究上，如大众生产组织、网络组织、平台组织、社群组织等。

在研究视角上，本书从与企业组织快速发展的重要基础"资源"视角切入，拓展了资源编排理论在共享经济组织情境下的解释力。从资源视角引入共享经济组织中管理者的动态管理能力，对理解共享经济平台"如何生存"有着重要意义，不可否认其重要性且具有较强的解释力。不过共享经济平台作为新经济环境中的新组织现象，具有复杂性，仍需要其它切入视角的研究，例如关注共享经济平台自运行的组织生态学视角、关注其合法性的制度理论视角等。

在研究方法上，可以综合运用多种方法设计进一步研究。例如应用社会网络分析、大样本统计检验、元分析、实验法等，进一步验证本书提出的共享经济平台成长中的三个主要作用机制；也可以考虑设计实证研究，分析共享经济平台中补偿的不同类型、强度与组织成长的关系等。

在研究领域上，随着消费共享经济的逐渐成熟，共享经济的渗透领域逐步向工业发展，"共享经济＋工业互联网"的模式开始得到了越来越多的关注。国内的典型代表是沈阳机床研发的 i5 智能共享机床，为企业提供基础的生产能力；阿里巴巴的淘工厂，连接了小微卖家的需求与工厂的闲时生产力。但是总体而言，该领域尚不成熟，但发展前景巨大，值得投入更多的关注。

另外，也可以考虑跨学科研究，引入新的概念，例如自组织、复杂系统、耗散结构等。研究者也可以从多学科领域中深入挖掘，进行对比分析或实证研究。

最后，共享经济平台的规制与治理需要学理性支撑。共享经济平台具有社会性和网络拓扑结构的特点说明其适用于网络治理。网络治理是指特定的、持续的、有结构的组织群体，在隐性的、开放式的社会合同和法律合同的基础上，适应环境的意外事件和协调、维护交易。共享经济平台之所以能够迅速持续发展，就在于参与者的人际关系和整个虚拟社区的网络结构，以及协调、维护、信任等网络治理机制发挥着重要作用。未来，需要开展共享经济平台的网络治理机制研究，从而在理论上更好地指导共享经济规制政策的制定。

附　录

附录1：第3章研究中组织性质打分详情

（一）第一位评估人打分情况

行业	模式	国别	代表企业	描述	组织性质打分（0~10分）		
					资源编排程度	自组织程度	多元补偿程度
交通出行	网约车	中	滴滴出行	一站式移动出行平台	9	9	9
		外	优步	提供出行及生活服务	9	8	8
	共享单车	中	美团单车	原摩拜单车	6	3	6
		外	Call-A-Bike	德国最大的共享单车服务商	5	3	6
房屋住宿	在线短租	中	小猪短租	特色民宿和短租房预订平台	9	9	9
		外	爱彼迎	旅行房屋租赁社区	9	8	9
共享金融	P2P网贷	中	陆金所	平安集团旗下的投资理财平台	8	8	8
		外	Lending Club	P2P网络借贷金融科技公司	8	8	8
	众筹	中	京东众筹	京东旗下的众筹平台	8	8	8
		外	Kickstarter	服务创意方案的众筹平台	8	8	8
知识技能	技能共享	中	在行	知识技能共享平台	9	9	9
		外	Skillshare	同侪间的技能交换平台	9	9	9
生活服务	众包微物流	中	UU跑腿	互联网跑腿平台	9	3	9
		外	TaskRabbit	同上，2017年被宜家收购	9	3	9
生产能力	产能共享	中	淘工厂	工厂闲时产能共享	9	7	9
		外	Solar City	光伏能源共享	3	6	7

（二）第二位评估人打分情况

行业	模式	国别	代表企业	描述	组织性质打分（0~10分）		
					资源编排程度	自组织程度	多元补偿程度
交通出行	网约车	中	滴滴出行	一站式移动出行平台	9	9	9
		外	优步	提供出行及生活服务	9	8	8
	共享单车	中	美团单车	原摩拜单车	6	3	6
		外	Call-A-Bike	德国最大的共享单车服务商	5	3	6
房屋住宿	在线短租	中	小猪短租	特色民宿和短租房预订平台	9	9	9
		外	爱彼迎	旅行房屋租赁社区	9	8	9
共享金融	P2P网贷	中	陆金所	平安集团旗下的投资理财平台	8	8	8
		外	Lending Club	P2P网络借贷金融科技公司	8	8	8
	众筹	中	京东众筹	京东旗下的众筹平台	8	8	8
		外	Kickstarter	服务创意方案的众筹平台	8	8	8
知识技能	技能共享	中	在行	知识技能共享平台	9	9	9
		外	Skillshare	同侪间的技能交换平台	9	9	9
生活服务	众包微物流	中	UU跑腿	互联网跑腿平台	9	3	9
		外	TaskRabbit	同上，2017年被宜家收购	9	3	9
生产能力	产能共享	中	淘工厂	工厂闲时产能共享	9	7	9
		外	Solar City	光伏能源共享	3	6	7

附录2：第4章研究中数据来源企业列表

企业名	地点	所属行业	估值（亿美元）
蚂蚁金服	浙江	金融	750
小米科技	北京	硬件	460
滴滴出行	北京	汽车交通	500
美团点评	北京	本地生活	300
今日头条	北京	大文娱	300

企业名	地点	所属行业	估值（亿美元）
陆金所	上海	金融	210
菜鸟网络	浙江	物流	200
宁德时代	福建	硬件	196
快手	北京	大文娱	150
大疆科技	广东	硬件	120
京东金融	北京	金融	100
微众银行	广东	金融	91
爱奇艺	北京	大文娱	80
链家网	北京	房产服务	65
口碑网	浙江	本地生活	60
饿了么	上海	本地生活	60
居然之家	北京	电子商务	57
摩拜单车	北京	汽车交通	55
ofo 小黄车	北京	汽车交通	55
优必选科技	深圳	硬件	50
联影医疗	上海	医疗健康	50
威马汽车	上海	汽车交通	50
蔚来汽车	上海	汽车交通	50
WiFi 万能钥匙	上海	工具软件	50
魅族	广东	硬件	46
柔宇科技	深圳	硬件	45
美丽联合集团	浙江	电子商务	40
易商	上海	物流	36
携程艺龙集团	江苏	旅游	35
银联商务	上海	金融	32
瓜子 + 毛豆	北京	汽车交通	32
首汽租车	北京	汽车交通	31
微医集团	浙江	医疗健康	30
平安好医生	广州	医疗健康	30

续表

企业名	地点	所属行业	估值（亿美元）
大地影院	广东	文化娱乐	30
一下科技	北京	文化娱乐	30
智车优行	北京	汽车交通	30
美菜网	北京	电子商务	28
李群自动化	深圳	硬件	25
斗鱼 TV	湖北	文化娱乐	23
淘票票	浙江	本地生活	22
金山云	北京	工具软件	21.20
猫眼微影	北京	本地生活	21
土巴兔装修网	深圳	房产服务	20
拼多多	上海	电子商务	20
喜马拉雅 FM	上海	文化娱乐	20
满帮	江苏	物流	20
旷视科技	北京	人工智能	20
商汤科技	北京	人工智能	20
中商惠民网	北京	电子商务	20
APUS	北京	人工智能	20
猪八戒网	重庆	企业服务	18
大搜车	浙江	汽车交通	18
优信二手车	北京	汽车交通	18
出门问问	北京	企业服务	18
曹操专车	浙江	汽车交通	16
找钢网	上海	电子商务	16
齐家网	上海	电子商务	16
拉卡拉	北京	金融	16
Ucloud	上海	企业服务	15.15
界面	上海	文化娱乐	15
触宝科技	上海	工具软件	15
易果生鲜	上海	电子商务	15

企业名	地点	所属行业	估值（亿美元）
团贷网	广东	金融	15
西山居	广东	游戏	15
网信理财	北京	金融	15
途家网	北京	旅游	15
VIPKID	北京	教育	15
宝宝树	北京	本地生活	15
快看漫画	北京	文化娱乐	15
口袋购物	北京	电子商务	14.50
优客工场	北京	房产服务	13.60
安能物流	上海	物流	13
信达生物	江苏	医疗健康	13
网易云音乐	浙江	文化娱乐	12.12
古北水镇	北京	旅游	12.12
贝贝网	浙江	电子商务	12
魔方公寓	上海	房产服务	12
掌门1对1	上海	教育	12
ETCP停车	北京	汽车交通	12
中粮我买网	北京	电子商务	12
猎聘网	北京	企业服务	12
易生金服	北京	金融	12
华云数据	江苏	企业服务	11.36
富途证券	深圳	金融	10.60
一点资讯	北京	文化娱乐	10.60
得到App	北京	文化娱乐	10.60
江户教育	上海	教育	10.50
挖财网	浙江	金融	10
51信用卡	浙江	金融	10
同盾科技	浙江	企业服务	10
数梦工厂	浙江	企业服务	10

续表

企业名	地点	所属行业	估值（亿美元）
房多多	深圳	房产服务	10
碳云智能	深圳	医疗健康	10
辣妈帮	深圳	电子商务	10
越海物流	深圳	物流	10
VIPABC	上海	教育	10
小红书	上海	电子商务	10
英语流利说	上海	教育	10
蜻蜓 FM	上海	文化娱乐	10
明码科技	上海	硬件	10
Hellobike	上海	汽车交通	10
返利网	上海	电子商务	10
卷皮网	湖北	电子商务	10
随手记	广东	金融	10
巴图如汽配铺	广东	汽车交通	10
小鹏汽车	广东	汽车交通	10
米未传媒	北京	文化娱乐	10
Ninebo	北京	硬件	10
知乎	北京	文化娱乐	10
小猪短租网	北京	房产服务	10
马蜂网	北京	旅游	10
猿辅导	北京	教育	10
锤子科技	北京	硬件	10
转转	北京	电子商务	10
寒武纪科技	北京	人工智能	10
玖富	北京	金融	10
蜜芽宝贝	北京	电子商务	10
云知声	北京	人工智能	10
云鸟配送	北京	物流	10
青云	北京	人工智能	10

企业名	地点	所属行业	估值（亿美元）
学霸君	北京	教育	10
好大夫在线	北京	医疗健康	10
每日优鲜	北京	电子商务	10
作业帮	北京	教育	10
车如家	北京	汽车交通	10

附录3：案例企业主要二手资料来源清单

（一）"得到"主要二手资料清单

1. 期刊报刊类

作者	题名	报纸名	出版日期	版次
李季	两个"罗胖"2019 靠嘴吃饭：2020 他们靠什么？	电脑报	2020 - 01 - 06	004
陈邓新	从吴晓波到罗振宇，知识付费 IP 有哪些"脆弱点"？	电脑报	2019 - 10 - 21	003
程喻	知识付费做成大生意：罗振宇怎么做到的？	证券时报	2019 - 10 - 19	A07
王昕	老罗"敲锣"股民"打鼓"	IT 时报	2019 - 10 - 18	004
魏蔚	罗振宇接力吴晓波 知识付费闯关资本市场	北京商报	2019 - 10 - 17	003
周科竞	罗辑思维 IPO 的关键在于独立性	北京商报	2019 - 10 - 17	006
王雪青	罗振宇欲 A 股"超车"吴晓波知识付费平台是否够科创？	上海证券报	2019 - 10 - 17	006
邱清月	"罗胖"要上市了！罗辑思维冲刺科创板	深圳商报	2019 - 10 - 17	A07
余胜良	罗辑思维叩门科创板 知识付费生意兴旺	证券时报	2019 - 10 - 17	A06
张绪旺	打脸罗振宇"毁不了"知识付费	北京商报	2019 - 08 - 13	013
李婧璇	"罗辑思维"微信公众号：使知识服务成为人们生活一部分	中国新闻出版广电报	2019 - 04 - 23	T07

续表

作者	题名	报纸名	出版日期	版次
尹琨	得到 App 创始人罗振宇：知识服务要找到用户"本源"	中国新闻出版广电报	2018 – 07 – 30	008
欧阳忠	由《罗辑思维》想到的	东方烟草报	2018 – 04 – 16	003
张绪旺	罗辑思维无法代表知识付费	北京商报	2018 – 01 – 23	C04
窦滢滢	《罗辑思维》All In 内容付费	中国经济时报	2017 – 03 – 15	008
张靖超	罗辑思维退出微信小程序热潮或渐趋冷静	中国经营报	2017 – 01 – 23	C02
魏蔚	papi 酱被"分手"网红经济"退烧"	北京商报	2016 – 11 – 28	C01
张绪旺	复制网红有价值比有意思更重要	北京商报	2016 – 11 – 28	C01
韩煦	撤资 papi 酱 罗振宇"改邪归正"	新金融观察	2016 – 11 – 28	014
贺骏	猎豹移动推"头牌"杀入网红直播 罗辑思维真格基金再成幕后推手	证券日报	2016 – 05 – 23	C02
木尧	罗辑思维：阅读结合"直播＋电商"模式	中国出版传媒商报	2016 – 05 – 10	010
徐晶卉	"Papi 酱"们的下一场	文汇报	2016 – 04 – 23	006
江旋	罗胖老朋友 2200 万买下 papi 酱一条广告	第一财经日报	2016 – 04 – 22	A01
郭梦仪	papi 酱挂靠罗胖 上演网红经济另类处女秀	中国经营报	2016 – 04 – 04	C02
江旋	期待罗胖和 papi 酱"趣味"相投	第一财经日报	2016 – 03 – 21	A01

2. 网络资料、内部类

类别	题名	来源	年份
企业高层公开音视频素材	罗振宇跨年演讲	网络公开	2015 ～ 2020
	对话罗振宇：你们想的，都是错的	网络公开	2017
	得到要上市？罗振宇：不想，不管，不知道	网络公开	2017
	罗振宇超详细复盘：得到是这么做出来的	网络公开	2018
	罗振宇告诉你得到 App 是个什么新物种	网络公开	2018
	得到 App 创始人罗振宇：得到靠什么活下来？	网络公开	2018
	得到 App 创始人罗振宇：世界的终极秘密就藏在这 4 个字里	网络公开	2019

续表

类别	题名	来源	年份
企业高层公开音视频素材	得到App创始人罗振宇：你在得到大学能收获三种东西	网络公开	2019
	"得到"罗振宇发内部信：今年取消年终奖	网络公开	2019
	幕后操盘手揭秘：如何打造一场罗振宇时间的朋友跨年演讲？	网络公开	2019
	得到App创始人罗振宇：摘下互联网公司的标签，做一所学校	网络公开	2019
企业直接材料	得到品控手册	网络公开和企业内部材料	2018

（二）"转转"主要二手资料清单

1. 期刊报刊类

作者	题名	报纸名	出版日期	版次
北京商报记者王维祎	转转进攻B端二手电商求索新市场	北京商报	2020-01-08	009
/	转转携手埃森哲对手机质检全面升级，提供可信赖的履约服务	北京商报	2019-12-31	014
张一鸣	找靓机投资并加入转转旗下"采货侠"联盟	中国经济时报	2019-12-30	003
李昆昆	闲鱼、转转审核加强	中国经营报	2019-07-29	C01
王晓然	转转上线潮品鉴定交易平台	北京商报	2019-05-15	D02
罗世浩	这也叫整治清理？30天后的转转平台依旧乱象丛生	电脑报	2019-04-15	006
王辉	转转二手交易网完善服务体系破解二手手机市场发展痛点	中国质量报	2019-03-26	007
李东阳	转转发布二手交易服务白皮书	国际商报	2019-03-15	011
王言	转转二手交易服务白皮书：网络"黑产"破坏行业健康消费者最关注交易安全	中国产经新闻	2019-03-13	007
周雪松	58集团创新业务增长迅速受经济周期影响"微乎其微"	中国经济时报	2018-11-21	006
李东阳	转转首个"二手双11"交易火爆	国际商报	2018-11-14	007
贺骏	社交电商催化绿色消费转转等二手平台迎来风口	证券日报	2018-08-16	C03

作者	题名	报纸名	出版日期	版次
房欣	58 集团全面构建消费者保障体系赋能生活服务新业态	中国消费者报	2018－03－15	B56
毕若林	转转携富士康共建二手手机生态	国际商报	2017－09－13	C02
赵娜	角力闲置二手市场：腾讯 2 亿美元投资转转	21 世纪经济报道	2017－04－24	015
吴文治	腾讯 2 亿美元投资转转闲鱼迎劲敌	北京商报	2017－04－19	005
吴文治	58 业务创新瞄准平台契合点	北京商报	2017－04－05	C02
黄楚婷	58 二手业务全线入转转麾下 姚劲波重金助推纯粹二手交易	通信信息报	2016－06－29	A16
李铎	二手业务平移转转 58 险招寻突破口	北京商报	2016－06－24	005
汪传鸿	58 砸重金押注二手交易服务"转转"	21 世纪经济报道	2016－06－24	015
陈永	海尔与 58 集团战略合作 共享开放生态圈价值	中国商报	2016－06－17	P04
魏蔚	绑上微信转转能飞多远	北京商报	2016－06－13	C01
李铎	58 重推二手平台 CEO 姚劲波代言	北京商报	2016－01－12	005
胡雨	58 赶集与微信合推二手交易正合时宜	财会信报	2015－11－23	D01

2. 网络资料、内部类

类别	题名	来源	年份
企业高层公开音视频素材	转转 CEO 黄炜解读：转转发条熊为何受到青睐？	网络公开	2016
	转转 CEO 黄炜：一个"产品人"心目中的二手交易平台	网络公开	2016
	转转 CEO 黄炜：共享经济会让人的信用变好	网络公开	2017
	转转 CEO 黄炜：信任成闲置经济最大问题将投入两个亿培育市场	网络公开	2017
	转转 CEO 黄炜：专注二手交易会将更好的模式带到国外	网络公开	2017
	转转 CEO 黄炜：国内二手交易体验比国外好	网络公开	2017
	转转 CEO 黄炜：增强本土化属性，是生活服务领域的出路	网络公开	2017

续表

类别	题名	来源	年份
企业高层公开音视频素材	转转 CEO 黄炜：二手买卖是人人可以做的环保	网络公开	2017
	转转 CEO 黄炜："二手"物品并不低劣信任成最大问题	网络公开	2017
	转转 CEO 黄炜：闲置物品交易市场规模 4000 亿，提升用户体验，加强本地化优势才是生存王道	网络公开	2017
	转转 CEO 黄炜：用标准化服务撬动万亿二手市场	网络公开	2017
	转转 CEO 黄炜：谁都有机会在竞争中胜出	网络公开	2018
	专访转转 CEO 黄炜："消费分级"形势下的二手市场趋势是怎样的？	网络公开	2018
	对话转转 CEO 黄炜：万亿二手市场，机会在于新供给	网络公开	2018
	转转 CEO 黄炜出席阿拉丁小程序创新大会：借势小程序的风口提升用户服务	网络公开	2018
	转转 CEO 黄炜：借势小程序提升用户服务	网络公开	2018
	中国消费者报社联合转转在京召开座谈会	网络公开	2019
	转转 CEO 黄炜：道阻且长、行则将至让世界因流转更美好	网络公开	2019
	转转 CEO 黄炜：B 轮融资仅用 3 个月已为团队预留期权池	网络公开	2019
	转转 CEO 黄炜：完成融资第一感觉是"活下去"	网络公开	2019
	转转 CEO 黄炜内部信：保持敬畏心活下去	网络公开	2019
	转转 CEO 黄炜：二手行业更抗周期，产品服务要为用户真正创造价值	网络公开	2020
	"献身"直播带货，转转 CEO 黄炜一小时卖出 700 多台手机	网络公开	2020
企业直接材料	转转二手交易服务白皮书	网络公开	2018～2019
	官网及其他公开信息	7 万 6 千余字	

（三）滴滴出行主要二手资料清单

1. 期刊报刊类

作者	题名	报纸名	出版日期	版次
本报记者喻剑	滴滴出行：智慧防疫助安全出行	经济日报	2020－04－16	012
李仁平	滴滴多举措保障安全出行	中华工商时报	2020－02－11	004

185

续表

作者	题名	报纸名	出版日期	版次
郭梦仪	不利于行业发展 滴滴出行主动暂停"以租代购"	中国经营报	2020 – 01 – 20	C02
梁士斌	四部门联合约谈滴滴嘀嗒	法制日报	2020 – 01 – 17	005
李蕾	滴滴顺风车是"顺路捎带"，还是另一种网约车？	解放日报	2020 – 01 – 14	005
甘霖	深圳市政府与滴滴出行签署战略合作框架协议	深圳特区报	2019 – 12 – 24	A03
张博	滴滴张博：AI引领出行变革	新能源汽车报	2019 – 12 – 16	006
叶菁	滴滴强推"拼车"服务背后的焦虑	通信信息报	2019 – 12 – 11	004
刘希阳	滴滴顺风车"重启"邀请乘客参与产品共建	哈尔滨日报	2019 – 11 – 22	003
王璐	网约车生态由竞争走向共生	经济参考报	2019 – 11 – 19	008
吕倩	滴滴顺风车业务重启	第一财经日报	2019 – 11 – 07	A09
车辆学院	清华大学与滴滴成立未来出行联合研究中心	新清华	2019 – 11 – 01	007
孟妮	万豪国际与滴滴出行签署战略合作协议	国际商报	2019 – 11 – 01	005
黄山石	湖北与滴滴共同启动退役军人红星项目更好服务退役军人	湖北日报	2019 – 10 – 28	004
刘宇平	滴滴：变革让出行更安全更智能	中国市场监管报	2019 – 09 – 27	003
邹奕萍	自动驾驶业务加速推进 滴滴转型逐战千亿风口	通信信息报	2019 – 08 – 14	008
张欢	滴滴与北京交研院合作提升城市交通管理水平	中国信息化周报	2019 – 07 – 29	005
肖晗	滴滴获丰田6亿美元投资	深圳商报	2019 – 07 – 27	A05
唐金燕	滴滴出行发布车内冲突安全透明度报告 首次举办媒体开放日详解安全机制	中国经营报	2019 – 07 – 08	C02
牛瑾	滴滴转向"聚合模式"为哪般	经济日报	2019 – 07 – 04	011
林韦玮	张琦会见滴滴出行董事长程维一行	海口日报	2019 – 02 – 01	001

作者	题名	报纸名	出版日期	版次
刘虹伶	这家出行巨头又有新动作 滴滴在多伦多开设实验室	电脑报	2018－11－26	009
魏蔚	滴滴：出行供给改革未完待续	北京商报	2018－09－28	003
崔爽	滴滴整改顺风车，扫清低碳共享出行"路障"	科技日报	2018－05－22	005
赵广立	社交化的顺风车须有更严格的安保之举	中国科学报	2018－05－17	005
周静	滴滴多线布局稳中求进 程维太极战略构建出行帝国	通信信息报	2018－03－14	A16
／	AI变革交通滴滴备战后出行时代	北京商报	2018－03－13	C04
杨清清	滴滴出行确认已完成新一轮超40亿美元融资	21世纪经济报道	2017－12－22	015
张杰	"共享出行"五年新变化：滴滴出行改变行业格局	华夏时报	2017－10－02	018
潘玉蓉	蚂蚁金服、滴滴出行参与筹建车险理赔服务共享平台	证券时报	2017－08－31	A09
／	滴滴"女性联盟"概念升级	北京商报	2017－06－19	C04
郭一麟	同济大学联合滴滴成立智慧出行实验室	中国交通报	2017－06－07	6
郑梅云	滴滴估值飙至500亿美元是资本游戏还是新故事动人？	通信信息报	2017－05－10	A05
王晓慧	滴滴终获牌照，网约车倒逼出租车行业改革	华夏时报	2017－03－06	19
赵陈婷	疯狂烧钱难继续滴滴、优步"拼车"	第一财经日报	2016－08－02	A01
张彬	滴滴出行与优步中国宣布合并	经济参考报	2016－08－02	3
刘艳	"独角兽"滴滴出行前进遇难题	经济参考报	2016－07－22	6
赵陈婷	滴滴、优步开启新一轮融资竞赛	第一财经日报	2016－06－03	A07
赵明	苹果10亿美元投资滴滴或将双赢	中国计算机报	2016－05－23	1
赵陈婷	滴滴出行张浩：大数据主宰现在与未来	第一财经日报	2015－11－16	T09
秦夕雅	滴滴新思考：分享经济需要全新管理体制	第一财经日报	2015－11－10	A11
魏蔚	示好"专车新政"滴滴高调上保险	北京商报	2015－10－28	5

续表

作者	题名	报纸名	出版日期	版次
吴琼	上海交委试水"互联网＋"滴滴快的获首块专车"牌照"	上海证券报	2015 – 10 – 15	P04
高江虹	交通部出台出租车改革新规：网络专车纳入管理	21世纪经济报道	2015 – 10 – 13	17
陈杰	滴滴快的获首张互联网专车牌照	科技日报	2015 – 10 – 09	3
边长勇	滴滴出行：做"巨无霸"移动出行全平台	第一财经日报	2015 – 09 – 18	A11
赵婧	滴滴快的程维：做懂你的"助手"	经济参考报	2015 – 09 – 18	10
魏蔚	"滴滴打车"转型生活O2O综合入口	北京商报	2015 – 09 – 10	3
张遥	"滴滴打车"更名"滴滴出行"不放弃打车业务	经济参考报	2015 – 09 – 10	6
肖晗	滴滴打车更名滴滴出行	深圳商报	2015 – 09 – 10	A11
周霞	滴滴发力代驾引混战市场 渐告别粗放式发展	通信信息报	2015 – 08 – 05	B12
张倩怡	滴滴上线代驾业务	北京日报	2015 – 07 – 29	10
肖晗	滴滴顺风车日订单超11万	深圳商报	2015 – 07 – 22	A06
吴琼	滴滴快的完成20亿美元融资	上海证券报	2015 – 07 – 09	P06
滑明飞	加速变现：滴滴内测"合乘拼车"	21世纪经济报道	2015 – 07 – 08	20
肖晗	滴滴上线"顺风车"	深圳商报	2015 – 06 – 02	A18
悠然	看滴滴怎样做出行平台	人民邮电	2015 – 05 – 29	5
王早霞	滴滴快的合并：互联网新生力量	山西日报	2015 – 03 – 03	C03
赵陈婷	滴滴快的新挑战："专车"黑与白	第一财经日报	2014 – 11 – 24	A16
齐琳	快的、滴滴垄断打车软件97%市场	北京商报	2014 – 05 – 15	3
刘斯会	打车软件烧钱大战仍在持续 滴滴快的称10亿元不是终点	证券日报	2014 – 02 – 27	C03

2. 网络资料、内部类

类别	题名	来源	年份
企业高层公开音视频素材	程维担任滴滴打车CEO时于情人节发出的内部信	网络公开	2015
	程维担任滴滴打车CEO时发出内部邮件：滴滴快的合并	网络公开	2015

类别	题名	来源	年份
企业高层公开音视频素材	程维担任滴滴快的 CEO 时的内部信：完成新一轮 20 亿美元融资	网络公开	2015
	博鳌亚洲论坛"新浪财经之夜－正和岛夜话"活动，滴滴出行创始人、CEO 程维"共享经济的'狼图腾'"主题演讲	网络公开	2016
	2016 年第十五届中国互联网大会，滴滴出行总裁柳青发表了主题演讲	网络公开	2016
	程维内部信：宣布收购优步中国	网络公开	2016
	柳青做客美国《罗斯访谈》：科技已极大地改变了中国	网络公开	2017
	美国记者对柳青专访	网络公开	2017
	2017 年第四届世界互联网大会，滴滴出行 CEO 程维的演讲	网络公开	2017
	程维：资本青睐无人驾驶的背后是智能交通，滴滴会全力以赴投入	网络公开	2017
	滴滴程维：人类在奢侈地浪费，希望设计第一代共享汽车	网络公开	2017
	滴滴程维：我 40% 的时间都用在招人上	网络公开	2017
	智慧交通建设与海外布局两步走，在滴滴代驾两周年上程维讲了哪些？	网络公开	2017
	程维 2017 年内部信：对内部组织架构及人事进行重大升级	网络公开	2017
	滴滴出行总裁柳青在 2018 年会演讲	网络公开	2018
	滴滴出行 CEO 程维在 2018 年会演讲	网络公开	2018
	滴滴出行 CTO 张博在 2018 年会演讲	网络公开	2018
	安全专项检查工作新闻通气会，程维现场发言	网络公开	2018
	程维 2018 年内部信：All in 安全	网络公开	2018
	程维 2018 年内部信：组织结构再调整	网络公开	2018
	程维：汽车和出行的边界越来越模糊，滴滴要成为最大的一站式出行平台	网络公开	2018
	程维公布滴滴 3 年全球战略：国内全出行渗透率 8%	网络公开	2019
	沈南鹏与程维谈 AI 创新，他们都说了什么？	网络公开	2019
企业直接材料	滴滴城市交通出行报告	网络公开	2017～2018
	2018 滴滴出行企业公民报告	滴滴出行内部材料	2018
	"数"说滴滴：滴滴经济社会影响研究 2018——2019	滴滴发展研究院	2019

类别	题名	来源	年份
企业直接材料	滴滴平台就业体系与就业数量测算	中国人民大学劳动人事学院	2019
	共享出行平台社会福利测算研究报告	中国人民大学汉青经济与金融高级研究院	2019
	滴滴出行介绍手册	滴滴出行内部材料	2019

（四）哈啰出行主要二手资料清单

1. 期刊报刊类

作者	题名	报纸名	出版日期	版次
王昕	共享单车"三色大战"但我只爱最新那辆	IT时报	2020-04-10	002
杨舒惠	让共享助力单车与城市文明共同成长	鄂尔多斯日报	2019-10-28	003
曾兰	常德共享单车的"骑行怪状"如何破解？	常德日报	2019-07-04	003
王靖添	共享单车市场深度调适未来可期	中国交通报	2019-03-26	003
/	深圳鼓励市民中短途骑自行车，投放车辆保障100%消杀	中国自行车	2020	02
黄迪	共享企业风险管控：基于小黄车与哈啰单车的比较和启示	财会月刊	2020	03
雷小生、刘旷	哈啰单车、美团单车、和滴滴青桔的新三国杀	大数据时代	2020	01
/	2019的共享经济冲破补贴的天花板就是赢家？	营销界	2019	52
吴媛媛	浅析共享单车平台的会计确认与计量——以哈啰单车为例	中外企业家	2019	32
/	哈啰出行联合宁德时代、蚂蚁金服打造两轮基础能源网络	中国自行车	2019	05
尚路、高蕊	哈啰的逆袭之旅	企业管理	2019	09

作者	题名	报纸名	出版日期	版次
韩硕	去乡间骑一骑，哈啰出行助力乡村旅游扶贫	中国社会组织	2019	15
祝南熙、潘彦汝、苏丹、曾佑新	共享单车的发展模式及对策分析	中国商论	2019	13
张阿嫱	城市钢铁垃圾如何回收？记者实访天津工厂解密共享单车的最后一站	资源再生	2019	07
/	轮界纵览	中国自行车	2019	03
/	单车破坏率同比下降37％，哈啰信用体系初显成效	中国自行车	2019	03
林洁如	回归市场本性共享单车涨价"造血"	新产经	2019	05
/	共享单车集体涨价	小康	2019	12
/	江苏无锡全市核发共享单车"牌照"15.5万个	中国自行车	2019	02
/	哈啰出行发布《2018年度全国景区骑游报告》	中国自行车	2019	02
李强	哈啰出行联合支付宝植树月践行低碳骑行	中国社会组织	2019	06
本刊编辑部	"年度创业领军人物Top 10"：这些新面孔你应该留意	经营管理者	2019	01
/	哈罗单车更名哈啰出行，联手申通地铁打造一体化智慧接驳	中国自行车	2018	11
程楠	哈啰出行携手北京市企业家环保基金会点亮江豚的微笑	中国社会组织	2018	21
王继勇、董雷、秦海霞、耿肃竹、李艳	哈啰！士别三日	创新世界周刊	2018	10

2. 网络资料、内部类

类别	题名	来源	年份
企业高层公开音视频素材	哈啰单车CEO杨磊个人简历	网络公开	2018
	哈啰出行杨磊：共享单车高频刚需蕴藏巨大潜力	网络公开	2018
	哈啰出行CEO杨磊：共享单车是一个非常典型的先易后难的生意	网络公开	2018
	三年用户达2.8亿，哈啰出行杨磊发内部信：创业之初曾"被所有人不看好"	网络公开	2019

续表

类别	题名	来源	年份
企业高层公开音视频素材	哈啰出行 CEO 杨磊：深耕两轮构建智慧出行生态	网络公开	2019
	哈啰出行 CEO 杨磊：一开始就没打算走"补贴烧钱"这条路	网络公开	2019
	哈啰出行杨磊："技术信仰者"驱动出行大进化	网络公开	2019
	哈啰出行创始人杨磊：大部分人跟我创业会非常爽	网络公开	2020
企业直接材料	官网及其他公开信息	4.9 万余字	

附录4：案例企业主要一手资料来源清单

企业/部门	半结构化访谈对象	访谈时间
哈啰出行	哈啰出行助力车事业部总负责人	2020 年 1 月
	哈啰出行上海助力车业务总经理	2020 年 1 月
	哈啰出行单车业务总经理	2020 年 1 月
	哈啰出行公关部总监	2020 年 1 月
	哈啰出行政府关系总负责人	2020 年 1 月
	哈啰单车东北地区总负责人	2019 年 12 月
	非正式访谈：借出行之便、通过知乎问答等方式所收集的用户评价与反馈（4.5 万余字）	持续收集，截至 2020 年
滴滴出行	滴滴发展研究院负责人	2019 年 12 月
	滴滴发展研究院研究员	2019 年 12 月
	青桔单车东北地区负责人	2019 年 12 月
	滴滴专车事业部员工	2018 年 12 月
	滴滴运营方向员工	2017 年 10 月
	滴滴司机端方向员工	2017 年 10 月
	滴滴汽车租赁公司方向员工	2017 年 11 月
	滴滴人力资源方向员工	2017 年 11 月
	非正式访谈：借出行之便、通过知乎问答等方式所收集的用户评价与反馈（14 万余字）	持续收集，截至 2020 年

续表

企业/部门	半结构化访谈对象	访谈时间
得到	非正式访谈：借熟人关系、通过知乎问答等方式所收集的用户评价与反馈（16万余字）	持续收集，截至2020年
转转	非正式访谈：借熟人关系、通过知乎问答等方式所收集的用户评价与反馈（6.6万余字）	持续收集，截至2020年
政府监管部门及主要竞争对手	沈阳市城建部相关负责人	2019年12月
	沈阳市城建部工作人员	2019年12月
	沈阳市交通局相关负责人	2019年12月
	沈阳市交通局工作人员	2019年12月
	济南市交通局相关负责人	2019年12月
	摩拜单车东北地区负责人	2019年12月

注：得到与转转的二手资料比较充分，特别是一把手的公开讲演与访谈资料较完善，得到会定时直播企业的内部例会。

附录5：案例研究半结构化访谈提纲

问题层次	主要访谈问题
组织架构	Q1：贵企业的商业模式是什么？（如何运营来赚钱、定位、业务等）
	Q2：贵企业的管理层级是什么样的？
如何界定资源	Q3：贵企业在运营中需要哪些资源？（人、资本、技术等）
	Q4：您能针对每一个资源详细解释一下吗？
如何获得资源	Q5：贵企业在运营中是如何获得这些资源的？（具体采用的方式如合作、竞争等）
	Q6：对于某些无法获得的资源，贵企业是如何做的？
如何使用资源	Q7：贵企业在运营中是如何使用这些资源的？
如何连接多边资源	Q8：贵企业是如何连接您自己的资源和其他企业或个人的资源的？（如何发挥自己作为中介平台作用的）
其他	Q9：在工作期间有哪些值得一提的有趣的事情？ Q10：你感受到的企业文化/氛围是什么样的？

参考文献

［1］［美］斯科特，戴维斯．组织理论：理性、自然与开放系统的视角［M］．北京：中国人民大学出版社，2011．

［2］安佳．分享经济学评介［J］．经济与管理研究，1987（4）：59－61．

［3］蔡贵龙，柳建华，马新啸．非国有股东治理与国企高管薪酬激励［J］．管理世界，2018，34（5）：137－149．

［4］曹丰，谷孝颖．非国有股东治理能够抑制国有企业金融化吗？［J］．经济管理，2021，43（1）：54－71．

［5］常风林，周慧，岳希明．国有企业高管"限薪令"有效性研究［J］．经济学动态，2017（3）：40－51．

［6］常蕊．中国国有企业研究的特征与趋势——基于 CSSCI 数据库的文献计量［J］．经济与管理，2022，36（4）：76－82．

［7］陈剑，黄朔，刘运辉．从赋能到使能——数字化环境下的企业运营管理［J］．管理世界，2020，36（2）：117－128，222．

［8］陈茹，张金若，王成龙．国家审计改革提高了地方国有企业全要素生产率吗？［J］．经济管理，2020，42（11）：5－22．

［9］陈仕华，卢昌崇．国有企业党组织的治理参与能够有效抑制并购中的"国有资产流失"吗？［J］．管理世界，2014（5）：106－120．

［10］陈威如，徐玮伶．平台组织：迎接全员创新的时代［J］．清华管理评论，2014（Z2）：46－54．

［11］陈武，李燕萍．众创空间平台组织模式研究［J］．科学学研究，2018，36（4）：593－600，608．

［12］陈晓萍，沈伟．组织与管理研究的实证方法［M］．北京：北京大

学出版社，2018.

［13］陈悦，陈超美．引文空间分析原理与应用：CiteSpace 实用指南 ［M］．北京：科学出版社，2014.

［14］代明，姜寒，程磊．分享经济理论发展动态——纪念威茨曼《分享经济》出版 30 周年 ［J］．经济学动态，2014（7）：106－114.

［15］戴克清，陈万明，李小涛．共享经济研究脉络及其发展趋势 ［J］．经济学动态，2017（11）：126－140.

［16］邓少军，芮明杰，赵付春．组织响应制度复杂性：分析框架与研究模型 ［J］．外国经济与管理，2018，40（8）：3－16，29.

［17］杜小民，高洋，刘国亮，等．战略与创业融合新视角下的动态能力研究 ［J］．外国经济与管理，2015，37（2）：18－28.

［18］杜运周，贾良定．组态视角与定性比较分析（QCA）：管理学研究的一条新道路 ［J］．管理世界，2017（6）：155－167.

［19］杜运周，李佳馨，刘秋辰，等．复杂动态视角下的组态理论与 QCA 方法：研究进展与未来方向 ［J］．管理世界，2021，37（3）：180－197，12－13.

［20］分享经济发展报告课题组，张新红，高太山，等．中国分享经济发展报告：现状、问题与挑战、发展趋势 ［J］．电子政务，2016（4）：11－27.

［21］郝瑾，王凤彬，王璁．海外子公司角色分类及其与管控方式的匹配效应——一项双层多案例定性比较分析 ［J］．管理世界，2017（10）：150－171.

［22］郝阳，龚六堂．国有、民营混合参股与公司绩效改进 ［J］．经济研究，2017，52（3）：122－135.

［23］何超，张建琦，刘衡．分享经济：研究评述与未来展望 ［J］．经济管理，2018，40（1）：191－208.

［24］何瑛，杨琳．改革开放以来国有企业混合所有制改革：历程、成效与展望 ［J］．管理世界，2021，37（7）：44－60，4.

［25］胡莹，郑礼肖．共享发展理念与分享经济理论的比较研究 ［J］．理论月刊，2019（4）：111－116.

［26］黄昊，王国红，秦兰．科技新创企业资源编排对企业成长影响研究：

资源基础与创业能力共演化视角 [J]. 中国软科学, 2020 (7): 122 - 137.

[27] 黄群慧, 余菁. 新时期的新思路: 国有企业分类改革与治理 [J]. 中国工业经济, 2013 (11): 5 - 17.

[28] 黄速建, 肖红军, 王欣. 论国有企业高质量发展 [J]. 中国工业经济, 2018 (10): 19 - 41.

[29] 黄速建. 中国国有企业混合所有制改革研究 [J]. 经济管理, 2014, 36 (7): 1 - 10.

[30] 江轩宇. 政府放权与国有企业创新——基于地方国有企业金字塔结构视角的研究 [J]. 管理世界, 2016 (9): 120 - 135.

[31] 姜奇平. 分享经济: 垄断竞争政治经济学 [M]. 北京: 清华大学出版社, 2017.

[32] 蒋大兴, 王首杰. 共享经济的法律规制 [J]. 中国社会科学, 2017 (9): 141 - 162, 208.

[33] 井润田, 赵宇楠, 滕颖. 平台组织、机制设计与小微创业过程——基于海尔集团组织平台化转型的案例研究 [J]. 管理学季刊, 2016, 1 (4): 38 - 71.

[34] 李炳炎. 构建中国特色社会主义分享经济制度的探索 [J]. 当代经济研究, 2012 (7): 27 - 34.

[35] 李大元, 项保华. 组织与环境共同演化理论研究述评 [J]. 外国经济与管理, 2007 (11): 9 - 17.

[36] 李胡扬, 柳学信, 孔晓旭. 国有企业党组织参与公司治理对企业非市场战略的影响 [J]. 改革, 2021 (5): 102 - 117.

[37] 李立威, 何勤. 没有信任何谈共享? ——分享经济中的信任研究述评 [J]. 外国经济与管理, 2018, 40 (6): 141 - 152.

[38] 李平, 曹仰锋. 案例研究方法: 理论与范例——凯瑟琳·艾森哈特论文集 [M]. 北京: 北京大学出版社, 2012.

[39] 李维安, 孙林. 同乡关系在晋升中会起作用吗? ——基于省属国有企业负责人的实证检验 [J]. 财经研究, 2017, 43 (1): 17 - 28.

[40] 李维安. 网络组织: 组织发展新趋势 [M]. 北京: 经济科学出版社, 2003.

［41］李文贵，余明桂．民营化企业的股权结构与企业创新［J］．管理世界，2015（4）：112－125.

［42］李文明，吕福玉．分享经济起源与实态考证［J］．改革，2015（12）：42－51.

［43］李友梅．民间组织与社会发育［J］．探索与争鸣，2006（4）：32－36.

［44］梁强，徐二明．从本体认知到战略行为偏向——制度逻辑理论评述与展望［J］．经济管理，2018，40（2）：176－191.

［45］梁正，余振，宋琦．人工智能应用背景下的平台治理：核心议题、转型挑战与体系构建［J］．经济社会体制比较，2020，No. 209（3）：67－75.

［46］廖冠民，沈红波．国有企业的政策性负担：动因、后果及治理［J］．中国工业经济，2014（6）：96－108.

［47］廖丽．我国股权激励研究：现状审视与未来展望——基于科学知识图谱的文献计量分析［J］．现代营销（经营版），2021（7）：34－35.

［48］刘纪鹏，刘彪，胡历芳．中国国资改革：困惑、误区与创新模式［J］．管理世界，2020，36（1）：60－68，234.

［49］刘越，张露梅．国有企业改革研究的知识图谱：基于 CiteSpace 文献计量法［J］．长春理工大学学报（社会科学版），2021，34（3）：102－108.

［50］刘运国，郑巧，蔡贵龙．非国有股东提高了国有企业的内部控制质量吗？——来自国有上市公司的经验证据！［J］．会计研究，2016（11）：61－68，96.

［51］刘震，林镇阳．基于文献计量的国企改革四十年研究热点变迁及阶段划分［J］．学习与探索，2018（12）：133－140.

［52］柳学信，孔晓旭，王凯．国有企业党组织治理与董事会异议——基于上市公司董事会决议投票的证据［J］．管理世界，2020，36（5）：116－133.

［53］卢晖临，李雪．如何走出个案——从个案研究到扩展个案研究［J］．中国社会科学，2007（1）：118－130，207－208.

［54］卢现祥．共享经济：交易成本最小化、制度变革与制度供给［J］．社会科学战线，2016（9）：51－61.

［55］马化腾等．分享经济：供给侧改革的新经济方案［M］．北京：中

信出版社，2016.

［56］马连福，王丽丽，张琦．混合所有制的优序选择：市场的逻辑［J］．中国工业经济，2015（7）：5－20.

［57］马新啸，汤泰劼，郑国坚．非国有股东治理与国有企业的税收规避和纳税贡献——基于混合所有制改革的视角［J］．管理世界，2021，37（6）：128－141，8.

［58］孟韬，孔令柱．社会网络理论下"大众生产"组织的网络治理研究［J］．经济管理，2014，36（5）：70－79.

［59］孟韬，王维．国际用户创新领域研究现状与热点的可视化分析［J］．现代情报，2017，37（7）：131－137.

［60］孟韬．网络社会中"产消者"的兴起与管理创新［J］．经济社会体制比较，2012（3）：205－212.

［61］倪克金，刘修岩．数字化转型与企业成长：理论逻辑与中国实践［J］．经济管理，2021，43（12）：79－97.

［62］倪云华，虞仲轶．共享经济大趋势［M］．北京：机械工业出版社，2015.

［63］彭睿，綦好东，亚琨．国有企业归核化与风险承担［J］．会计研究，2020（7）：104－118.

［64］戚聿东，张任之．新时代国有企业改革如何再出发？——基于整体设计与路径协调的视角［J］．管理世界，2019，35（3）：17－30.

［65］戚聿东，杜博，温馨．国有企业数字化战略变革：使命嵌入与模式选择——基于3家中央企业数字化典型实践的案例研究［J］．管理世界，2021，37（11）：137－158，10.

［66］戚聿东，肖旭．数字经济时代的企业管理变革［J］．管理世界，2020，36（6）：135－152，250.

［67］綦好东，郭骏超，朱炜．国有企业混合所有制改革：动力、阻力与实现路径［J］．管理世界，2017，（10）：8－19.

［68］曲亮，谢在阳，郝云宏，等．国有企业董事会权力配置模式研究——基于二元权力耦合演进的视角［J］．中国工业经济，2016（8）：127－144.

［69］任广乾，冯瑞瑞，田野．混合所有制、非效率投资抑制与国有企业价值［J］．中国软科学，2020（4）：174－183．

［70］沈昊，杨梅英．国有企业混合所有制改革模式和公司治理——基于招商局集团的案例分析［J］．管理世界，2019，35（4）：171－182．

［71］沈红波，张金清，张广婷．国有企业混合所有制改革中的控制权安排——基于云南白药混改的案例研究［J］．管理世界，2019，35（10）：206－217．

［72］苏敬勤，林菁菁，张雁鸣．创业企业资源行动演化路径及机理——从拼凑到协奏［J］．科学学研究，2017，35（11）：1659－1672．

［73］谭海波，范梓腾，杜运周．技术管理能力、注意力分配与地方政府网站建设——一项基于 TOE 框架的组态分析［J］．管理世界，2019，35（9）：81－94．

［74］王凤彬，江鸿，王璁．央企集团管控架构的演进：战略决定、制度引致还是路径依赖？——一项定性比较分析（QCA）尝试［J］．管理世界，2014（12）：92－114，187－188．

［75］王国红，黄昊，秦兰．技术新创企业创业网络对企业成长的影响研究——以资源编排为中介的多案例分析［J］．科学学研究，2020，38（11）：2329－2339．

［76］王丽丽，廖伟．分享经济对耐用品二手市场的影响研究［J］．西南民族大学学报（人文社科版），2018，39（11）：117－123．

［77］王钦，张崔．中国工业企业技术创新40年：制度环境与企业行为的共同演进［J］．经济管理，2018，40（11）：5－20．

［78］吴小节，杨尔璞，汪秀琼．交易成本理论在企业战略管理研究中的应用述评［J］．华东经济管理，2019，33（6）：155－166．

［79］吴延兵．国有企业双重效率损失研究［J］．经济研究，2012，47（3）：15－27．

［80］武常岐，钱婷，张竹，等．中国国有企业管理研究的发展与演变［J］．南开管理评论，2019，22（4）：69－79，102．

［81］向东，余玉苗．国有企业引入非国有资本对创新绩效的影响——基于制造业国有上市公司的经验证据［J］．研究与发展管理，2020，32

（5）：152 - 165.

［82］向东，余玉苗．国有企业引入非国有资本对投资效率的影响［J］．经济管理，2020，42（1）：25 - 41.

［83］向国成，钟世虎，谌亭颖，等．分享经济的微观机理研究：新兴古典与新古典［J］．管理世界，2017（8）：170 - 171.

［84］项安波．重启新一轮实质性、有力度的国有企业改革——纪念国有企业改革 40 年［J］．管理世界，2018，34（10）：95 - 104.

［85］肖红军，李平．平台型企业社会责任的生态化治理［J］．管理世界，2019，35（4）：120 - 144，196.

［86］肖红军，阳镇，商慧辰．混合型组织：概念与类别再探究［J］．外国经济与管理，2022，44（1）：84 - 104.

［87］熊爱华，张质彬．国有企业混合所有制改革、金融化程度与全要素生产率［J］．南方经济，2020（9）：86 - 106.

［88］徐鹏，张恒，白贵玉．上市公司败德治理行为发生机理研究——基于组态视角的模糊集定性比较分析［J］．管理学季刊，2019，4（3）：72 - 86，142.

［89］许晓敏，张立辉．共享经济模式下我国光伏扶贫产业的商业模式及发展路径研究［J］．管理世界，2018，34（8）：182 - 183.

［90］杨瑞龙，王元，聂辉华．"准官员"的晋升机制：来自中国央企的证据［J］．管理世界，2013（3）：23 - 33.

［91］杨兴全，尹兴强．国有企业混改如何影响公司现金持有？［J］．管理世界，2018，34（11）：93 - 107.

［92］杨学成，涂科．出行共享中的用户价值共创机理——基于优步的案例研究［J］．管理世界，2017（8）：154 - 169.

［93］杨学成，涂科．分享经济背景下的动态价值共创研究——以出行平台为例［J］．管理评论，2016，28（12）：258 - 268.

［94］姚小涛，黄千芷，刘琳琳．名正则言顺？——"共享"之名下的共享单车商业模式与制度组凑案例探析［J］．外国经济与管理，2018，40（10）：139 - 152.

［95］余义勇，杨忠．价值共创的内涵及其内在作用机理研究述评［J］．学海，2019（2）：165 - 172.

[96] 余泳泽，郭梦华，胡山．社会失信环境与民营企业成长——来自城市失信人的经验证据［J］．中国工业经济，2020（9）：137－155．

[97] 张福军．共同演化理论研究进展［J］．北京：经济学动态，2009（3）：108－111．

[98] 张坤，李晶，王文韬，等．我国分享经济领域热点主题的可视化研究——基于共词分析和社会网络分析［J］．图书馆，2017（12）：66－71．

[99] 张明，杜运周．组织与管理研究中QCA方法的应用：定位、策略和方向［J］．管理学报，2019，16（9）：1312－1323．

[100] 张楠，卢洪友．薪酬管制会减少国有企业高管收入吗——来自政府"限薪令"的准自然实验［J］．经济学动态，2017（3）：24－39．

[101] 张宁，才国伟．国有资本投资运营公司双向治理路径研究——基于沪深两地治理实践的探索性扎根理论分析［J］．管理世界，2021，37（1）：108－127，8．

[102] 张青，华志兵．资源编排理论及其研究进展述评［J］．经济管理，2020（9）：193－208．

[103] 张新红，高太山，于凤霞，等．中国分享经济发展报告：现状、问题与挑战、发展趋势［J］．电子政务，2016（4）：11－27．

[104] 张新红．分享经济：重构中国经济新生态［M］．北京：北京联合出版公司，2016．

[105] 赵云辉，陶克涛，李亚慧，等．中国企业对外直接投资区位选择——基于QCA方法的联动效应研究［J］．中国工业经济，2020（11）：118－136．

[106] 郑联盛．共享经济：本质、机制、模式与风险［J］．国际经济评论，2017（6）：45－69．

[107] 周铭山，张倩倩．"面子工程"还是"真才实干"？——基于政治晋升激励下的国有企业创新研究［J］．管理世界，2016（12）：116－132．

[108] 周蓉蓉，刘海英，靳永辉．基于区块链技术的共享经济发展路径与对策研究［J］．广西社会科学，2018（2）：84－87．

[109] 周文辉，杨苗，王鹏程，等．赋能、价值共创与战略创业：基于韩都与芬尼的纵向案例研究［J］．管理评论，2017，29（7）：258－272．

［110］朱国云．组织理论：历史与流派［M］．南京：南京大学出版社，2014.

［111］朱克力，张孝荣．分享经济：国家战略新引擎与新路径［M］．北京：中信出版集团股份有限公司，2016.

［112］朱晓红，陈寒松，张腾．知识经济背景下平台型企业构建过程中的迭代创新模式——基于动态能力视角的双案例研究［J］．管理世界，2019，35（3）：142－156，207－208.

［113］祝振铎，李新春．新创企业成长战略：资源拼凑的研究综述与展望［J］．外国经济与管理，2016，38（11）：71－82.

［114］Adner R, Helfat C E. Corporate Effects and Dynamic Managerial Capabilities［J］. Strategic Management Journal, 2003, 24：1011－1025.

［115］Alaimo C, Kallinikos J. Organizations Decentered：Data Objects, Technology and Knowledge［J］. Organization Science, 2022, 33（1）：19－37.

［116］Amit R, Han X. Value Creation through Novel Resource Configurations in a Digitally Enabled World［J］. Strategic Entrepreneurship Journal, 2017, 11（3）：228－242.

［117］Ancona D G, Goodman P S and Lawrence B S. Time：A New Research Lens［J］. Academy of Management Review, 2001, 26（4）：645－663.

［118］Bailey D E, Faraj S and Hinds P J. We are All Theorists of Technology Now：A Relational Perspective on Emerging Technology and Organizing［J］. Organization Science, 2022, 33（1）：1－18.

［119］Bardhi F, Eckhardt G M. Access-Based Consumption：The Case of Car Sharing［J］. Journal of Consumer Research, 2012, 39（4）：881－898.

［120］Barney J B. Resource-Based Theories of Competitive Advantage：A Ten-Year Retrospective on the Resource-Based View［J］. Journal of Management, 2001, 27（6）：643－650.

［121］Barney J. Firm Resources and Sustained Competitive Advantage［J］. Journal of Management, 1991, 17（1）：99－120.

［122］Becker G. Human Capital：A Theoretical and Empirical Analysis, with Special Reference to Education［M］. Chicago：University of Chicago Press, 1994.

［123］Belk R. Extended Self in a Digital World ［J］. Journal of Consumer Research, 2013, 40 (3): 477 – 500.

［124］Belk R. Sharing Versus Pseudo-Sharing in Web 2. 0 ［J］. Anthropologist, 2014, 18 (1): 7 – 23.

［125］Belk R. Why Not Share Rather than Own? ［J］. The Annals of the American Academy of Political and Social Science, 2007, 611 (1): 126 – 140.

［126］Belk R. You are What You Can Access: Sharing and Collaborative Consumption Online ［J］. Journal of Business Research, 2014, 67 (8): 1595 – 1600.

［127］Bell M. Architecture Organization Model ［M］// Marks E A, Bell M. Service-Oriented Architecture: A Planning and Implementation Guide for Business and Technology. Hoboken: Wiley, 2006: 284 – 321.

［128］Benkler Y, Nissenbaum H. Commons-Based Peer Production and Virtue ［J］. Journal of Political Philosophy, 2006, 14 (4): 394 – 419.

［129］Benkler Y, Shaw A, Hill B M. Peer Production: A Form of Collective Intelligence ［M］. Cambridge, MA: MIT Press, 2015.

［130］Benkler Y. Coase's Penguin, or, Linux and "The Nature of the Firm" ［J］. Yale Law Journal, 2002: 369 – 446.

［131］Benkler Y. Peer Production and Cooperation ［M］//Bauer J M, Latzer M. Handbook on the Economics of the Internet. Cheltenha, London: Edward Elgar Publishing, 2016: 91 – 119.

［132］Benkler Y. Sharing Nicely: On Shareable Goods and the Emergence of Sharing as a Modality of Economic Production ［J］. The Yale Law Journal, 2004, 114 (2): 273.

［133］Benkler Y. The Wealth of Networks: How Social Production Transforms Markets and Freedom ［M］. London: Yale University Press, 2006.

［134］Benoit S, Baker T L, Bolton R N, et al. A Triadic Framework for Collaborative Consumption (CC): Motives, Activities and Resources & Capabilities of Actors ［J］. Journal of Business Research, 2017, 79: 219 – 227.

［135］Besharov M L, Smith W K. Multiple Institutional Logics in Organizations: Explaining Their Varied Nature and Implications ［J］. Academy of Management Review, 2014, 39 (3): 364 – 381.

[136] Bocken N, Boons F, Baldassarre B. Sustainable Business Model Experimentation by Understanding Ecologies of Business Models [J]. Journal of Cleaner Production, 2019, 208: 1498 – 1512.

[137] Bodrožič Z S, Adler P. Alternative Futures for the Digital Transformation: A Macro-level Schumpeterian Perspective [J]. Organization Science, 2022, 33 (1): 105 – 125.

[138] Botsman R, Rogers R. What's Mine is Yours: The Rise of Collaborative Consumption [M]. London: HarperCollins, 2010.

[139] Bruton G D, Peng M W, Ahlstrom D, et al. State-Owned Enterprises Around the World as Hybrid Organizations [J]. Academy of Management Perspectives, 2015, 29 (1): 92 – 114.

[140] Burgelman R A. Fading Memories: A Process Theory of Strategic Business Exit in Dynamic Environments [J]. Administrative Science Quarterly, 1994, 39 (1): 24 – 56.

[141] Burrell G, Morgan G. Sociological Paradigms and Organizational Analysis [M]. London: Heinemann Publishing, 1979.

[142] Camilleri J, Neuhofer B. Value Co-Creation and Co-Destruction in the Airbnb Sharing Economy [J]. International Journal of Contemporary Hospitality Management, 2017, 29 (9SI): 2322 – 2340.

[143] Celata F, Hendrickson C Y, Sanna V S. The Sharing Economy as Community Marketplace? Trust, Reciprocity and Belonging in Peer-to-Peer Accommodation Platforms [J]. Cambridge Journal of Regions, Economy and Society, 2017, 10 (2): 349 – 363.

[144] Chase R. Peers Inc: How People and Platforms are Inventing the Collaborative Economy and Reinventing Capitalism [M]. Public Affairs Publishing, 2015.

[145] Chen C, Ibekwe-SanJuan F, Hou J. The Structure and Dynamics of Cocitation Clusters: A Multiple-Perspective Cocitation Analysis [J]. Journal of the American Society for Information Science and Technology, 2010, 61 (7): 1386 – 1409.

［146］Chen C. CiteSpace II: Detecting and Visualizing Emerging Trends and Transient Patterns in Scientific Literature ［J］. Journal of the American Society for information Science and Technology, 2006, 57 （3）: 359 – 377.

［147］Chen C. Searching for Intellectual Turning Points: Progressive Knowledge Domain Visualization ［J］. Proceedings of the National Academy of Sciences, 2004, 101 （1）: 5303 – 5310.

［148］Chen L, Tong T W, Tang S, et al. Governance and Design of Digital Platforms: A Review and Future Research Directions on a Meta-Organization ［J］. Journal of Management, 2022, 48 （1）: 147 – 184.

［149］Chen L, Yi J, Li S, et al. Platform Governance Design in Platform E-cosystems: Implications for Complementors' Multihoming Decision ［J］. Journal of Management, 2022, 48 （3）: 630 – 656.

［150］Ciborra C U. The Platform Organization: Recombining Strategies, Structures, and Surprises ［J］. Organization Science, 1996, 7 （2）: 103 – 118.

［151］Coase R H. The Nature of the Firm ［J］. Economica, 1937, 4 （16）: 386 – 405.

［152］Constantiou I D, Marton A, Tuunainen V K, et al. Four Models of Sharing Economy Platforms ［J］. Mis Quarterly Executive, 2017, 16 （4）: 231 – 251.

［153］Cuervo-Cazurra A, Inkpen A, Musacchio A, et al. Governments as Owners: State-Owned Multinational Companies ［J］. Journal of International Business Studies, 2014, 45: 919 – 942.

［154］Cui L, Jiang F. State Ownership Effect on Firms' FDI Ownership Decisions under Institutional Pressure: A Study of Chinese Outward-Investing Firms ［J］. Journal of International Business Studies, 2012, 43: 264 – 284.

［155］Dadwal S S, Jamal A, Harris T, et al. Technology and Sharing Economy-Based Business Models for Marketing to Connected Consumers ［M］//HandBook of Research on Innovations in Technology and Marketing for the Connected Consumer. IGI Global, 2020: 62 – 93.

［156］Dagnino G B, Picone P M, Ferrigno G. Temporary Competitive Advantage: A State-of-the-Art Literature Review and Research Directions ［J］. International Journal of Management Reviews，2021，23（1）：85 – 115.

［157］Denzin N K，Lincoln Y S. The SAGE Handbook of Qualitative Research［M］. Thousand Oaks，CA：Sage Publishing，2011.

［158］Doty D H，Glick W H. Typologies as a Unique Form of Theory Building：Toward Improved Understanding and Modeling［J］. Academy of Management Review，1994，19（2）：230 – 251.

［159］Eckhardt G M，Houston M B，Jiang B，et al. Marketing in the Sharing Economy［J］. Journal of Marketing，2019，83（5）：5 – 27.

［160］Eckhardt J T，Ciuchta M P，Carpenter M A，et al. Open Innovation，Information，and Entrepreneurship within Platform Ecosystems［J］. Strategic Entrepreneurship Journal，2018，12（3）：369 – 391.

［161］Eisenhardt K M，Graebner M E. Theory Building From Cases：Opportunities and Challenges［J］. Academy of Management Journal，2007，50（1）：25 – 32.

［162］Eisenhardt K M，Martin J A. Dynamic Capabilities：What are They? ［J］. Strategic Management Journal，2000，21（10 – 11）：1105 – 1121.

［163］Eisenhardt K M. Better Stories and Better Constructs：The Case for Rigor and Comparative Logic［J］. Academy of Management Review，1991，16（3）：620 – 627.

［164］Eisenhardt K M. Building Theories from Case Study Research［J］. Academy of Management Review，1989，14（4）：532 – 550.

［165］Eisenhardt K M，Graebner M E. Theory Building from Cases：Opportunities and Challenges［J］. Academy of Management Journal，2007，50（1）：25 – 32.

［166］Evans D S，Schmalensee R. Catalyst Code：The Strategies Behind the World's Most Dynamic Companies［M］. Cambridge：Harvard Business School Press，2007.

［167］Felson M，Spaeth J L. Community Structure and Collaborative Consumption：A Routine Activity Approach［J］. American Behavioral Scientist，1978，21（4）：614 – 624.

［168］ Fisher G. Online Communities and Firm Advantages ［J］. Academy of Management Review, 2019, 44 (2): 279 – 298.

［169］ Fiss P C. Building Better Causal Theories: A Fuzzy Set Approach to Typologies in Organization Research ［J］. Academy of Management Journal, 2011, 54 (2): 393 – 420.

［170］ Garud R, Kumaraswamy A, Roberts A, Xu L. Liminal Movement by Digital Platform-Based Sharing Economy Ventures: The Case of Uber Technologies ［J］. Strategic Management Journal, 2020.

［171］ Gawer A, Cusumano M A. Industry Platforms and Ecosystem Innovation ［J］. Journal of Product Innovation Management, 2014, 31 (3): 417 – 433.

［172］ Gehman J, Glaser V L, Eisenhardt K M, Gioia D, Langley A and Corley K G. Finding Theory-Method Fit: A Comparison of Three Qualitative Approaches to Theory Building ［J］. Journal of Management Inquiry, 2018, 27 (3): 284 – 300.

［173］ Gerwe O, Silva R. Clarifying the Sharing Economy: Conceptualization, Typology, Antecedents, and Effects ［J］. Academy of Management Perspectives, 2020, 34 (1): 65 – 96.

［174］ Gioia D A, Corley K G, Hamilton A L. Seeking Qualitative Rigor in Inductive Research: Notes on the Gioia Methodology ［J］. Organizational Research Methods, 2013, 16 (1): 15 – 31.

［175］ Gioia D A, Corley K G, Hamilton A L. Seeking Qualitative Rigor in Inductive Research: Notes on the Gioia Methodology ［J］. Organizational Research Methods, 2013, 16 (1): 15 – 31.

［176］ Glaser B G, Strauss A L. The Discovery of Grounded Theory: Strategies for Qualitative Research. Piscataway ［M］. Transaction Publishing, 2008.

［177］ Granovetter M S. The Strength of Weak Ties ［J］. American Journal of Sociology, 1973, 78 (6): 1360 – 1380.

［178］ Greenwood R, Raynard M, Kodeih F. Institutional Complexity and Organizational Responses ［J］. Academy of Management Annals, 2011, 5 (1): 317 – 371.

［179］ Grodal S, Anteby M, Holm A L. Achieving Rigor in Qualitative Analysis: The Role of Active Categorization in Theory Building ［J］. Academy of Management Review, 2021, 46 (3): 591 –612.

［180］ Grönroos C. Service Logic Revisited: Who Creates Value? And Who Co-Creates? ［J］. European Business Review, 2008, 20 (4): 298 –314.

［181］ Hagiu A. Strategic Decisions for Multisided Platforms ［J］. MIT Sloan Management Review, 2014, 55 (2): 71 –80.

［182］ Hamari J, Sjoklint M, Ukkonen A. The Sharing Economy: Why People Participate in Collaborative Consumption ［J］. Journal of the Association for Information Science and Technology, 2016, 67 (9): 2047 –2059.

［183］ Hannan M T, Freeman J. Structural Inertia and Organizational Change ［J］. American Sociological Review, 1984, 49 (2): 149.

［184］ Helfat C E, Finkelstein S, Mitchell Wand et al. Dynamic Capabilities: Understanding Strategic Change in Organizations ［M］. Malden, MA: Blackwell Publishing, 2007.

［185］ Helfat C E, Martin J A. Dynamic Managerial Capabilities: Review and Assessment of Managerial Impact on Strategic Change ［J］. Journal of Management, 2015, 41 (5): 1281 –1312.

［186］ Honold L. A Review of the Literature on Employee Empowerment ［J］. Empowerment in Organizations, 1997, 5 (4): 202 –212.

［187］ Hu Z, Chen C, Liu Z. Where are Citations Located in the Body of Scientific Articles? A Study of the Distributions of Citation Locations ［J］. Journal of Informetrics, 2013, 7 (4): 887 –896.

［188］ Ilgen D R, Hollenbeck J R, Johnson Mand, et al. Teams in Organizations: From Input-Process-Output Models to IMOI Models ［J］. Annual Review of Psychology, 2005, 56: 517 –543.

［189］ Isckia T, Lescop D. Strategizing in Platform-Based Ecosystems: Leveraging Core Processes for Continuous Innovation ［J］. Communications & Strategies, 2015, 1 (99): 91 –111.

［190］ John N. What is Meant by "Sharing" in the Sharing Economy? ［J］.

Built Environment, 2020, 46 (1): 11 – 21.

[191] Johnson A, Neuhofer B. Airbnb-an Exploration of Value Co-Creation Experiences in Jamaica [J]. International Journal of Contemporary Hospitality Management, 2017, 29 (9): 2361 – 2376.

[192] Kathan W, Matzler K, Veider V. The Sharing Economy: Your Business Model's Friend or Foe? [J]. Business Horizons, 2016, 59 (6): 663 – 672.

[193] Koskelahuotari K, Edvardsson B, Jonas J M, et al. Innovation in Service Ecosystems—Breaking, Making, and Maintaining Institutionalized Rules of Resource Integration [J]. Journal of Business Research, 2016, 69 (8): 2964 – 2971.

[194] Lamberton C P, Rose R L. When is Ours Better than Mine? A Framework for Understanding and Altering Participation in Commercial Sharing Systems [J]. Journal of Marketing, 2012, 76 (4): 109 – 125.

[195] Lan J, Ma Y, Zhu D, et al. Enabling Value Co-Creation in the Sharing Economy: The Case of Mobike [J]. Sustainability, 2017, 9 (9): 1504.

[196] Lenka S, Parida V, Wincent J, et al. Digitalization Capabilities as Enablers of Value Co-Creation in Servitizing Firms [J]. Psychology & Marketing, 2017, 34 (1): 92 – 100.

[197] Lewin A Y, Volberda H W. Prolegomena on Coevolution: A Framework for Research on Strategy and New Organizational Forms [J]. Organization Science, 1999, 10 (5): 519 – 534.

[198] Lewin A Y, Long C P, Carroll T N. The Coevolution of New Organizational Forms [J]. Organization Science, 1999, 10 (5): 535 – 550.

[199] Li M, Cui L, Lu J. Varieties in State Capitalism: Outward FDI Strategies of Central and Local State-Owned Enterprises from Emerging Economy Countries [J]. Journal of International Business Studies, 2014, 45: 980 – 1004.

[200] Liang H, Ren B, Sun S. An Anatomy of State Control in the Globalization of State-Owned Enterprises [J]. Journal of International Business Studies, 2015, 46: 223 – 240.

[201] Ma Y, Rong K, Luo Yand, et al. Value Co-Creation for Sustainable

Consumption and Production in the Sharing Economy in China [J]. Journal of Cleaner Production, 2019, 208: 1148 – 1158.

[202] Mainiero L A. Coping with Powerlessness: The Relationship of Gender and Job Dependency to Empowerment-Strategy Usage [J]. Administrative Science Quarterly, 1986, 31 (4): 633 – 653.

[203] Mair J, Reischauer G. Capturing the Dynamics of the Sharing Economy: Institutional Research on the Plural Forms and Practices of Sharing Economy Organizations [J]. Technological Forecasting and Social Change, 2017, 125: 11 – 20.

[204] Martin C J. The Sharing Economy: A Pathway to Sustainability or a Nightmarish Form of Neoliberal Capitalism? [J]. Ecological Economics, 2016, 121: 149 – 159.

[205] Marx A. Towards More Robust Model Specification in QCA: Results from a Methodological Experiment [Z]. Compass WP Series, 2006.

[206] Meyer K, Ding Y, Li J, et al. Overcoming Distrust: How State-Owned Enterprises Adapt their Foreign Entries to Institutional Pressures Abroad [J]. Journal of International Business Studies, 2014, 45: 1005 – 1028.

[207] Miles M B, Huberman A M. Qualitative Data Analysis: An Expanded Sourcebook [M]. Thousand Oaks, CA: Sage, 1994.

[208] Millar C C, Groth O, Mahon J F. Management Innovation in a VUCA World: Challenges and Recommendations [J]. California Management Review, 2018, 61 (1): 5 – 14.

[209] Millar C C, Groth O J, Mahon J F, et al. Management Innovation in a VUCA World: Challenges and Recommendations [J]. California Management Review, 2018, 61 (1): 5 – 14.

[210] Mintzberg H. Patterns in Strategy Formation [J]. Management Science, 1978, 24 (9): 934 – 948.

[211] Miralles I, Dentoni D, Pascucci S. Understanding the Organization of Sharing Economy in Agri-Food Systems: Evidence from Alternative Food Networks in Valencia [J]. Agriculture and Human Values, 2017, 34 (4): 833 – 854.

[212] Moher D, Liberati A, Tetzlaff Jand, et al. Preferred Reporting Items

for Systematic Reviews and Meta-Analyses: The PRISMA Statement [J]. Journal of Clinical Epidemiology, 2009, 62 (10): 1006 – 1012.

[213] Möhlmann M. Collaborative Consumption: Determinants of Satisfaction and the Likelihood of Using a Sharing Economy Option Again [J]. Journal of Consumer Behaviour, 2015, 14 (3): 193 – 207.

[214] Muñoz P, Cohen B. Mapping out the Sharing Economy: A Configurational Approach to Sharing Business Modeling [J]. Technological Forecasting and Social Change, 2017, 125: 21 – 37.

[215] Munzel K, Boon W, Frenken Kand, et al. Carsharing Business Models in Germany: Characteristics, Success and Future Prospects [J]. Information Systems and E-Business Management, 2018, 16 (2SI): 271 – 291.

[216] Murmann J P. Knowledge and Competitive Advantage: The Coevolution of Firms, Technology, and National Institutions [M]. Cambridge University Press, 2003.

[217] Murray A, Rhymer J, Sirmon D G. Humans and Technology: Forms of Conjoined Agency in Organizations [J]. Academy of Management Review, 2021, 46 (3): 552 – 571.

[218] Murray A, Rhymer J, Sirmon D G. Humans and Technology: Forms of Conjoined Agency in Organizations [J]. Academy of Management Review, 2021, 46 (3): 552 – 571.

[219] Musacchio A, Lazzarini S G, Aguilera R V. New Varieties of State Capitalism: Strategic and Governance Implications [J]. Academy of Management Perspectives, 2015, 29 (1): 115 – 131.

[220] Nambisan S, Siegel D S, Kenney M, et al. On Open Innovation, Platforms, and Entrepreneurship [J]. Strategic Entrepreneurship Journal, 2018, 12 (3): 354 – 368.

[221] Nason R S, Wiklund J, Mckelvie A, et al. Orchestrating Boundaries: The Effect of R&D Boundary Permeability on New Venture Growth [J]. Journal of Business Venturing, 2019, 34 (1): 63 – 79.

[222] Nayak A, Chia R, Canales J I. Non-Cognitive Microfoundations: Un-

derstanding Dynamic Capabilities as Idiosyncratically Refined Sensitivities and Predispositions [J]. Academy of Management Review, 2019, 45 (2): 1 – 56.

[223] Okhuysen G A, Bechky B A. Coordination in Organizations: An Integrative Perspective [J]. The Academy of Management Annals, 2009, 3 (1): 463 – 502.

[224] Okhuysen G A, Bechky B A. 10 Coordination in Organizations: An Integrative Perspective [J]. Academy of Management Annals, 2009, 3 (1): 463 – 502.

[225] Paik Y, Kang S, Seamans R, et al. Entrepreneurship, Innovation, and Political Competition: How the Public Sector Helps the Sharing Economy Create Value [J]. Strategic Management Journal, 2019, 40 (4): 503 – 532.

[226] Pazaitis A, De Filippi P, Kostakis V, et al. Blockchain and Value Systems in the Sharing Economy: The Illustrative Case of Backfeed [J]. Technological Forecasting and Social Change, 2017: 105 – 115.

[227] Pelikan P. Bringing Institutions into Evolutionary Economics: Another View with Links to Changes in Physical and Social Technologies [J]. Journal of Evolutionary Economics, 2003, 13 (3): 237 – 258.

[228] Penrose E. The Theory of the Growth of the Firm: With a New Introduction by Christos N. Pitelis [M]. Fourth Edition. Oxford University Press, 2009.

[229] Perkmann M, Spicer A. Healing the Scars of History': Projects, Skills and Field Strategies in Institutional Entrepreneurship [J]. Organization Studies, 2007, 28 (7): 1101 – 1122.

[230] Perren R, Kozinets R V. Lateral Exchange Markets: How Social Platforms Operate in a Networked Economy [J]. Journal of Marketing, 2018, 82 (1): 20 – 36.

[231] Petriglieri G, Ashford S J, Wrzesniewski A, et al. Agony and Ecstasy in the Gig Economy: Cultivating Holding Environments for Precarious and Personalized Work Identities [J]. Administrative Science Quarterly, 2019, 64 (1): 124 – 170.

[232] Powell W. Neither Market nor Hierarchy: Network Forms of Organiza-

tion [J]. The Sociology of Organizations: Classic, Contemporary, and Critical Readings, 2003, 315: 104 – 117.

[233] Prahalad C K, Ramaswamy V. Co-Creation Experiences: The Next Practice in Value Creation [J]. Journal of Interactive Marketing, 2004, 18 (3): 5 – 14.

[234] Pritchard A. Statistical Bibliography or Bibliometrics [J]. Journal of Documentation, 1969, 25 (4): 348 – 349.

[235] Ragin C C, Fiss P C. Intersectional Inequality: Race, Class, Test Scores, and Poverty [M]. Chicago: University of Chicago Press, 2016.

[236] Ragin C C, Sean D. Fuzzy-Set/Qualitative Comparative Analysis 3. 0 [M]. Irvine, California: Department of Sociology, University of California, 2016.

[237] Ragin C C. Fuzzy-Set Social Science [M]. Chicago: University of Chicago Press, 2000.

[238] Ragin C C. Redesigning Social Inquiry: Fuzzy Sets and Beyond [M]. Chicago: University of Chicago Press, 2008.

[239] Ragin C C. Strand S I. Using Qualitative Comparative Analysis to Study Causal Order: Comment on Caren and Panofsky [J]. Sociological Methods & Research, 2008, 36 (4): 431 – 441.

[240] Ragin C C. The Comparative Method: Moving Beyond Qualitative and Quantitative Strategies [M]. Berkeleyb and Los Angeles, CA: University of California Press, 1987.

[241] Ritzer G, Jurgenson N. Production, Consumption, Prosumption: The nature of Capitalism in the Age of the Digital "Prosumer" [J]. Journal of Consumer Culture, 2010, 10 (1): 13 – 36.

[242] Schmidt J, Keil T. What Makes a Resource Valuable? Identifying the Drivers of Firm-Idiosyncratic Resource Value [J]. Academy of Management Review, 2013, 38 (2): 206 – 228.

[243] Schneider C Q, Wagemann C. Set-Theoretic Methods for the Social Sciences: A Guide to Qualitative Comparative Analysis [M]. Cambridge University Press, 2012.

［244］ Scott W R. Institutions and Organizations ［M］. London：Sage，1999.

［245］ Siggelkow N. Persuasion with Case Studies ［J］. Academy of Management Journal，2007，50（1）：20 – 24.

［246］ Sirmon D G，Gove S，Hitt M A. Resource Management in Dyadic Competitive Rivalry：The Effects of Resource Bundling and Deployment ［J］. Academy of Management Journal，2008，51（5）：919 – 935.

［247］ Sirmon D G，Hitt M A，Ireland R D，et al. Resource Orchestration to Create Competitive Advantage：Breadth，Depth，and Life Cycle Effects ［J］. Journal of Management，2011，37（5SI）：1390 – 1412.

［248］ Sirmon D G，Hitt M A，Ireland R D. Managing Firm Resources in Dynamic Environments to Create Value：Looking Inside the Black Box ［J］. Academy of Management Review，2007，32（1）：273 – 292.

［249］ Sirmon D G，Hitt M A. Managing Resources：Linking Unique Resources，Management，and Wealth Creation in Family Firms ［J］. Entrepreneurship Theory and Practice，2003，27（4）：339 – 358.

［250］ Sirmon D G，Hitt M A. Contingencies within Dynamic Managerial Capabilities：Interdependent Effects of Resource Investment and Deployment on Firm Performance ［J］. Strategic Management Journal，2009，30（13）：1375 – 1394.

［251］ Sirmon D G，Hitt M A，Arregle J L. The Dynamic Interplay of Capability Strengths and Weaknesses：Investigating the Bases of Temporary Competitive Advantage ［J］. Strategic Management Journal，2010，31（13）：1386 – 1409.

［252］ Sirmon D G，Hitt M A，Ireland R D. Managing Firm Resources in Dynamic Environments to Create Value：Looking Inside the Black Box ［J］. Academy of Management Review，2007，32（1）：273 – 292.

［253］ Small H. Co-Citation in the Scientific Literature：A New Measure of the Relationship between Two Documents ［J］. Journal of the American Society for Information Science，1973，24（4）：265 – 269.

［254］ Su N. Positivist Qualitative Methods ［M］// Cassell C，Cunliffe A L，Grandy G. The Sage Handbook of Qualitative Business and Management Research Methods. London: Sage Publishing, 2018: 17 – 32.

[255] Sundararajan A. Commentary: The Twilight of Brand and Consumerism? Digital Trust, Cultural Meaning, and the Quest for Connection in the Sharing Economy [J]. Journal of Marketing, 2019, 83 (5): 32 – 35.

[256] Sundararajan A. The Sharing Economy: The End of Employment and the Rise of Crowd-Based Capitalism [M]. Cambridge: MIT Press, 2016.

[257] Teece D J. Explicating Dynamic Capabilities: The Nature and Micro-foundations of (Sustainable) Enterprise Performance [J]. Strategic Management Journal, 2007, 28 (13): 1319 – 1350.

[258] Tomer J F. Organizational Capital: The Path to Higher Productivity and Well-Being [M]. Praeger publishers, 1987.

[259] Tussyadiah I P. An Exploratory Study on Drivers and Deterrents of Collaborative Consumption in Travel [M] //Information and Communication Technologies in Tourism 2015. Springer, Cham, 2015: 817 – 830.

[260] Uzzi B. Social Structure and Competition in Interfirm Networks: The Paradox of Embeddedness [J]. Administrative Science Quarterly, 1997, 42 (1): 35 – 67.

[261] Van Fenema P C, Keers B M. Interorganizational Performance Management: A Co-evolutionary Model [J]. International Journal of Management Reviews, 2018, 20 (3): 772 – 799.

[262] Vogt J F, Murrell K L. Empowerment in Organizations: How to Spark Exceptional Performance [M]. University Associates, San Diego, CA: Sage, 1990.

[263] Volberda H W, Lewin A Y. Co-evolutionary Dynamics within and between Firms: From Evolution to Co-Evolution [J]. Journal of Management Studies, 2003, 40 (8): 2111 – 2136.

[264] Wales W J, Patel P C, Parida V, et al. Nonlinear Effects of Entrepreneurial Orientation on Small Firm Performance: The Moderating Role of Resource Orchestration Capabilities [J]. Strategic Entrepreneurship Journal, 2013, 7 (2): 93 – 121.

[265] Wang C, Hong J, Kafouros M, et al. Exploring the Role of Govern-

ment Involvement in Outward FDI from Emerging Economies [J]. Journal of International Business Studies, 2012, 43: 655 – 676.

[266] Wang J, Xue Y, Yang J, et al. Boundary-Spanning Search and Firms' Green Innovation: The Moderating Role of Resource Orchestration Capability [J]. Business Strategy and The Environment, 2020, 29 (2): 361 – 374.

[267] Weber M. Economy and Society: An Outline of Interpretive Sociology [M]. Berkeley: University of California Press, 1978.

[268] Wernerfelt B. A Resource-Based View of the Firm [J]. Strategic Management Journal, 1984, 5 (2): 171 – 180.

[269] Williamson O E. Markets and Hierarchies: Analysis and Antitrust Implications [M]. NY: Free Press, 1975.

[270] Yin R K. Case Study Research: Design and Methods [M]. Thousand Oaks, CA: Sage, 2009.

[271] Yin R K. The Case Study Crisis: Some Answers [J]. Administrative Science Quarterly, 1981, 26 (1): 58 – 65.

[272] Zahoor N, Al Tabbaa O, Khan Z, et al. Collaboration and Internationalization of SMEs: Insights and Recommendations from a Systematic Review [J]. International Journal of Management Reviews, 2020, 22 (4): 427 – 456.

[273] Zervas G, Proserpio D, Byers J W. The Rise of the Sharing Economy: Estimating the Impact of Airbnb on the Hotel Industry [J]. Journal of Marketing Research, 2017, 54 (5): 687 – 705.

[274] Zhou K Z, Gao G Y, Zhao H. State Ownership and Firm Innovation in China: An Integrated View of Institutional and Efficiency Logics [J]. Administrative Science Quarterly, 2017, 62 (2): 375 – 404.